新编21世纪
高等职业教育精品教材

市场营销系列

U1015602

运营数据分析

Operation Data Analysis

主　编 / 彭美华

中国人民大学出版社
· 北京 ·

前言

随着各行各业对数据价值的认识度提高，越来越多的人开始关注数据分析这项工作，但碍于零基础的现状，对数据分析的种种茫然不知所措。为满足高职院校学生对该类知识与技能的学习需求，尤其是零基础学生的学习需求，特编写本书。

一、本书包含的内容

数据分析工作主要分为三大部分：(1) 确定分析目标，收集源数据；(2) 对源数据进行加工与整理；(3) 对整理后的数据进行分析与汇报。本书对第一部分内容从简介绍，主要针对第二、三部分内容进行讲述。本书以最简单实用的数据分析软件 Excel 为载体，深入浅出地介绍了数据加工整理涉及的知识与技能，如填充、排序、筛选、格式化、函数、图表、透视表等，并综合运用上述技能，对零售业务案例展开了详细的数据分析探讨。

二、本书具有的特色

1. 专为零基础的学生打造

对数据分析一点都不懂也没有关系，本书即为你量身定做。数据分析因为涉及大量数据的加工处理，必须借助分析软件的力量，而零基础学生在数据分析软件运用方面短板明显。

2. 案例丰富且实用

为清楚地说明数据处理的各个环节，本书案例丰富，匹配详细的步骤说明，确保零基础的学生无障碍学完本书。相关表格资料都可自行下载，对照练习。

全书由彭美华老师主编，季瑶娴老师参编项目一，吴哲老师参编项目四。由于编者水平有限，书中的疏漏和不足之处无法避免，恳请大家不吝赐教。

编者

2022 年 1 月于杭州

目录

导　言　数据分析简介

大到一个公司，小到一个门店，都不可避免地与各类数据打交道。原始数据数量巨大，日积月累，则容易杂乱无章，令人眼花缭乱，如果不进行有效整理，几乎毫无价值可言。如何充分利用手中的数据，发现隐藏于数据中的规律和特征，从数据中挖掘提升经营水平的信息，是所有管理者都要面对的问题。

数据分析是利用一定的方法和技能，围绕分析目标，对原始数据进行加工整理，提炼有效信息，帮助经营管理者做出合理决策的过程。分析数据的技能和方法越成熟，数据被开发的维度就越宽广，数据可发挥的功效也就越大。通常而言，数据分析包括确定分析目标、采集数据、加工整理数据、分析数据、归纳总结数据、撰写数据分析报告等环节。

数据分析首先要确定分析目标，这个目标如果比较宽泛，则必须对其进行拆解，以落实到具体的数据指标上，如了解产品的销售状况、查看促销的运行结果、追溯利润下降的原因、预测某节日的线上销量等。这些分析目标分别会对应一套相关的数据指标，例如：了解销售状况，就涉及销售量，销售金额，利润在不同产品、不同地区、不同人员等方面的分布及变化。

分析目标的确定为数据的抓取指明了方向，随之就是如何获取这些数据的问题，即数据采集。数据采集要清楚数据在哪里，是在企业内部还是外部？怎么把数据取出来？如果数据在企业内部的数据库里，则需要专业的人员根据数据需求进行提取；如果数据在外部，则需进行下载或者搜集。这时获取的数据称为源数据，可能包括一些重复数据、无效数据或其他干扰数据，必须利用数据分析工具进行清洗和整理。在此之后，就进入数据分析环节，围绕分析目标，运用各类专业工具，选择适当方法，可以是常规的组合、比对、结构分析，也可以运用统计学进行聚类、回归、相似等分析，还可以是通过其他专业工具展开的挖掘分析。最后，把分析结果进行文字撰写及可视化处理，形成可读性强、充分显示分析目标的报告。

常用的数据分析工具包括 Excel、SQL、Power BI、Python、SPSS 等。每一个分析工具都有其各自的优缺点，对于工具的选择应视自身能力与数据的特点，只有自己能深度掌握、熟练运用的工具，才能实现高效率、高质量的数据分析。对于零基础的分析人员，Excel 上手快，简单实用，利用其诸项功能，就能解决常见的数据分析问题。

项目一 数据的初步整理——填充、排序、筛选、条件格式

项目导入

一份原始数据，通常只能满足记载经济业务信息的需求，若提升到数据分析的层次，就必须进行一定的加工。常见的加工手段包括数据填充、排序、筛选、设置条件格式等。通过学习 Excel 填充、排序、筛选、条件格式等操作技巧，换一个角度、换一种思路重新思考数据，瞬间可能“化腐朽为神奇”，轻而易举找出原始数据后面隐藏的信息。这些简单的技巧将为我们开启学习数据分析的“第一扇门”。

项目目标

1. 快速填充数据。
2. 按要求对原始数据排序。
3. 快速筛选目标数据。
4. 对特殊数据设置条件格式。

任务 1 快速填充数据

任务意义

在数据分析过程中，经常会遇到增加或补充大量同类数据的需求，此时启动“复制”和“粘贴”功能则事倍功半，甚至无能为力。而熟练运用“数据填充”技巧，通过鼠标点一点、拖一拖，即可轻松完成任务，省时省力，大大提升数据整理效率。

任务准备

一、数据的类型

表格中常见的数据类型有数值、文本、公式等，这些不同类型的数据在 Excel 的各种操作中发挥着不同的作用。

（一）数值数据

在 Excel 单元格数据中，数值数据分布最广，也是操作较复杂的数据类型。数值数据一般由数字 0 至 9 及一些特殊符号组成（如+、−、*、%等），以表达销售数量、重量、人数、利润指标等具体量值。数值数据被输入单元格后，以右对齐方式显示在单元格中。在输入数字的过程中，除了显示正数和负数等常见格式外，还可根据需要，调整为“常规”“数值”“货币”“会计专用”“文本”等格式，打开“设置单元格格式”命令便可自行设置。例如：把单元格数字“456”设置为货币格式。

（1）单击鼠标左键，选中数据“456”，如图 1－1 所示。

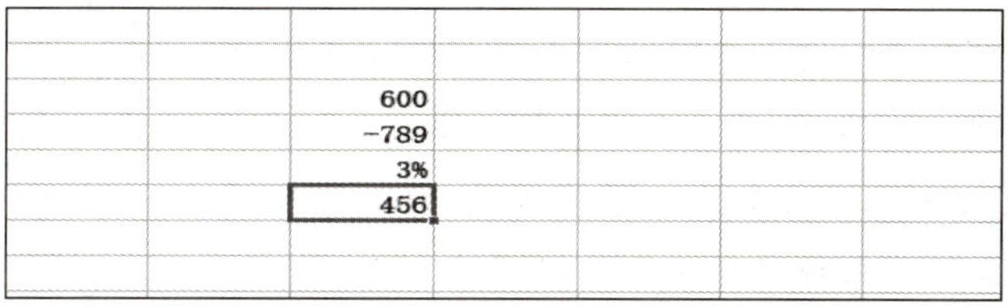

图 1－1　选择单元格数据

（2）单击鼠标右键，调出快捷菜单，如图 1－2 所示，点击“设置单元格格式”命令，打开“单元格格式”对话框，如图 1－3 所示。

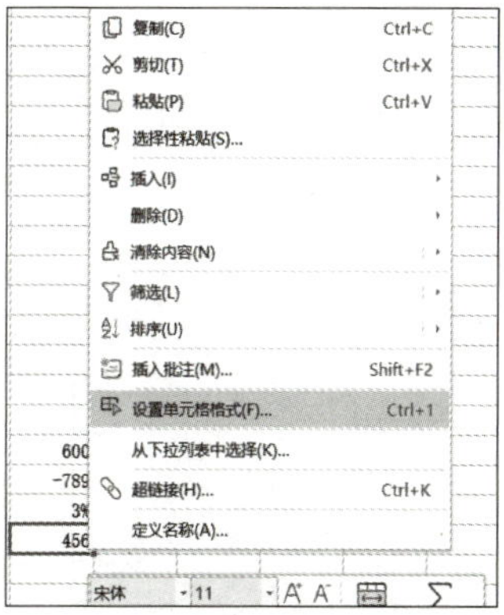

图 1－2　右击调出快捷菜单

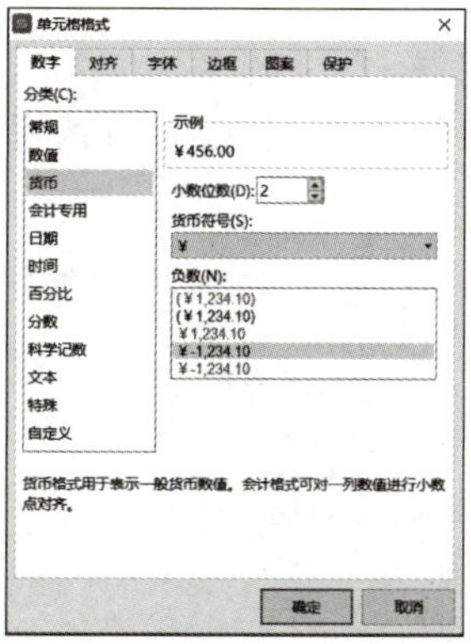

图 1－3　打开“单元格格式”对话框

（3）在图 1－3 对话框所显示的“数字”这一分类列表中，点击“货币”选项，再点击右边的对话框，小数位数保留 2 位，货币符号为人民币符号“¥”，负数以第四种样式显示。

（4）单击“确定”按钮，结果如图 1－4 所示。

600
-789
3%
¥456.00

图 1－4　单元格格式设置结果

知识拓展

认识日期数据

在正确的输入格式下，日期数据会被系统默认为数值数据类型。输入日期时，正确的格式是采用斜线或者短线来分隔日期中的年、月、日部分，如“2019－10－12”或“2019/10/12”。如果年份在输入时只用了两位数，系统则会以当前的年份作为默认值，例如：输入“19－10－12”，系统会显示“2019/10/12”。日期成功输入后，系统会自动右对齐排列，这个判断标识很重要。需要注意的是，由于分数的输入也用到“/”，因此需在分数前输入“0”或空格，否则系统会误判为时间格式。

采用正确的方法输入日期后，表面上是一串字符，实质上对应的是一个数值，从而成为数值数据。Excel 日期的有效范围值是从 1900 年 1 月 1 日至 9999 年 12 月 31 日，其中 1900 年 1 月 1 日，系统自动匹配数值“1”与其对应，后面日期对应的数值在它基础上递加，1900 年之前的日期无法识别。

在默认情况下，时间是按照 24 小时制输入的，用“:”来分隔时间中的时、分、秒。如果要以 12 小时制输入时间，则需要在输入时间的后面键入一个空格，并且上午以“AM”或者“A”结尾，下午以“PM”或者“P”结尾。正确的时间数据在系统中也视为数值数据。

图 1－5 中的数据以正确的格式输入后，系统自动显示右对齐，标示为数值数据。

输入格式	显示格式
2017/12/30	2017/12/30
2017-12-25	2017/12/25
9:30:15	9:30:15
9:30 pm	9:30 PM
9:30 am	9:30 AM

图 1－5　日期与时间的正确输入格式

(二)文本数据

文本数据是指字符或数字与字符的组合。在默认情况下,文本数据在单元格排列中以左对齐的方式显示,经常表示为数据表格中的行标签、列标题里的“进价”“地区”“销售数量”“产品名称”等项目,或有关工作表的说明。文本数据在单元格中显示也有不同的格式,如字体、对齐、边框、图案等方面的修正,调整过程与数值数据格式设置一样。选中需调整的数据单元格,单击鼠标右键,调出“设置单元格格式”对话框,进行字体设置、对齐设置即可。对比图 1-6 中文本数据左对齐方式显示与数值数据右对齐显示的差异。

仓库名称	产品名称	入库日期	进价	数量
一库	电脑	2019/3/18	3000	10
一库	风扇	2019/4/20	600	20
二库	打印机	2019/3/29	3500	20
二库	投影仪	2019/4/25	8000	14

图 1-6 某企业产品库存数据

知识拓展

文本型数字如何转换成数值数据

由于一些特殊需要,需要将表格中文本型数字“A1”转换成数值数据参与运算,这时可通过下列几种方法实现:将 A1*1 或 A1+0 或-- A1,即将 A1 乘以 1,或者加 0,或者在 A1 前面输入两个负号。

如果遇上大量的数据需进行文本转换数值,后面所学的“分列”或者“选择性粘贴”方法更为方便。

数值在输入前,添加英文状态下的单引号,可转化为文本数据。

(三)公式数据

Excel 单元格最初可以不输入数值,也不输入文本,而是输入各种功能强大的公式或函数,这些公式或函数通过调用数值或文本数据来计算所需结果。在单元格中输入公式或函数后,其计算结果会以文本数据或数值数据的形式出现在单元格中,如果更改公式中使用的任意数值,则会重新计算并显示新的结果,我们把这类数据称为公式数据。图 1-7“毛利”一栏显示的都是公式数据,图 1-8 则显示了计算后的结果。

产品名称	进价	数量	销价	毛利
电脑	3000	10	4800	=(N44-L44)*M44
风扇	600	20	740	=(N45-L45)*M45
打印机	3500	20	5800	=(N46-L46)*M46
投影仪	8000	14	10200	=(N47-L47)*M47

图 1-7 某企业产品销售数据 1

产品名称	进价	数量	销价	毛利
电脑	3000	10	4800	18000
风扇	600	20	740	2800
打印机	3500	20	5800	46000
投影仪	8000	14	10200	30800

图 1－8　某企业产品的销售数据 2

二、数据的输入

在数据输入过程中，经常会遇到大量有规律或者相同数据的输入。一个个单独输入，或者复制、粘贴非常麻烦，这时可以启用数据填充的方法进行批量输入。

（一）连续单元格数据填充

1. 拖放鼠标填充数据

用鼠标选中一个单元格，其右下角会出现一个黑色小方块，它叫填充柄。光标移至方块上，即变成黑色“十”字，这时按住鼠标左键，向下、向右拖拉填充柄，可实现快速输入大量数据。

例如：如图 1－9 所示，在 G2 单元格中输入 1 月 29 日，需要在此单元格下填充一列日期，则可将鼠标移到该单元格的右下角，当光标变成黑色“十”字时，按住鼠标左键向下拖动至单元格 G10，填充任务即可实现，效果如图 1－10 所示。

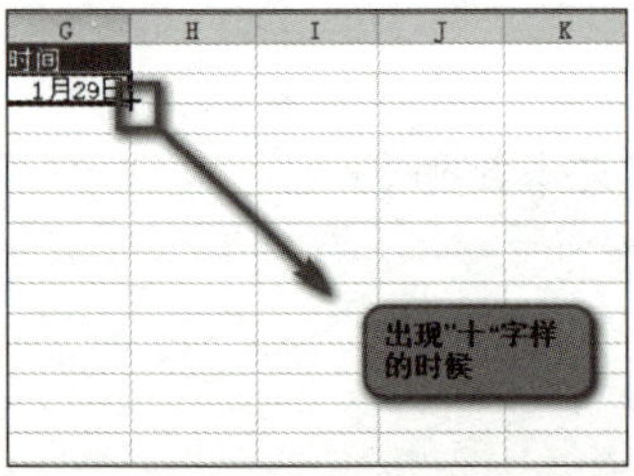

图 1－9　鼠标拖放填充示意图

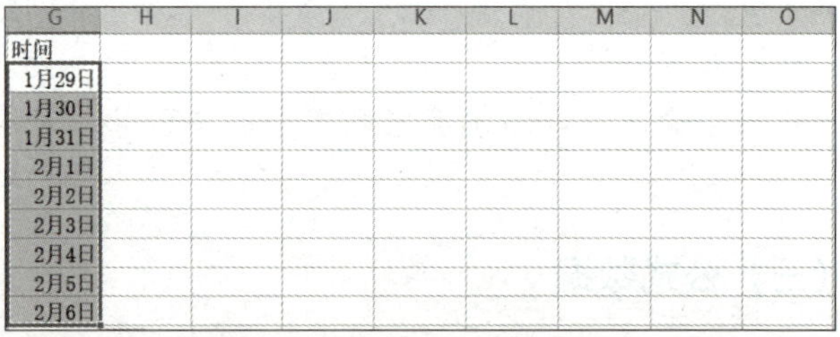

图 1－10　鼠标拖放填充效果

上述操作完毕后，填充区域的右下角会出现一个菜单按钮，它叫“自动填充选项”（如图 1－11 所示），单击该按钮，会出现一个下拉列表，点击“复制单元格”选项，填充效果如图 1－12 所示（也可以使用“Ctrl”键＋填充柄实现）。“自动填充选项”按钮里面还有其他各种选项，可择机选用。

2. 双击鼠标填充数据

如果表中数据有上千行，使用鼠标拖放填充柄将费时费力，甚至因鼠标失灵而操作失败，这时可以使用双击鼠标填充。如图 1－13 所示，选择 B2 单元格，将光标移到 B2 单元格右下角，当光标变成黑色“十”字时，双击鼠标左键，数据就会自动填充。

需要注意的是，使用这种填充模式时，隔壁行或列必须有参照数据，否则，Excel 不知道填充到哪个位置才合适（实际它只填充到参照数据第一次出现空行或空列为止）。在图 1－13 中，A 列必须有数据，B 列才能用此法填充，当第 8 行出现空行时，填充自动在第 7 行停止。双击鼠标填充数据简单方便，性价比相当高。

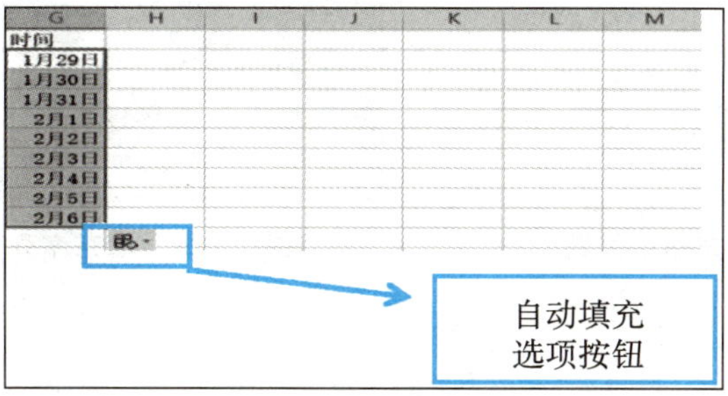

图 1－11　“自动填充选项”按钮位置

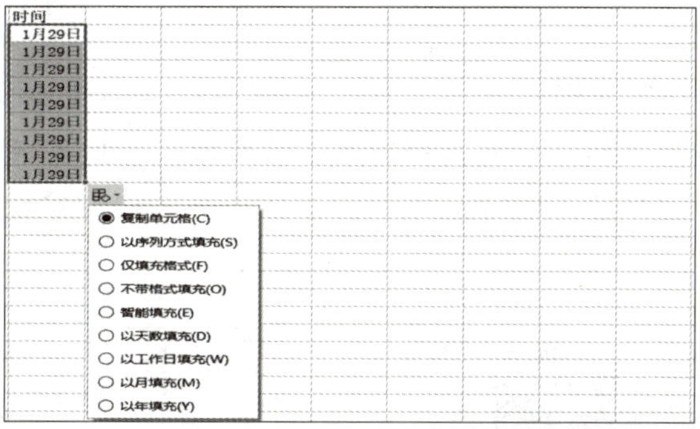

图 1－12　自动填充下的菜单项

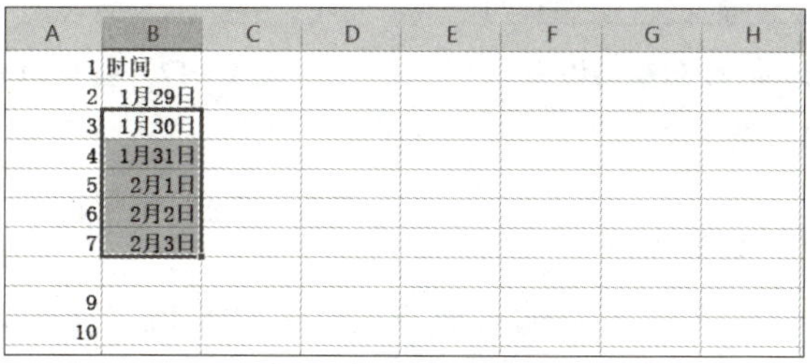

图 1－13　双击鼠标填充

3. 利用菜单栏命令填充或修正数据

拖拉填充柄，然后单击右下角的自动填充按钮，可以完成步长为 1 的填充，如果步长为其他数据，如 3、5，或者是等比数据系列，就要调用菜单栏，选择填充命令，调出对话框，在其中设置参数，进行个性化填充。

下面以初始数据为 15，步长为 5 的数据填充设置为例。首先，选择填充区域，在初始窗口找到编辑项，点击其中的填充命令，如图 1－14 所示。然后，点击“序列”，在对话框中点击“列”“等差序列”项目，输入步长值为5。最后，点击“确定”，完成所需数据的输入，如图1-15所示。

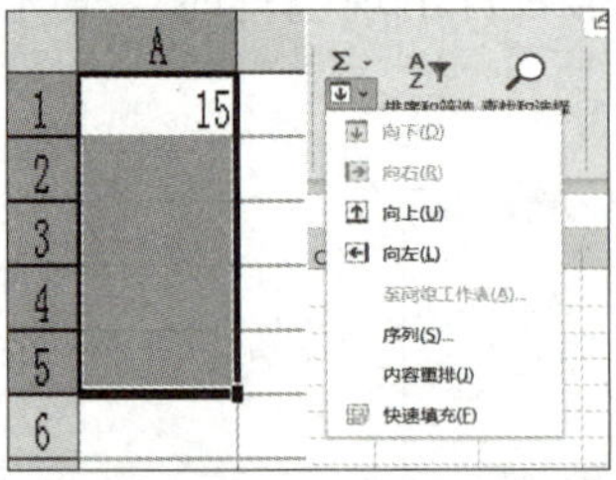

图1-14　菜单栏填充命令位置

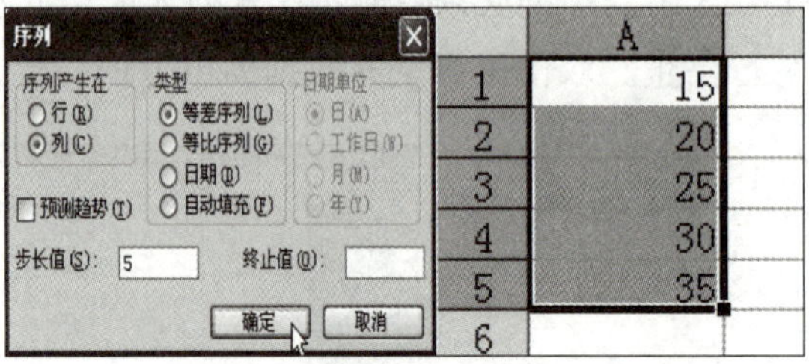

图1-15　填充序列对话框及填充效果

4. 智慧填充有规律数据

Excel可以一定程度识别出单元格的数据特征，进行智慧填充。例如：在同一行或同一列中的连续单元格中输入一组有规律的数据，拖动填充柄，系统便可识别数据步长或者文字特征，进行快速填充。

如图1-16所示，在单元格中输入“102”和“105”两个数值数据，拖拉填充柄，系统即可自动填充出步长为3的一个数据列出来。如果输入“财务部”“人事部”“业务部”这种文本数据列，选中该区域，拖拉填充柄，系统则会不断重复这个数据系列进行填充，如图1-17所示。

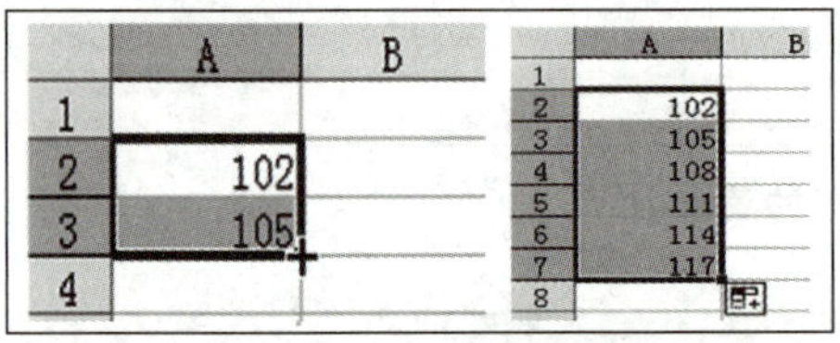

图1-16　智慧填充数值数据初始设置及填充效果

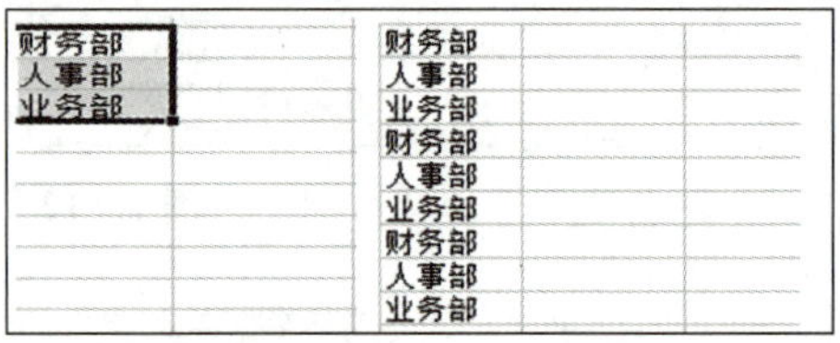

图1-17　智慧填充文本数据初始设置及填充效果

5. 使用自定义系列填充数据

在表格编制过程中，如果需重复输入业务员姓名“赵四、张三、李二、五一”这个系列的文本数据，前面几个方法就不好用了，这时可选择自定义系列填充法。即事先在系统里设置好该数据系列，进行拖拉填充时，该数据就会自动显现出来。具体操作如下：

单击工具选项“文件”，先点击菜单里的“Excel选项”，再点击下一级菜单中的“高级”选项，如图1-18所示。打开新菜单，找出里面的“编辑自定义列表”选项，进入“自定义序列”设置界面，如图1-19和图1-20所示。在该界面的“输入序列”栏目下，输入要创建的自定义序列“赵四,张三,李二,五一”（中间用英文输入法下的逗号隔开），然后依次单击“添加”“确定”按钮，就完成了自定义序列的设置，在该界面左边的“自定义序列”中可查看到该数据，如图1-21所示。

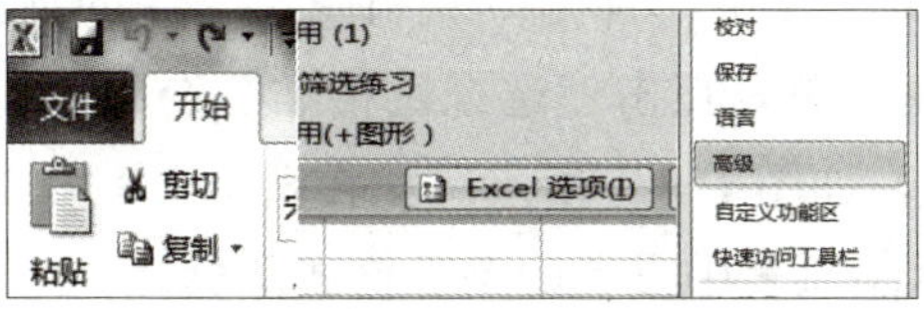

图 1 - 18　自定义序列初始位置

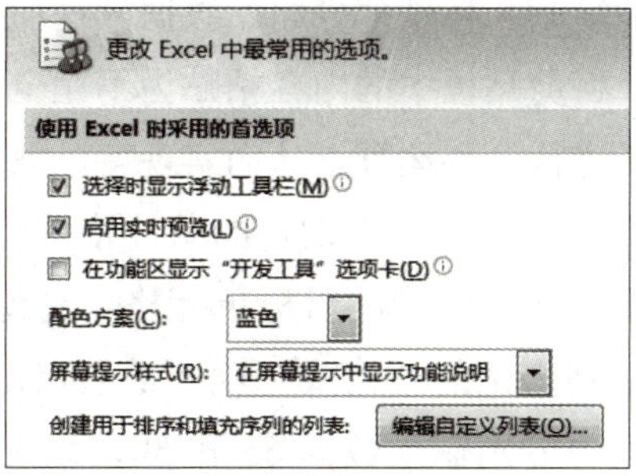

图 1 - 19　“编辑自定义列表”选项

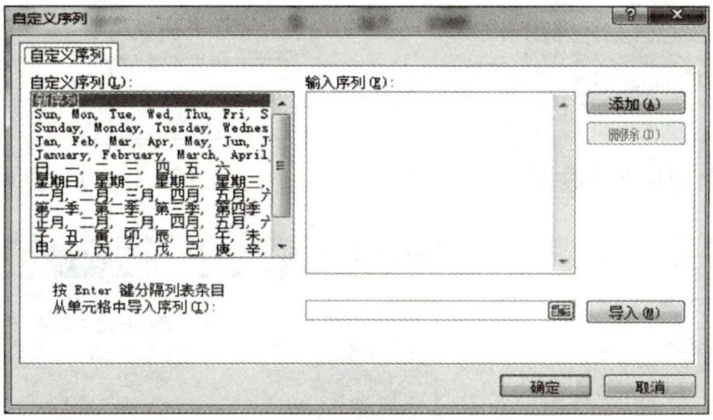

图 1 - 20　“自定义序列”设置界面

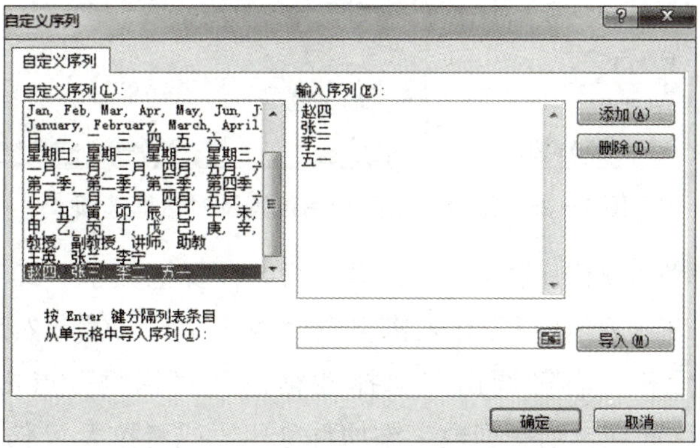

图 1 - 21　“自定义序列”设置结果

编制表格时，在单元格中输入“赵四”，通过拖动填充柄或双击即可实现“赵四、张三、李二、五一”这串数据的填充，如图 1 - 22 所示。

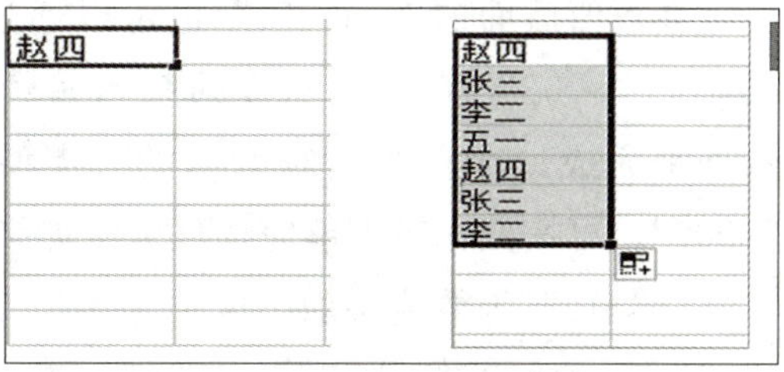

图 1 - 22　采用自定义序列填充效果

6. 使用选择性粘贴填充数据

利用“Ctrl+C”“Ctrl+V”组合键即可进行数据的完全复制和粘贴，还可根据业务需求，有选择性地复制、粘贴部分原始数据，这项操作被称为选择性粘贴。选择性粘贴是在复制原始数据后，将剪贴板中的内容粘贴为不完全等同于内容源的格式，如只粘贴原表中的公式、格式，或者进行一些运算，从而实现特色数据的填充作用。具体操作如下：

若要将图 1－23 中设置的条件格式复制到图 1－24 中，首先应复制图 1－23 的数据，然后点击图 1－24 中的目标单元格，右键调出快捷菜单，点击“选择性粘贴”选项，再点击新菜单列表中的“格式”项，最后点击“确定”，如图 1－25 所示。如在图 1－24 第二列和第三列中分别输入数据 55 和 66，系统会自动标注原表中设置的条件格式图标。

门店	计划销售额	实际销售额
1店	129	227
2店	229	217
3店	279	317
4店	229	157

图 1－23　某门店经营数据

	55	66

图 1－24　复制后的格式

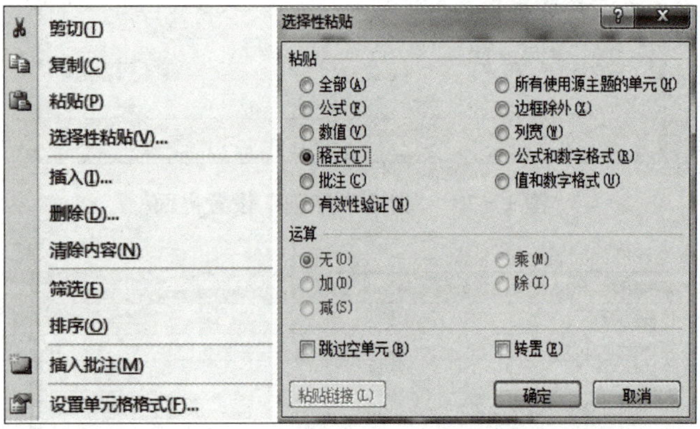

图 1－25　选择性粘贴初始位置及对话框选项

在实务中，“选择性粘贴”的操作很实用。例如：要把数字“23560000”缩小至以万为单位，即显示为“2356 万”，可先在表格空白处输入“10000”，然后先点击复制它，再点击“23560000”单元格，右键调出“选择性粘贴”对话框，点击“运算”项目下的“除”，即可实现任务。同理，给一列数字添加百分比，或者扩大 N 倍，或者两个相同大小的区域值求差、求和等，都可参照执行。

在数值后面加 N 个“0”也可以通过选择性粘贴实现，但在数值前面加零，如构造“0001”“0002”“0003”这样的系列编号，则需通过“设置单元格格式”中的“自定义”选项来完成。在它所属对话框的“类型（T）”下面的空白栏处，直接输入 4 个 0，即“0000”，再按回车键即能完成任务。如果需要给一系列数值添加相同的文本，如给“123”“145”“149”等数值添加单位“万元”，则只需在对话框的“类型（T）”下面的“G/通用格式”后面输入“万元”二字即可。

“设置单元格格式”下的自定义功能很强大，有兴趣可搜索相关资料自行研究。

7. 使用下拉菜单填充

在输入数据的过程中，如果有一串数据经常被选用，但不是规律性选用整串，而是随意被选用一个，这时就可以通过设置下拉菜单，提高数据输入的效率。现为图 1－26 中的“门店”数据列设置下拉菜单，具体操作如下：首先选择图 1－26 中“门店”这列数据，然后点击主菜单“数据”命令，再点击分类项目“数据有效性”（数据验证），如图 1－27 所示。调出对话框，在数据有效性“设置”对话框中，点击“有效性条件”下的“允许”项目的下拉菜单，选择“序列”，再在“来源”项目里输入字符串“天通店,大云店,物景店”（逗号须为英文状态），最后点击“确定”。如图 1－28 所示。

下拉菜单设置完毕后，点击“门店”数据列任意单元格，就会发现当前单元格的右边出现一个下拉箭头，点击进去，就是刚才所设数据列，选择使用即可，如图 1－29 所示。

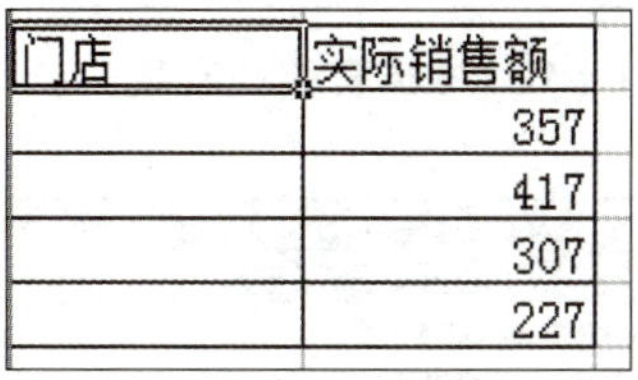

图 1－26　下拉菜单设置前的初始表格

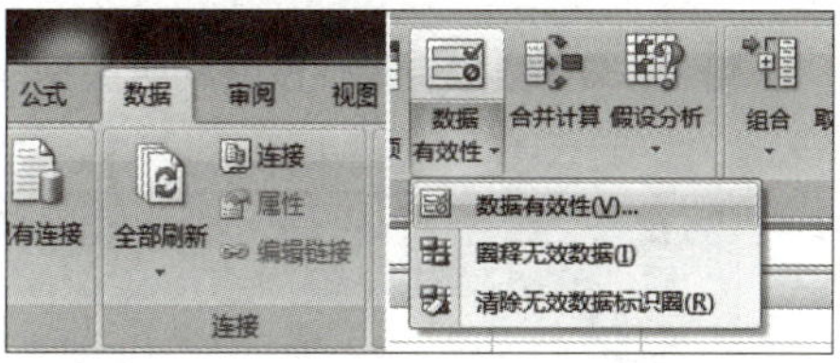

图 1－27　下拉菜单设置启动位置

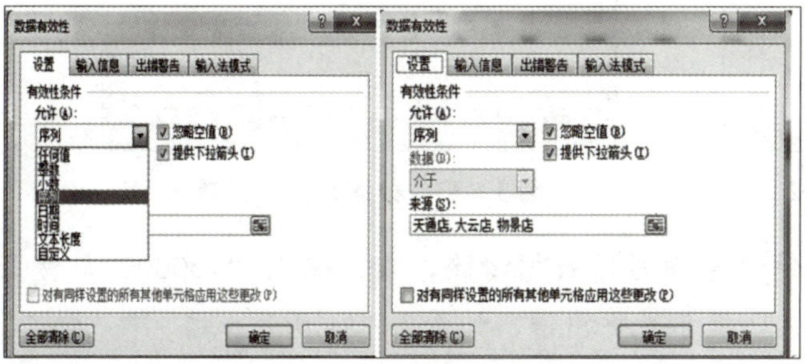

图 1－28　下拉菜单设置对话框

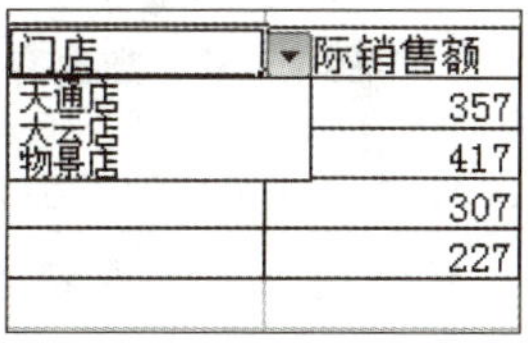

图 1－29　下拉菜单设置后的表格

知识拓展

数据有效性设置

填充数据可提高工作效率，但如果初始输入的数据出现差错，后面再执行快捷的填充也是徒劳。例如：图 1－30 中销售数据的金额较大，一不小心，容易多输入一个 0，或者少输入一个 0。通过观察，可以发现这列数据都在万位以内、千位以上，系统如果能设置一个输入范围，出现错误即发出警告，则可大大提升工作效率。这种操作称为数据有效性设置。

现以图 1－30 中销售额数据有效性的设置为例，具体操作如下：先点击主菜单“数据”命令，再点击“数据有效性”，在数据有效性“设置”对话框中，有效性“允许”条件点击“整数”项，如图 1－31 所示。在“最小值”栏输入“1000”，在“最大值”

栏输入“10000”，点击“确定”，如图1-32所示。然后，点击数据有效性“出错警告”对话框，“样式”栏选择“停止”，“标题”栏中输入“数据出错了”，“错误信息”栏输入“请输入正确数据”，其他设定保持原状态，最后点击“确定”，如图1-33所示。

店名	销售额
门店1	35670
门店2	45780
门店3	24607
门店4	74320
门店5	35600
门店6	53701

图1-30　数据有效性设置初始数据

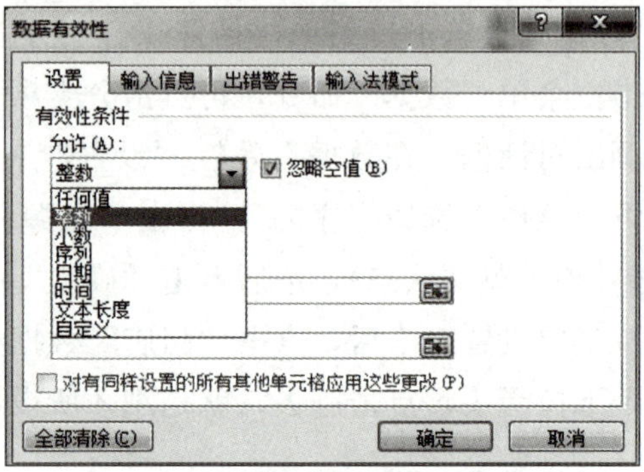

图1-31　数据有效性设置1

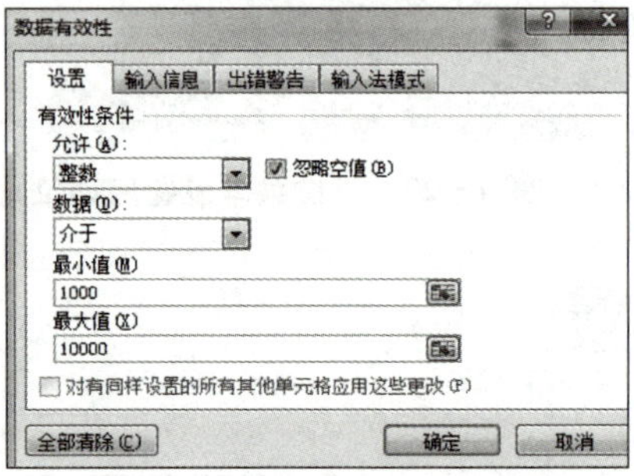

图1-32　数据有效性设置2

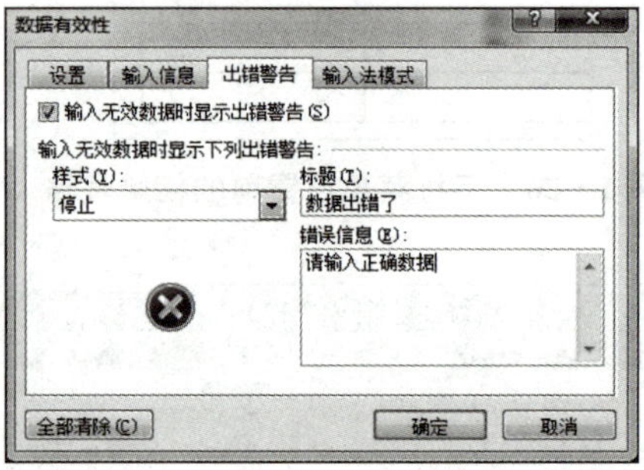

图1-33　数据有效性设置3

设置完毕后，把门店1对应的销售金额栏原数据清除，重新输入“100000”，按回车键。有效性验证提醒就自动跳出来，提示数据出错，如图1-34所示。

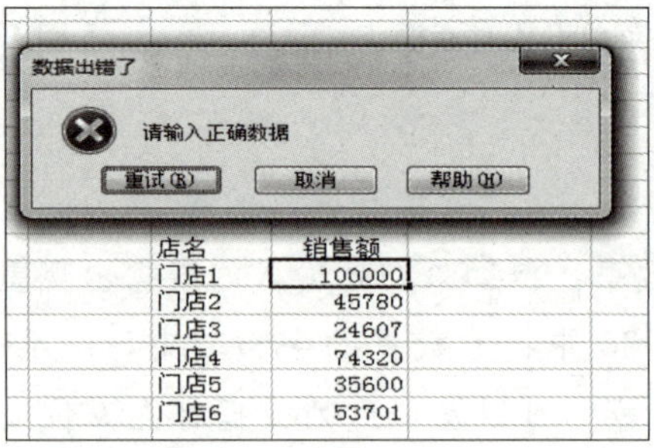

图1-34　数据有效性设置效果

8. 数据分列

上面的填充方法都是介绍缺失数据如何实现快速填充，现实中还会碰到数据已存在，但不符合核算要求，需进行调整的状况。例如：图1-35中的日期因为输入不规范，在后期函数被调用时，易被识别为文本数据，出现错误，可用数据分列的方法实现快速修正，还原为数值数据，如图 1－36 所示。

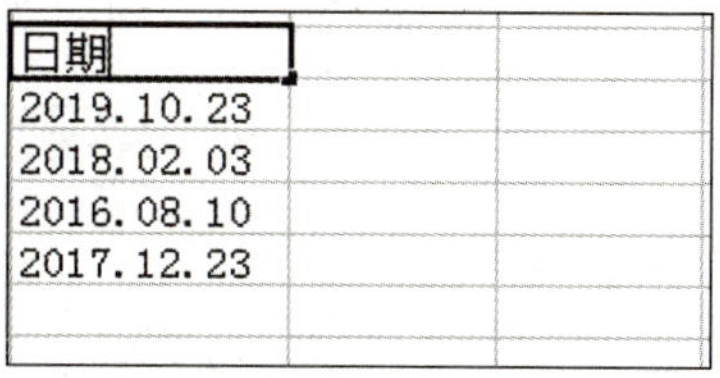

图 1－35　数据分列初始状态

具体操作步骤如下：

(1) 先选中图 1－35 需分列的数据区域，再选择菜单栏中“数据”—“分列”选项，如图 1－37 所示，调出“文本分列向导”对话框。

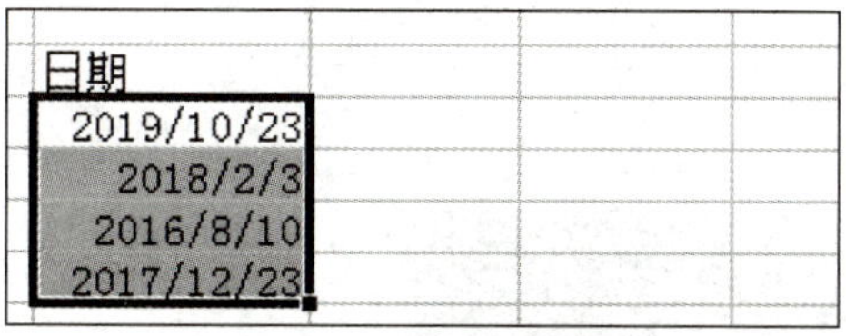

图 1－36　数据分列结果

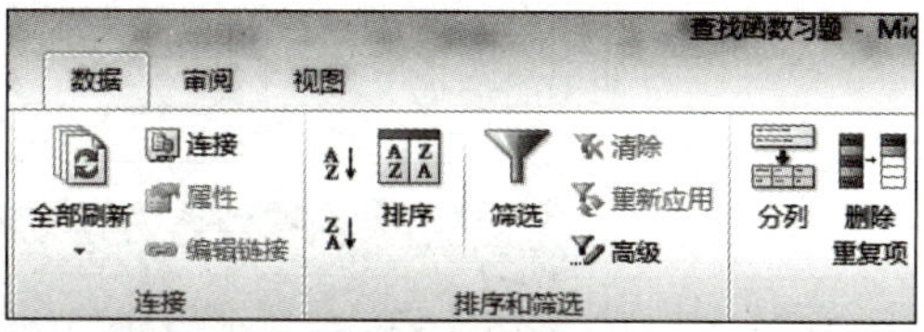

图 1－37　数据分列命令初始位置

(2) 选择“分隔符号”项，如图 1－38 所示。

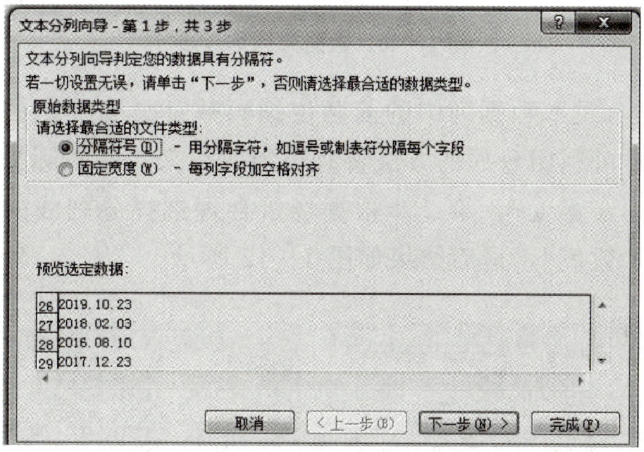

图 1－38　数据分列第 1 步

(3) 选择“Tab 键”项，如图 1－39 所示。

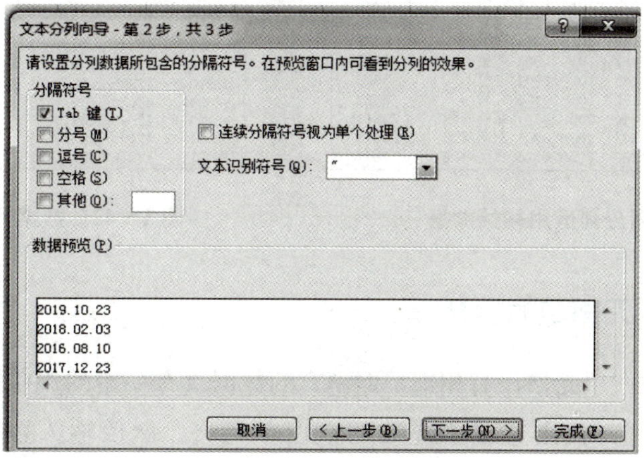

图 1－39　数据分列第 2 步

（4）选择“日期”项，如图 1-40 所示。

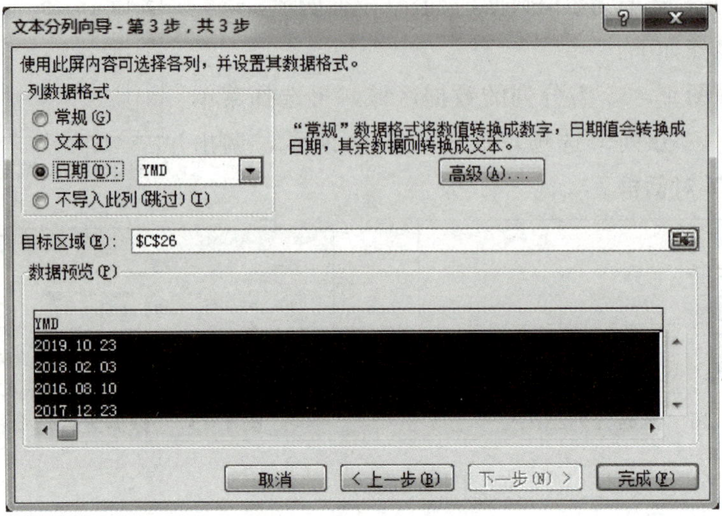

图 1-40　数据分列第 3 步

图 1-41“商品分类”数据列中的前两位编码数字具有一定的意义，它代表商品归属大类信息，同样可利用分列的方法将其单独取出来。在实际操作中，文本分列向导第 1 步应选择“固定宽度”，第 2 步根据场景合理选择分列线的位置，第 3 步选择保存数据的格式为“数值”。最后结果如图 1-42 所示。

	A	B	C	D	E	F
1	会员ID	日期	商品编码	商品分类	分类名称	品牌编码
2	559569	43096	8m2825904	110010104	蒸制	100986
3	493834	43224	8m2825904	110010104	蒸制	100986
4	493834	43203	8m2825904	110010104	蒸制	100986
5	3061820	43352	8m7110281	403010302	滋润露/润	17683
6	3061820	43352	8m7110280	403010302	滋润露/润	17683
7	4313145	43051	8m7111463	403010310	面膜/眼膜	17683
8	493834	43046	8m7111859	403010306	眼霜	17683
9	4313145	43048	8m7111629	403010312	护肤套装	17683
10	4313145	43048	8m7111630	403010312	护肤套装	17683
11	3061820	43352	8m7110185	403010309	爽肤水/柔	17683
12	2925852	43207	8m2831161	101011004	洋葱	3622
13	2925852	43072	8m2831161	101011004	洋葱	3622
14	4414023	43078	8m2831161	101011004	洋葱	3622
15	2310007	43084	8m2831161	101011004	洋葱	3622
16	493834	43112	8m2831161	101011004	洋葱	3622
17	3061820	43383	8m2831176	101010403	红薯	3622
18	493834	43050	8m6210846	205020301	瓶装陈醋	20641
19	1893133	43095	8m6210833	205020301	瓶装陈醋	20641
20	493834	43099	8m6210833	205020301	瓶装陈醋	20641

图 1-41　数据分列运用初始数据

	A	B	C	D	E	F
1	会员ID	日期	商品编码	商	品分类	品牌编码
2	559569	43096	8m2825904	11	10104	100986
3	493834	43224	8m2825904	11	10104	100986
4	493834	43203	8m2825904	11	10104	100986
5	3061820	43352	8m7110281	40	3010302	17683
6	3061820	43352	8m7110280	40	3010302	17683
7	4313145	43051	8m7111463	40	3010310	17683
8	493834	43046	8m7111859	40	3010306	17683
9	4313145	43048	8m7111629	40	3010312	17683
10	4313145	43048	8m7111630	40	3010312	17683
11	3061820	43352	8m7110185	40	3010309	17683
12	2925852	43207	8m2831161	10	1011004	3622
13	2925852	43072	8m2831161	10	1011004	3622
14	4414023	43078	8m2831161	10	1011004	3622
15	2310007	43084	8m2831161	10	1011004	3622
16	493834	43112	8m2831161	10	1011004	3622
17	3061820	43383	8m2831176	10	1010403	3622
18	493834	43050	8m6210846	20	5020301	20641
19	1893133	43095	8m6210833	20	5020301	20641
20	493834	43099	8m6210833	20	5020301	20641
21	2310007	43276	8m2831331	10	1010203	3622

图 1-42　数据分列运用结果

（二）非连续单元格数据填充

如果需填充的空白单元格没有相连，但填充的数据具有一定的规律性，可以首先通过定位（或利用“Ctrl”键）找出这些不连续的空白单元格，然后输入数据，再利用“Ctrl+Enter”组合键进行填充，可在多个单元格快速完成设置任务。

例如：给图 1－43 中的空白单元格填充数据“总店”。首先选中“店名”下面的单元格区域，点击主菜单下的“查找和选择”命令，调出下拉菜单，点击“定位条件”，如图 1－44 所示。进入新的选择界面后，点击“空值”，按回车键，如图 1－45 所示。这样空白单元格都被选择出来，如图 1－46 所示。然后，在光标所在单元格输入“总店”，如图 1－47 所示，再按下组合键“Ctrl＋Enter”，空白处就全部被填充了“总店”二字，如图 1－48 所示。

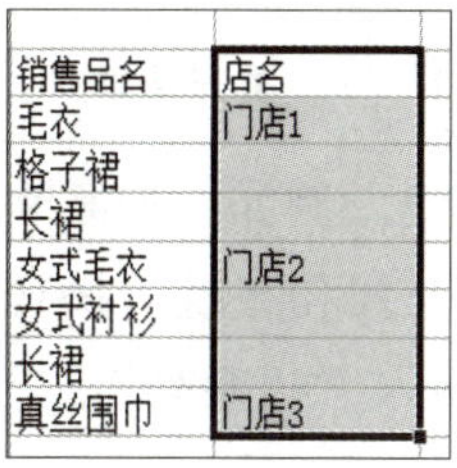

销售品名	店名
毛衣	门店1
格子裙	
长裙	
女式毛衣	门店2
女式衬衫	
长裙	
真丝围巾	门店3

图 1－43　初始数据

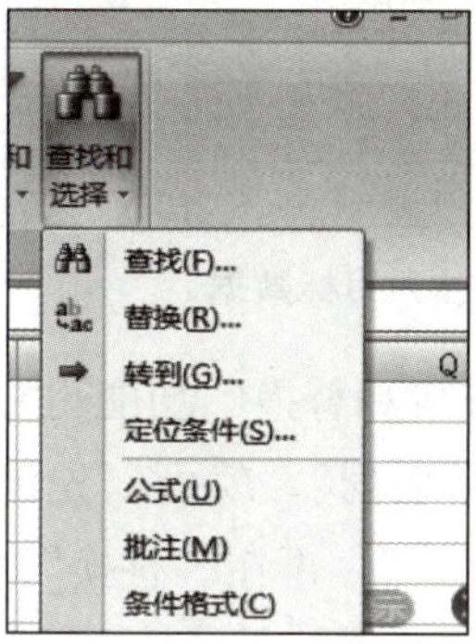

图 1－44　定位命令初始位置

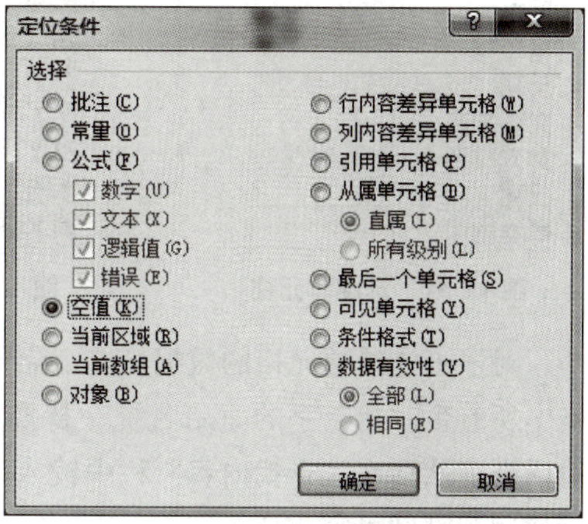

图 1－45　定位命令设置对话框

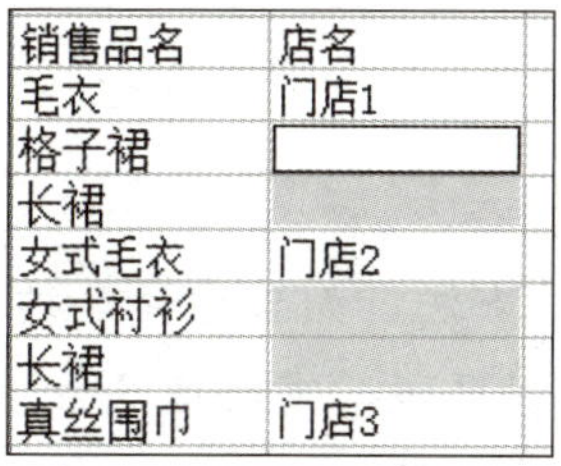

销售品名	店名
毛衣	门店1
格子裙	
长裙	
女式毛衣	门店2
女式衬衫	
长裙	
真丝围巾	门店3

图 1－46　通过定位选定单元格

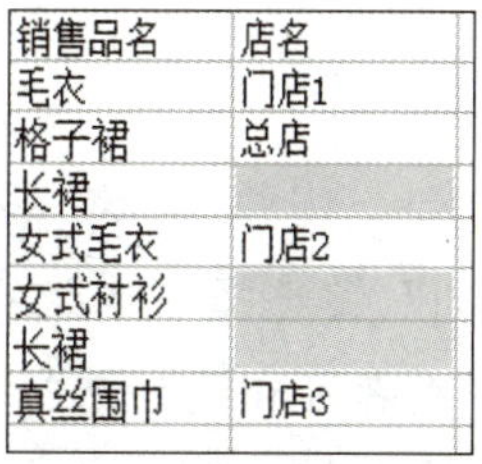

销售品名	店名
毛衣	门店1
格子裙	总店
长裙	
女式毛衣	门店2
女式衬衫	
长裙	
真丝围巾	门店3

图 1－47　输入目标数据

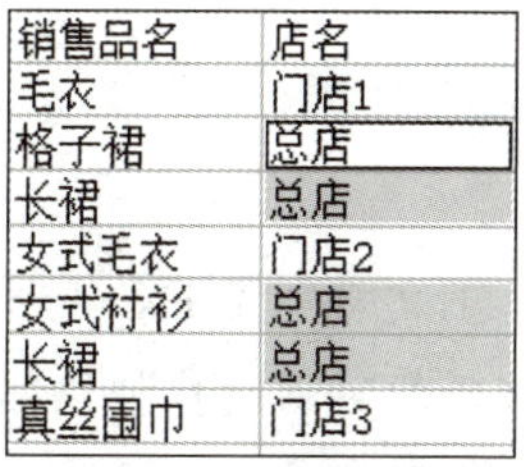

销售品名	店名
毛衣	门店1
格子裙	总店
长裙	总店
女式毛衣	门店2
女式衬衫	总店
长裙	总店
真丝围巾	门店3

图 1－48　数据填充结果

如果在光标所在单元格输入门店 1 所在的单元格地址，假设为“B232”，即输入“＝B232”，再按下组合键“Ctrl＋Enter”，那么空白单元格就会填充上一行的内容，分别是“门店 1”和“门店 2”，如图 1－49 和图 1－50 所示。需要好好辨识这种填充方法与前述填充“总店”的区别，即输入特定文本内容与输入单元格引用的区别。

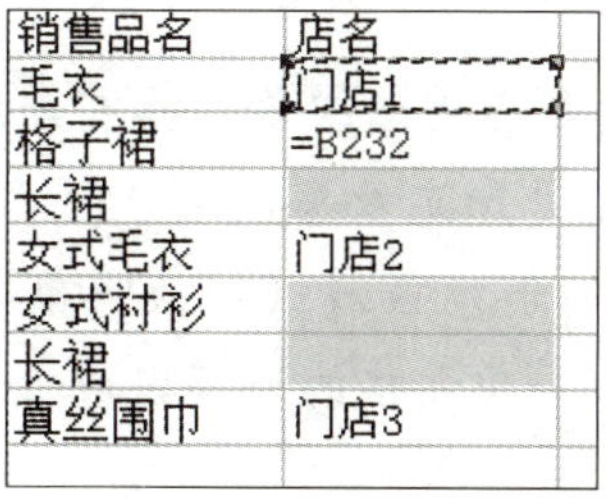

销售品名	店名
毛衣	门店1
格子裙	=B232
长裙	
女式毛衣	门店2
女式衬衫	
长裙	
真丝围巾	门店3

图 1－49　选定单位格输入目标单元格地址

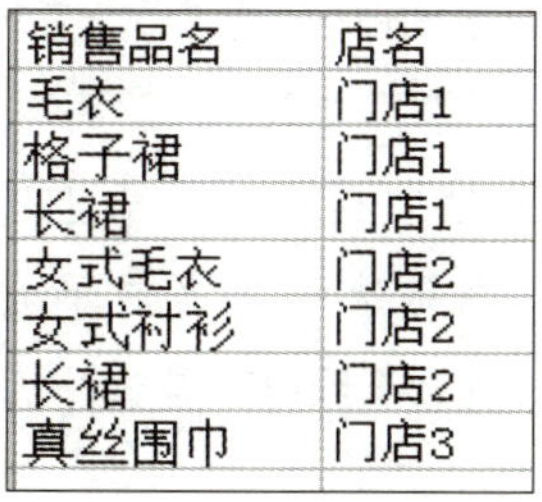

销售品名	店名
毛衣	门店1
格子裙	门店1
长裙	门店1
女式毛衣	门店2
女式衬衫	门店2
长裙	门店2
真丝围巾	门店3

图 1－50　数据填充结果

另外，可以用按“Ctrl”键的方法选择空白区域。例如：先点击图 1－51 数据表格内某个空白单元格，按下“Ctrl”键（不要放手），同时点击其他空白单元格，再在光标所在单元格输入“总店”，如图 1－52 所示，然后按下组合键“Ctrl＋Enter”，效果如前，总店数据都被填充到位，如图 1－53 所示。

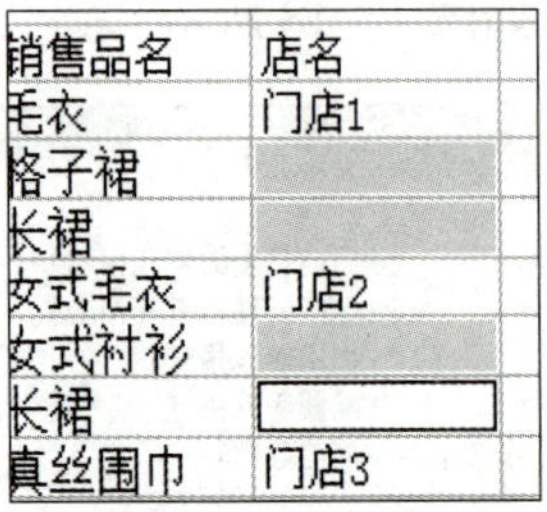

图 1－51　选定单元格

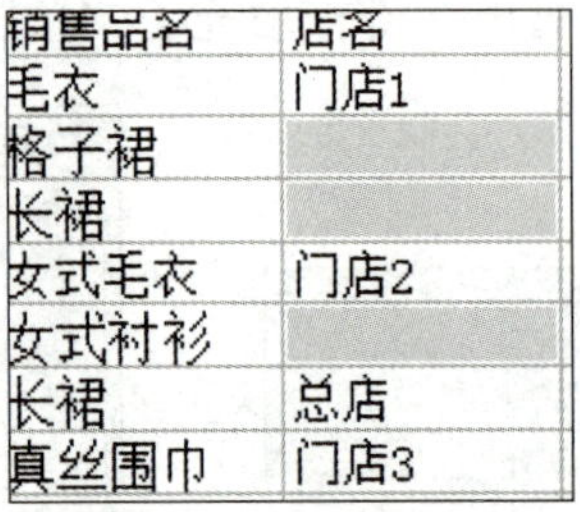

图 1－52　输入目标数据

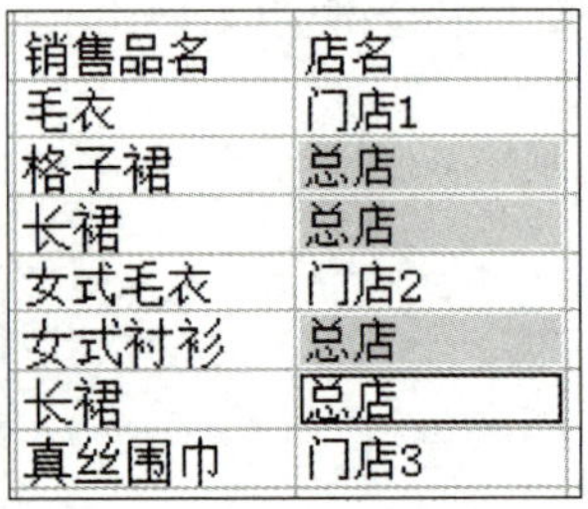

图 1－53　填充结果

对于不连续单元格的数据填充，启用“查找和替换”功能也相当方便。例如：把某表格中所有带“裙”字的商品名统一替换为“裙系列”，就可以先调出“查找和替换”操作对话框，然后在“查找内容”栏中输入“＊裙＊”，再在“替换”栏中输入“裙系列”，最后按回车键即可完成任务。

学习后续课程后，还可通过设置 IF 函数和 VLOOKUP 函数来进行表格的数据填充。

知识拓展

快速选择数据

上文介绍了 Excel 利用“Ctrl”键选择不连续的单元格的方法。如果选择连续区域，小范围的可通过拖拽鼠标完成；或者可在已经选择了部分数据区域，需继续添加连续的新数据区域的情况下，按住“Shift”键，单击包含新数据区域的最后一个单元格即完成任务；或者在表格右上角的名称框中直接输入表格区域，如“A1:E345”，然后按回车键，也可将区域的数据全部选中；还可以使用“Ctrl＋Shift＋箭头”的方法，先选中某单元格，按下“Ctrl＋Shift＋左方向箭头”，即可选中该单元格左侧的所有带数据的单元格区域，按下“Ctrl＋Shift＋右方向箭头”，则可选中该单元格右侧的所有带数据的单元格区域，其他方向依此类推。假如中间存在有空的单元格或空行、空列，那就连续按“Ctrl＋Shift＋箭头”，直到找到需要的结果。

如果按下“Ctrl＋箭头”的组合键，则定位到与当前选中单元格有连续内容的最左边、最右边、最下边、最上边的某个单元格，而不是选定数据区域。而“Ctrl＋Shift＋Home”则是选中从当前单元格到第一个单元格的连续区域（包括空单元格与空行），“Ctrl＋Shift＋End”是选中从当前单元格到最后一个单元格的连续区域（包括空单元格和空行）。

思考： 现要选中图 1－54 中 A1 至 D15 单元格区域，可采用哪些方法？

	A	B	C	D	E	
1	会员ID	日期	款台	商品编码	商品名称	商
2	4313145	2018/1/20	T98	8m2825754	佐冷馋麻辣烫	
3	4313145	2018/1/20	T98	8m2825754	佐冷馋麻辣烫	
4	97485	2018/9/28	T37	8m2825904	自制手工凉皮	
5	97485	2018/7/11	T23	8m2825904	自制手工凉皮	
6	97485	2018/7/9	T55	8m2825904	自制手工凉皮	
7	97485	2018/7/6	T38	8m2825904	自制手工凉皮	
8	97485	2018/5/28	T38	8m2825904	自制手工凉皮	
9						
10	97485	2018/5/20	T36	8m2825904	自制手工凉皮	
11						
12	97485	2018/5/4	T36	8m2825904	自制手工凉皮	
13	97485	2018/5/2	T37	8m2825904	自制手工凉皮	
14	97485	2018/4/27	T38	8m2825904	自制手工凉皮	
15	97485	2018/4/25	T37	8m2825904	自制手工凉皮	
16	97485	2018/1/16	T39	8m2825904	自制手工凉皮	
17	97485	2017/12/29	T37	8m2825904	自制手工凉皮	

图 1-54　练习数据 1

在实务中，一旦遇到大量数据输入，应仔细观察数据的特征，灵活运用拖拉填充柄、智慧填充、序列设置填充、选择性粘贴、设置下拉菜单、数据分列等方法快速完成任务。有时，快速选定相关单元格区域，运用查找替换功能或者自定义单元格格式也能达到异曲同工之效。只有不断实践，并在实践中认真思考，才能不断提升处理数据的效率。

任务实施

1. 快速编制如表 1-1 所示的数据。要求：合理选择某种数据填充方法，其中“所属部门”须设置下拉菜单输入，“劳务费”设置数据有效性提醒（有效标准自行设定）。

表 1-1　练习数据 2

编号	姓名	性别	出生日期	学历	所属部门	劳务费
JG1001	宁夏	男	1985-03-01	本科	销售部	1 600
JG1002	伍辉	男	1980-08-04	研究生	技术部	3 000
JG1003	齐芳	女	1984-05-04	专科	生产部	2 000
JG1004	华爱彬	女	1988-07-21	本科	技术部	2 500
JG1005	程小鹏	男	1980-06-28	专科	生产部	1 800
JG1006	赵丽丽	女	1983-08-15	研究生	技术部	2 200
JG1007	周永华	男	1979-10-05	本科	生产部	2 000

续表

编号	姓名	性别	出生日期	学历	所属部门	劳务费
JG1008	宋萍	女	1982-09-10	专科	生产部	2 800
JG1009	邱晓明	男	1986-07-23	研究生	技术部	2 200
JG1010	高烨	女	1985-04-29	本科	销售部	1 300
JG1011	刘小松	男	1981-12-24	专科	生产部	2 200
JG1012	张晓洁	男	1978-06-18	研究生	销售部	2 000
JG1013	张静宜	女	1983-07-08	本科	销售部	1 800

2. 选择合适的输入方法，快速编制如表 1-2 所示表格。

表 1-2　练习数据 3

日期	所属星期	科达公司	产品名称	毛利率
2018 年 1 月 5 日	星期五	总公司	男式西裤 A（含毛量 80%）	20.56%
2018 年 1 月 24 日	星期三	总公司	女式连衣裙 1	55.00%
2018 年 2 月 6 日	星期二	一公司	女式套裙 B	36.37%
2018 年 2 月 17 日	星期六	二公司	男式西裤 B（含毛量 90%）	40.00%
2018 年 2 月 23 日	星期五	总公司	女式连衣裙 2	10.00%
2018 年 2 月 28 日	星期三	总公司	男式西裤	50.00%
2018 年 3 月 10 日	星期六	一公司	女式套裙 A	60.00%
2018 年 3 月 13 日	星期二	三公司	男式西裤 A（含毛量 80%）	40.36%
2018 年 3 月 14 日	星期三	一公司	女式套裙	70.00%
2018 年 3 月 21 日	星期三	二公司	男式西裤 B（含毛量 90%）	40.00%
2018 年 3 月 29 日	星期四	总公司	女式连衣裙	12.14%

任务 2　数据的排序

任务意义

按一定顺序将数据进行排列，可以展现数据一些明显的特征或趋势，从而简化数据，为快速比对数据提供平台，为分析问题提供线索。排序还有助于对数据检查纠错，以及为重新分类或分组等提供依据。

任务准备

数据排序形式包括简单排序和复杂排序两种，前者选定区域后，直接在菜单栏点击“排序和筛选”—“升序”或“降序”即可完成任务，后者则需调出自定义排序对话框，进行相关设置才能完成排序事项。排序的依据有数值、文本、单元格颜色、字体颜色、单元格图标等。排序的次序除了升序、降序外，还有自定义序列。

一、数据的简单排序

如果需要对图 1－55 中左侧表格中的销售额进行排序，可以这样操作：首先选中“销售额”列任意一个单元格，然后点击“排序和筛选”下的“升序”按钮即可，如图 1－56 所示。排列结果即为从小到大的序列，如图 1－55 右侧表格所示。

排序前		排序后	
店名	销售额	店名	销售额
门店4	74320	门店3	24607
门店7	73680	门店5	35600
门店6	53701	门店1	35687
门店2	45780	门店2	45780
门店1	35687	门店6	53701
门店5	35600	门店7	73680
门店3	24607	门店4	74320

图 1－55　排序前与排序后的表格

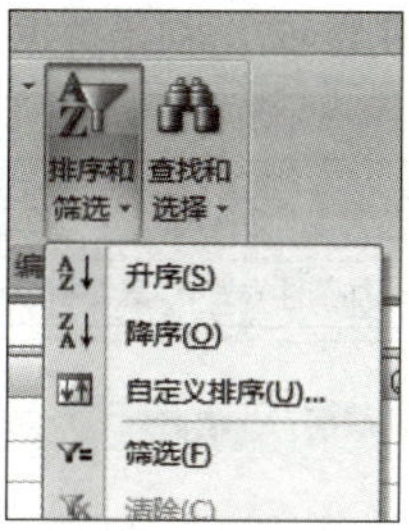

图 1－56　排序命令位置

小贴士

（1）如果点击“降序”按钮，则将“销售额”由小到大进行排序。（2）如果排序的对象是中文字符，则按“汉语拼音”顺序排序。（3）如果排序的对象是西文字符，则按“西文字母”顺序排序。无论哪种排序方式，空白单元格总是放在最后面。

二、数据的复杂排序

复杂排序一般涉及多个条件或者特殊条件，必须进行相关命令设置才能成功排序。具体分为多条件（多关键字）排序、自定义序列排序和按字体或单元格颜色排序等。

（一）多条件（多关键字）排序

这种排序方法涉及多个条件的先后顺序，优先排好第一个条件，也就是主要关键字排序，其次为第二个条件，即次要关键字排序，如图 1－57 中的数据需要按店铺名先排序，再对每个店铺的销售金额做升序排序，就涉及了多条件排序，具体操作如下：

选中图 1－57 中数据表的任意一个单元格，点击“排序和筛选”命令，打开“自定义排序”对话框，如图 1－58 所示。在对话框中，将“主要关键字”设置为“店铺名”，并设置排序方式为“升序”，如图 1－59 所示，再点击“添加条件”，将“次要关键字”设置为“金额”，设置排序方式为“升序”，点击“确定”即可，如图 1－60 所示。最后排序结果如图 1－61 所示。

店铺名	销售员	数量	单价	金额
总店	张三	6	200	1200
三分店	张四	5	201	1005
二分店	周六	2	202	404
总店	王五	4	203	812
总店	张三	1	204	204
二分店	李四	8	205	1640
总店	王五	5	206	1030
一分店	李四	9	207	1863
二分店	余一	6	208	1248
一分店	李四	6	209	1254
总店	赵七	4	210	840
二分店	周六	5	211	1055
总店	张三	21	200	4200
三分店	张四	1	213	213
二分店	王五	5	214	1070
总店	赵七	2	215	430

图 1－57　初始数据

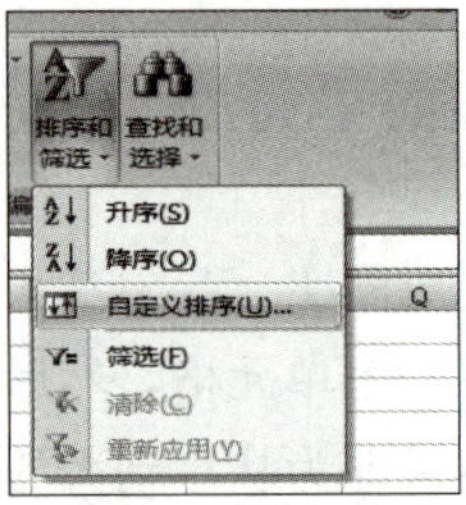

图 1－58　“自定义排序”命令初始位置

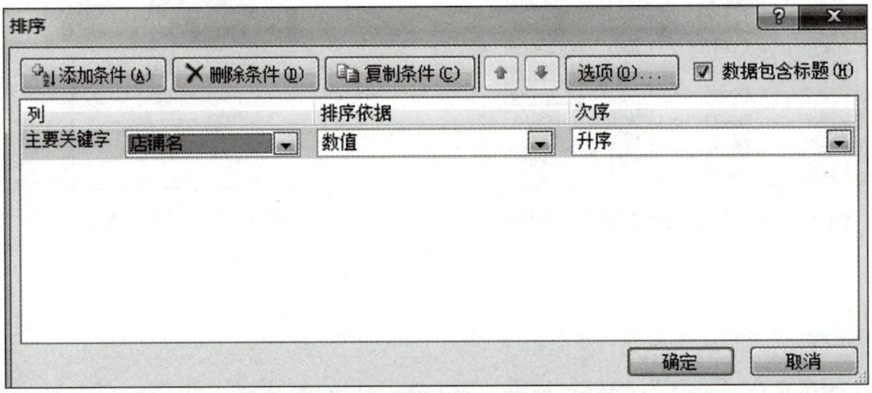

图 1－59　多条件排序对话框设置 1

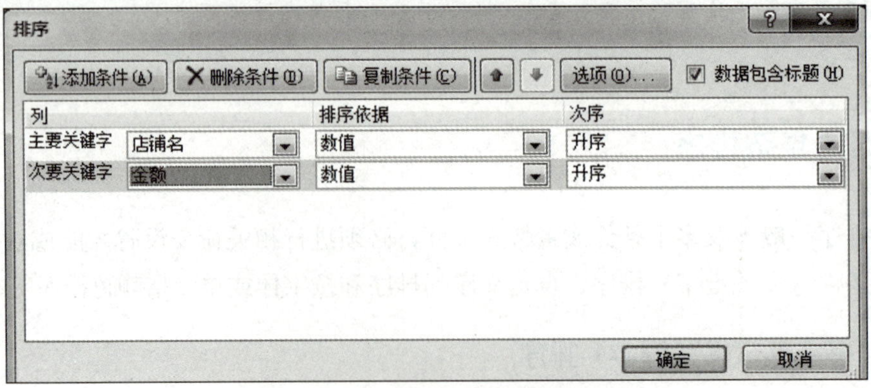

图 1－60　多条件排序对话框设置 2

店铺名	销售员	数量	单价	金额
二分店	周六	2	202	404
二分店	周六	5	211	1055
二分店	王五	5	214	1070
二分店	余一	5	217	1085
二分店	余一	6	208	1248
二分店	周六	7	219	1533
二分店	李四	8	205	1640
二分店	王五	8	220	1760
三分店	张四	1	213	213
三分店	张四	5	201	1005
一分店	赵二	4	216	864
一分店	李四	6	209	1254
一分店	李四	9	207	1863
总店	张三	1	204	204
总店	赵七	2	215	430
总店	王五	4	203	812
总店	赵七	4	210	840
总店	王五	5	206	1030
总店	张三	6	200	1200
总店	王五	8	218	1744
总店	张三	21	200	4200

图 1-61　多条件排序设置结果

（二）自定义序列排序

在上文中，对店铺进行排序后，发现一分店在三分店后面，没有按照常规的一分店、二分店、三分店的顺序排好，这是因为系统会默认按照汉语拼音对中文字符进行排序。对于这个问题，可以通过自定义序列来解决，具体的操作步骤如下：

首先把相应的店铺序列“总店,一分店,二分店,三分店”在自定义序列里设置好，前面已介绍过，这里不再重复，如图 1-62 所示。然后把主要关键字的排序方式“次序”设置为“自定义序列”，再导入自定义序列，如图 1-63 和图 1-64 所示，点击“确定”。排序结果如图 1-65 所示，表格数据已经修正成所希望的状态。

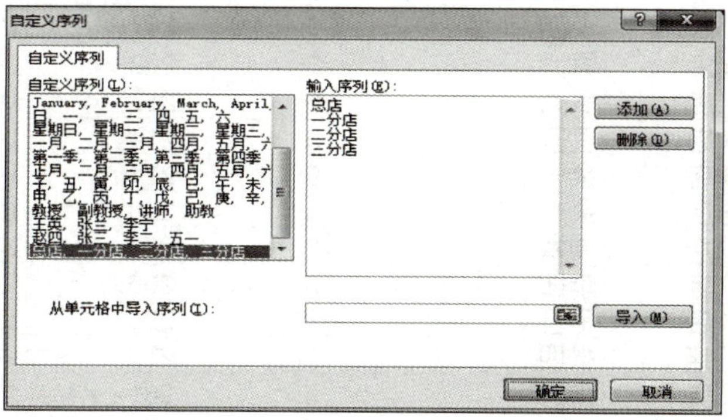

图 1-62　自定义序列设置结果

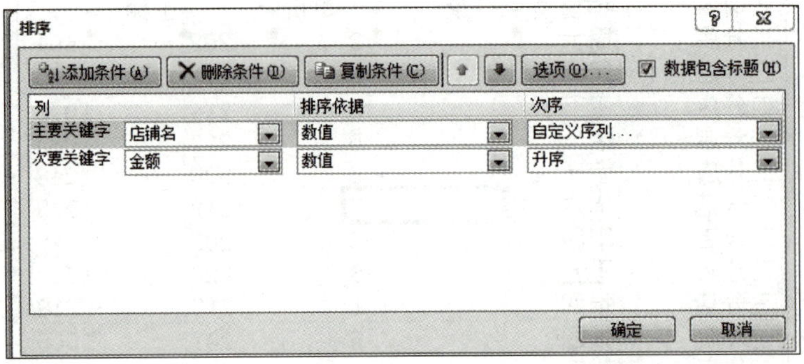

图 1-63　自定义序列排序对话框设置 1

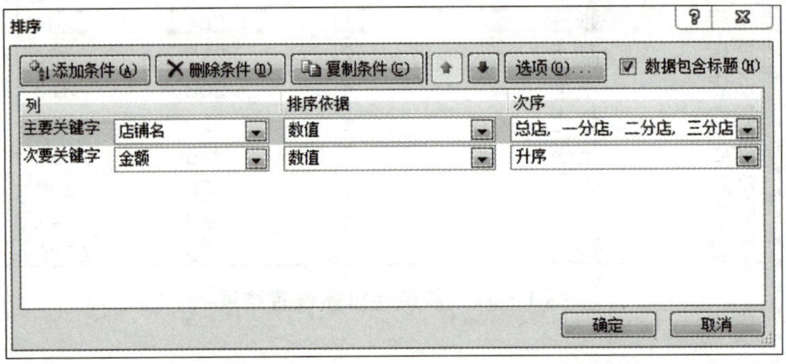

图 1-64　自定义序列排序对话框设置 2

店铺名	销售员	数量	单价	金额
总店	张三	1	204	204
总店	赵七	2	215	430
总店	王五	4	203	812
总店	赵七	4	210	840
总店	王五	5	206	1030
总店	张三	6	200	1200
总店	王五	8	218	1744
总店	张三	21	200	4200
一分店	赵二	4	216	864
一分店	李四	6	209	1254
一分店	李四	9	207	1863
二分店	周六	2	202	404
二分店	周六	5	211	1055
二分店	王五	5	214	1070
二分店	余一	5	217	1085
二分店	余一	6	208	1248
二分店	周六	7	219	1533
二分店	李四	8	205	1640
二分店	王五	8	220	1760
三分店	张四	1	213	213
三分店	张四	5	201	1005

图 1-65　自定义序列排序结果

（三）按字体或单元格颜色排序

如果要把设置颜色后的字体或单元格数据排列在前面，也需要通过自定义排序完成。

例如：把三分店的数据标成红色，排列于表格最前端，一分店的数据标成绿色，排在三分店之后。具体的操作如下：打开自定义排序对话框，点击“主要关键字”的“排序依据”下拉菜单，选中“字体颜色”，次序里选择红色，并设为“在顶端”即可；同理添加条件，将绿色的字体设置好，如图 1 - 66 所示。最后结果如图 1 - 67 所示。

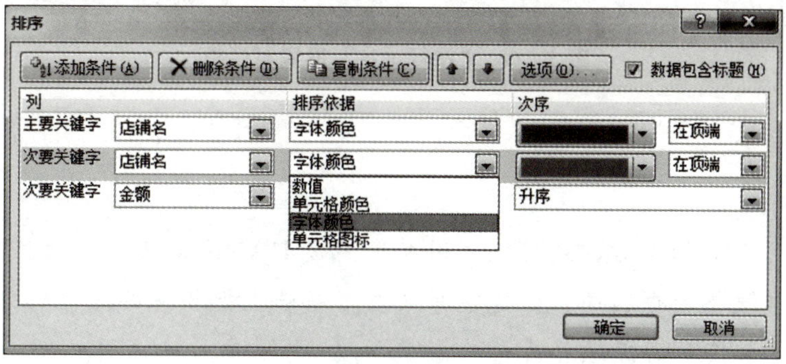

图 1 - 66　按字体或单元格颜色排序设置对话框

店铺名	销售员	数量	单价	金额
三分店	张四	1	213	213
三分店	张四	5	201	1005
一分店	赵二	4	216	864
一分店	李四	6	209	1254
一分店	李四	9	207	1863
总店	张三	1	204	204
二分店	周六	2	202	404
总店	赵七	2	215	430
总店	王五	4	203	812
总店	赵七	4	210	840
总店	王五	5	206	1030
二分店	周六	5	211	1055
二分店	王五	5	214	1070
二分店	余一	5	217	1085
总店	张三	6	200	1200
二分店	余一	6	208	1248
二分店	周六	7	219	1533
二分店	李四	8	205	1640

图 1 - 67　排序后的数据

（四）其他排序

如果需要按某行属性对数据进行排序，如按字母排序、按笔划排序等，只要在上述“自定义排序”对话框中，点击“排序选项”，再选中“按行排序”选项或其他即可，如图 1 - 68 所示。

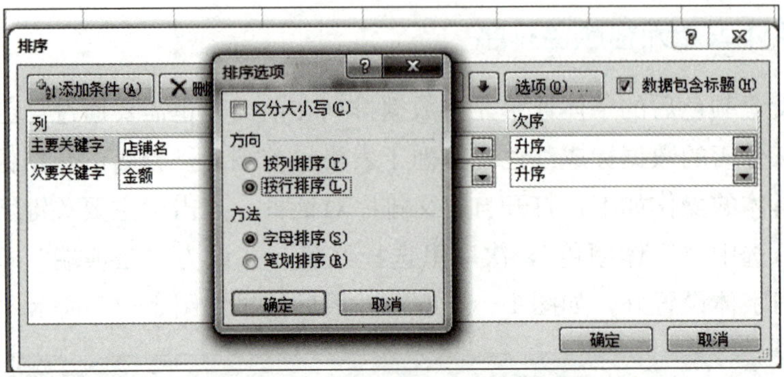

图 1-68 “按行排序”设置对话框

小贴士

后面学习了函数知识后，还可以调用排序函数 RANK 对表格数据进行排序，这种排序方法不调整表格数据顺序，而是在原来表格基础上把相关的顺序排列号显示出来，需要再增设一列，专门存放顺序排列号。

在对数据表进行排序操作后，通常位于第一列的序号也被打乱了，如何不让这个“序号”列参与排序呢？可以在“序号”列右侧插入一个空白列，将“序号”列与数据表隔开。用上述方法对右侧的数据区域进行排序时，“序号”列就不参与排序了。

任务实施

1. 对表 1-3 中的网店后台数据排序。要求：先按照客服“王英—张兰—李宁”的顺序排列，再按照销量从大到小的顺序排列。

表 1-3 练习数据 1

商品名称	流量	销量	转化率	销售客服
T 恤	5 215	758	14.53%	王英
短裤	8 548	1 051	12.30%	张兰
纯色上衣	4 256	68	1.60%	王英
打底裤	1 246	45	3.61%	王英
短西装	21 645	2 016	9.31%	张兰
外套	7 548	987	13.08%	张兰
花衬衫	5 215	66	1.27%	李宁
休闲裤	7 458	125	1.68%	张兰
牛仔裤	45 587	452	1.06%	李宁
九分裤	459	35	7.63%	李宁

2. 对表 1-4 中的数据分别进行四类排序。要求：

(1) 按性别排序：男性在前，女性在后。

(2) 按性别以及年龄排序：男性在前，女性在后，并分别按年龄从高到低排序。

(3) 按职称排序：教授，副教授，讲师，助教。

(4) 把所有“80 后”老师的出生年月字体颜色标红，且按他们的职称高低排到表格最前面。

表 1-4 练习数据 2

编号	姓名	性别	籍贯	出生年月	年龄	职称
1	刘红	女	辽宁大连	1974/6/16	41	教授
2	李明	男	广东广州	1982/1/2	33	助教
3	王华	男	山东临沂	1981/8/19	35	副教授
4	金燕	女	江苏扬州	1964/2/19	51	讲师
5	高华	男	上海	1975/7/19	40	助教
6	成珍	女	四川德阳	1965/6/17	47	教授
7	笑玲	女	浙江杭州	1981/3/27	34	助教
8	余提	女	浙江宁波	1967/11/14	46	副教授
9	周喜	男	江西靖安	1973/4/27	42	讲师
10	张一	男	江西都昌	1970/4/5	45	助教

任务 3 数据的筛选

任务意义

筛选是利用 Excel 进行数据分析时最常用、最实用的功能。掌握常用筛选方法，有助于快速抓取目标值。筛选功能只是将不需要的信息过滤，或者隐藏那些不必显示的数据，以实现查找与定位目标信息。

任务准备

根据数据表的信息特点，Excel 提供多种筛选方式。不仅有简单、灵活的自动筛选方法，还可以使用通配符进行模糊筛选，更有适合复杂条件的高级筛选法。

一、自动筛选

自动筛选简单易行、使用频率高，深受数据分析者喜爱。进行自动筛选时，Excel会自动识别数据列的数据类型。单击筛选箭头，如果是文本数据，筛选器会自动显示“文本筛选”菜单；如果是数值数据，则显示“数字筛选”菜单；如果是日期数据，则显示“日期筛选”菜单；如果该列有图标或颜色，还会出现“颜色筛选”菜单。此外，依据关键字和唯一值列表进行筛选，还能进行多次筛选，利用右键快捷菜单也能进行筛选。

对表格数据进行筛选，需要先进入筛选模式。启动自动筛选功能，第一步是选择数据列表，如果表格规范，直接点击数据区域的任意单元格即可，不规范的数据表就要拖动鼠标左键进行选择，注意，一定要将列标题选入；第二步是在“开始”选项卡界面启动自动筛选功能，或者在“数据”选项卡启动自动筛选功能，或者通过右键快捷菜单启用自动筛选功能，此时表格第一行的字段名称单元格会出现三角形按钮，即下拉菜单，通过该按钮可以实现筛选操作。

（一）普通筛选

选中图 1-69 数据表内的某个单元格，单击“排序和筛选”菜单中的“筛选”按钮，如图 1-70 所示，进入筛选状态。该命令成功执行的标志就是数据表中每个列标题右边出现下拉菜单。

日期	商品名称	店铺名	金额
2015/2/2	毛衣	总店	1200
2015/2/12	男式衬衫	三分店	1005
2015/3/5	真丝围巾	二分店	404
2015/3/6	格子裙	总店	812
2015/3/7	男式毛衣	总店	204
2015/3/8	衬衫	二分店	1640
2015/3/9	毛衣	总店	1030
2015/3/10	长裙	一分店	1863
2015/3/11	女式毛衣	二分店	1248
2015/3/12	衬衫	一分店	1254
2015/3/13	格子裙	总店	840
2015/3/14	长裙	二分店	1055
2015/3/15	女式毛衣	总店	4200
2015/4/16	女式衬衫	三分店	213
2015/4/17	长裙	二分店	1070

图 1-69　初始数据

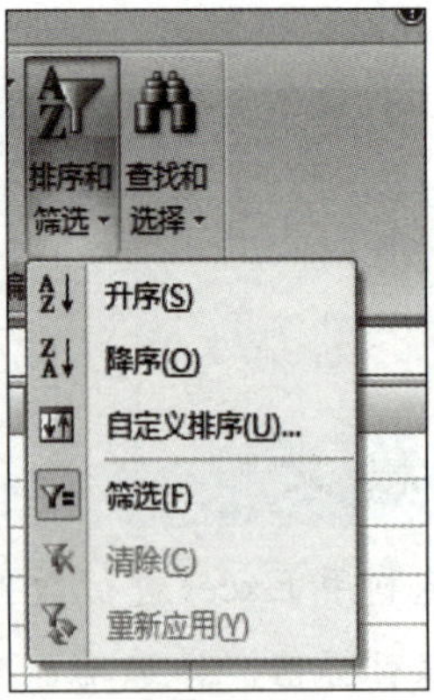

图 1-70　“筛选”命令初始位置

点击“日期”右边的小三角形，系统会调出“日期筛选”命令，如图 1-71 所示。点击“商品名称”右边的小三角形，调出“文本筛选”命令，如图 1-72 所示。点击“金额”右边的小三角形，调出“数字筛选”命令，如图 1-73 所示。

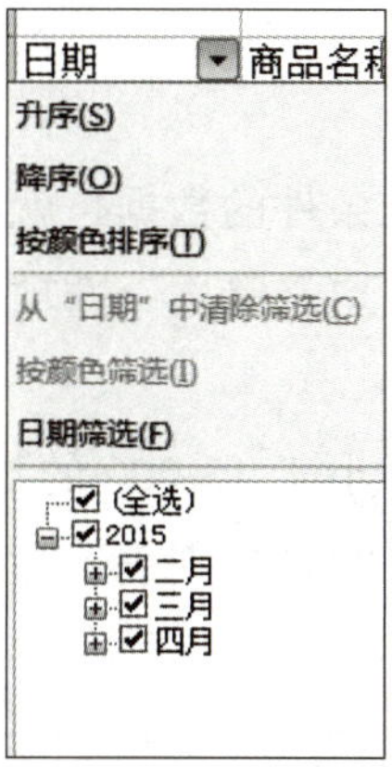

图 1-71　日期筛选 1

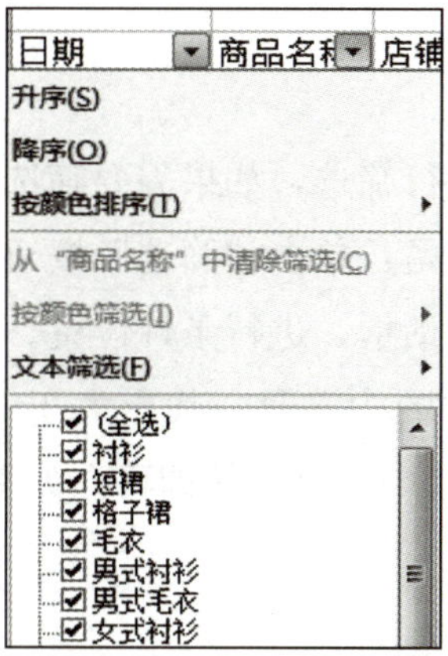

图 1-72　文本筛选 1

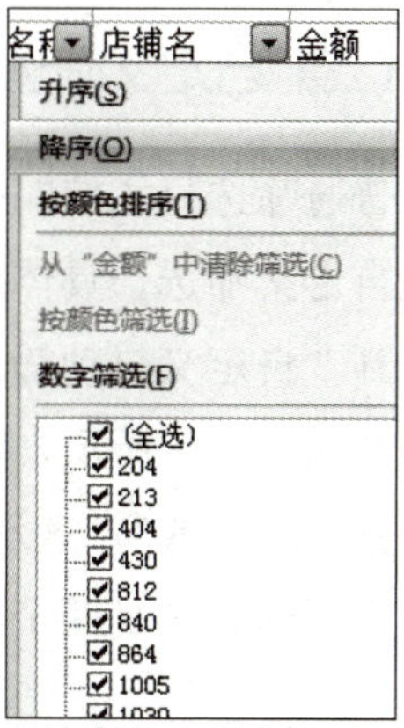

图 1-73　数字筛选 1

继续点击“日期筛选”命令，进入下一级菜单分类栏，如图 1-74 所示，根据所需时间周期，可进行下一步操作。

继续点击“文本筛选”命令，进入下一级菜单分类栏，如图 1-75 所示，根据所需文本特征，可进行下一步操作。

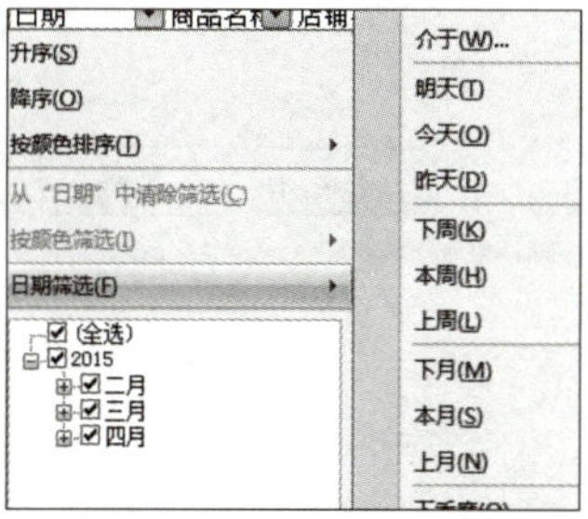

图 1-74　日期筛选 2

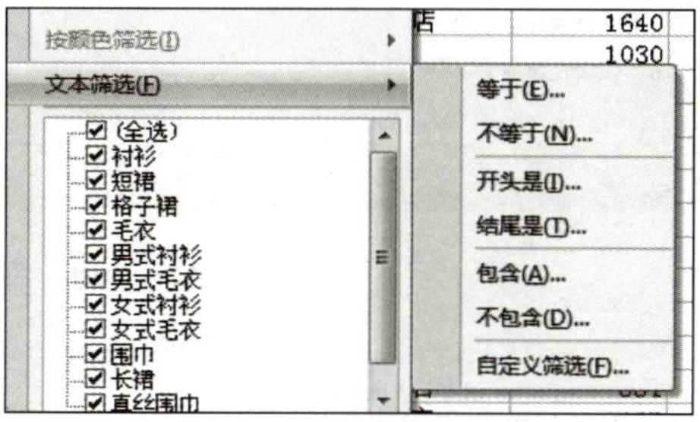

图 1-75　文本筛选 2

继续点击“数字筛选”命令，进入下一级菜单分类栏，如图 1-76 所示，根据所需数据规则，可进行下一步操作。

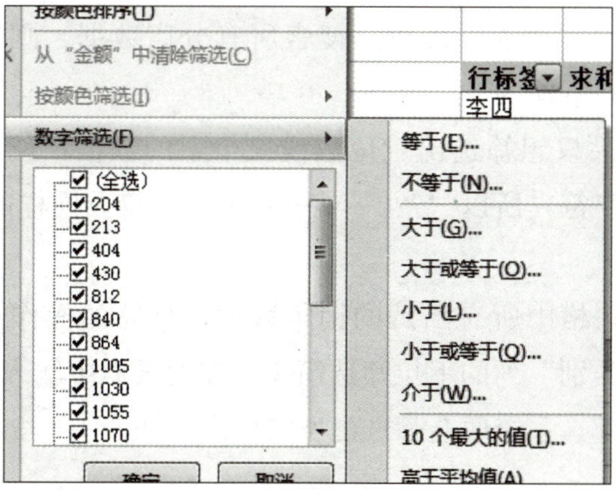

图 1-76　数字筛选 2

（二）自定义筛选

普通筛选只能按照一种标准进行筛选，如果需要筛选出满足两个条件的数据，就需要用到自定义筛选。具体的操作方法是：单击“筛选”按钮，选择“自定义筛选”选项，然后打开“自定义自动筛选方式”对话框，进行条件设置。

如图 1-77 所示，该筛选条件的含义是：找出大于 30 000 或者小于 15 000 的数据。该条件中的“或”，表示只要满足其中一个条件即可。如果选择的是“与”，则表示筛选出的数据要同时满足两个条件。

图 1-77　两个筛选条件

（三）使用搜索框筛选

如果想筛选出包含某文字或某数字的数据，可以直接在筛选的搜索文本框中输入相关文字或值，或通过合理匹配通配符“*”和“?”，以让筛选方式更加灵活。其中“*”表示多个字符，“?”表示单个字符，它们可放置于文本字符前面或后面。例如：搜索所有毛衣数据，在搜索框输入“*毛衣”即可；搜索所有分店数据，则输入“*分店”。注意，通配符一定要在英文状态下输入。

在筛选数据时，如果只想筛选出三位数或三个字的数据，就可以使用“?”通配符。因为该通配符表示一个字符，所以“???”就表示三个字符，同样的道理，“????”表示四个字符。

某销售员要筛选某表格中所有西裤的销售数据，具体的操作如下：首先进入筛选状态，然后点击字段名“类别”列的下拉筛选箭头，在搜索框中输入“*西裤*”即可，如图 1-78 所示，按回车键，系统便会筛选出所需信息，如图 1-79 所示。

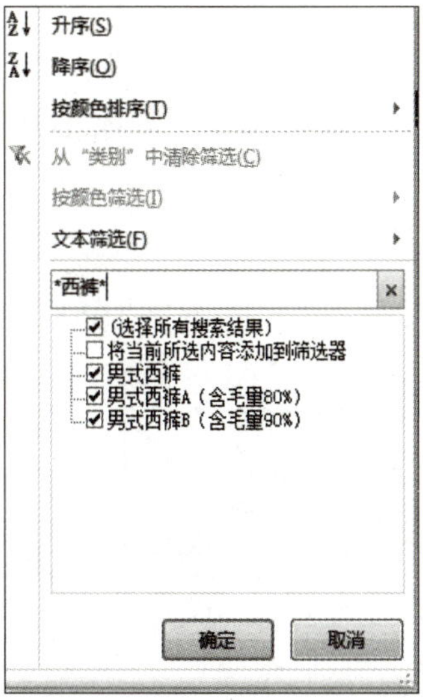

图 1－78　搜索框信息输入

B	C	D	E
科达公司	类别	数量	销售金额
总公司	男式西裤A（含毛量80	4	2000
二公司	男式西裤B（含毛量90	5	4000
总公司	男式西裤	9	5000
三公司	男式西裤A（含毛量80	2	4000
二公司	男式西裤B（含毛量90	7	4000

图 1－79　筛选结果

（四）通过唯一值列表打勾筛选

在筛选器的搜索框下面有一个列表，其每一个值都可以复选，当搜索框中无内容时，列表中的值为该列所有的不重复记录（唯一值），并且按升序排列。例如：要筛选总公司的数据，只需先取消“全选”项目前的复选框，所有数据前面的复选框为空白状态，再单击总公司前的复选框，最后点击“确定”，即勾选出总公司数据，过程如图 1－80 所示。结果如图 1－81 所示。

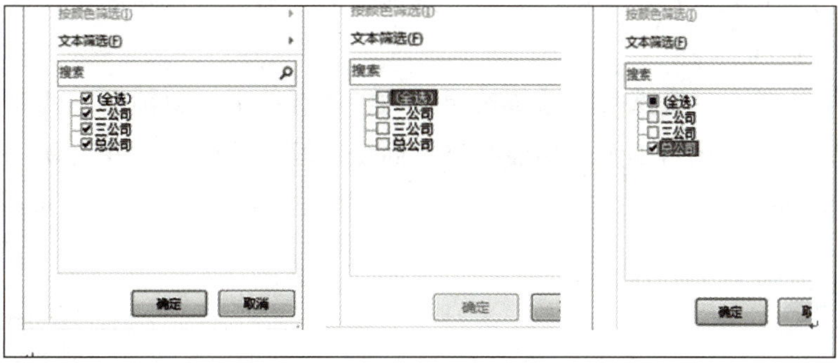

图 1－80　打勾筛选示意

A	B	C	D	E
日期	科达公司	类别	数量	销售金额
2018/1/5	总公司	男式西裤A（含毛量80	4	2000
2018/2/28	总公司	男式西裤	9	5000

图 1－81　打勾筛选结果

（五）多列多次自动筛选

自动筛选还可以在前述筛选结果之上，进行二次甚至三次筛选，不断缩小筛选范围，直到找出期望值为止。

例如：在选出 3 月的数据后（如图 1－82 所示），继续选择“一公司”，就实现了二次筛选，如图 1－83 所示。

A	B	C	D	E	F
日期	科达公司	类别	数量	销售金额	
2018/3/10	一公司	女式套裙A	6	6000	
2018/3/13	三公司	男式西裤A（含毛量80	2	4000	
2018/3/14	一公司	女式套裙	4	7000	
2018/3/21	二公司	男式西裤B（含毛量90	7	4000	
2018/3/29	总公司	女式连衣裙	1	1200	

图 1－82　第一次筛选结果

A	B	C	D	E	F
日期	科达公司	类别	数量	销售金额	
2018/3/10	一公司	女式套裙A	6	6000	
2018/3/14	一公司	女式套裙	4	7000	

图 1－83　第二次筛选结果

（六）自动筛选的退出和清除

如果完成筛选操作后，想恢复数据最初的状态，就要启动退出筛选功能的操作了，这里只要直接单击“开始”选项卡或“数据”选项卡的“筛选”按钮即可，这样系统将清除之前所做的自动筛选。

如果进行了一轮自动筛选后，希望按照新的条件开始下一轮筛选，就要清除自动筛选的结果，这时就不是退出自动筛选功能状态，而是继续进行筛选，并启动“筛选”选项下的“清除”功能键。

二、高级筛选

自动筛选简单灵活，可以满足很多需求，但也有一些不便之处，例如：筛选出来的数据不能直接复制到其他地方；如果出现两个以上条件筛选，尤其是跨列项目的多条件筛选时，自动筛选无能为力，或者说很难进行下去。这种多条件可以是同一行的多个条件，也可以是同一列的多个条件，还可以是不同行、不同列的多个条件，可以多个条件同时存在，也可以多个条件满足其中之一即可。高级筛选将弥补自动筛选的缺陷，更自由地满足需求。

高级筛选与简单筛选的操作流程完全不同，它分三步进行：第一步，在筛选数据源外根据需要单独设置筛选条件区域；第二步，启动“高级筛选”命令；第三步，合理设置“高级筛选”对话框。

（一）条件区域的设置

高级筛选的条件区域至少包括两行内容：第一行是列标题，该标题取自原数据，与原数据标题必须同名，是搭建搜索关系的桥梁；第二行及以下是筛选条件的设置。对于条件区域中同一行的条件，都视作“与”关系，即同时满足才行；不同行之间的条件则是“或”关系，即满足其中一个条件即可。也就是说，条件间为“与”关系的，应该放在同一行；条件间为“或”关系的，则要分开不同行显示。筛选条件可以是字符、数字，还可以是表达式，也可以带通配符。但要注意，条件区域内不能有空行、空列。下面以表 1-5 所示的表格数据为例，筛选“3 月下半月”“总公司”的销售数据。

表 1-5　初始数据

日期	科达公司	类别	数量	销售金额
2018/1/5	总公司	男式西裤 A（含毛量 80%）	4	2 000
2018/1/24	总公司	女式连衣裙 1	8	5 500
2018/2/6	一公司	女式套裙 B	4	3 600
2018/2/17	二公司	男式西裤 B（含毛量 90%）	5	4 000
2018/2/23	总公司	女式连衣裙 2	8	1 000
2018/2/28	总公司	男式西裤	9	5 000
2018/3/10	一公司	女式套裙 A	6	6 000
2018/3/13	三公司	男式西裤 A（含毛量 80%）	2	4 000
2018/3/14	一公司	女式套裙	4	7 000
2018/3/21	二公司	男式西裤 B（含毛量 90%）	7	4 000
2018/3/29	总公司	女式连衣裙	1	1 200

该条件包含两部分，其设置如下：首先在数据表外的空白处（至少间隔一行或一列），输入“日期”“科达公司”两个字段名（列标题）。如果需要“3 月下半月”“总公司”的销售数据两个条件同时存在，表示“与”的关系，则在同一行输入，如图 1-84 所示；如果两个条件只要符合一个即可，表示“或”的关系，则如图 1-85 所示的格式输入，二者必须在不同行。

日期	科达公司
>2018/3/15	总公司

图 1-84　“与”条件设置

日期	科达公司
>2018/3/15	
	总公司

图 1-85　“或”条件设置

设置条件区域完毕，进入高级筛选第二步，即高级筛选命令的设置。

（二）高级筛选命令的设置

条件区域设置完毕，启用高级筛选功能，如图 1－86 所示，点击主菜单“数据”选项，在“排序和筛选”中单击“高级”按钮，进入“高级筛选”设置界面，如图 1－87 所示。

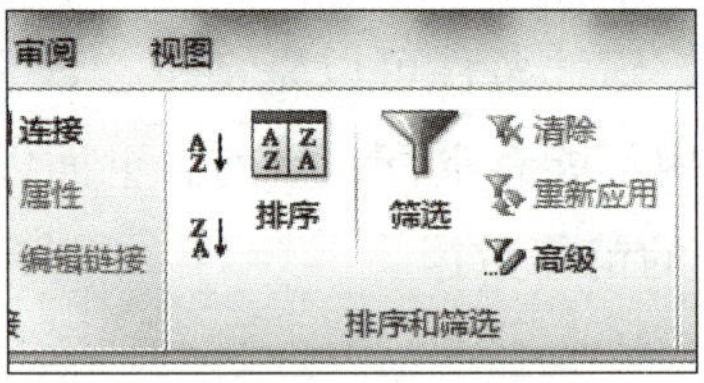

图 1－86 “高级筛选”初始位置

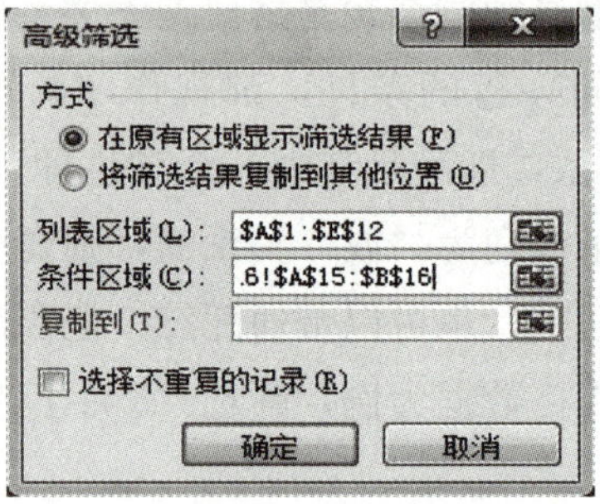

图 1－87 “高级筛选”设置界面

对话框中包含三部分内容：第一，存放方式选择，在原有区域或复制到其他位置；第二，区域地址导入，包括数据源和条件区域，如果筛选结果另存他处，还有第三个地址导入，即筛选数据复制地址；第三，筛选结果是否选择不重复的记录。

下面进行前述第一种“与”条件模式的高级筛选，且结果显示在原来区域，相关区域地址设置如图 1－87 所示，筛选结果如图 1－88 所示。

日期	科达公司	类别	数量	销售金额
2018/3/29	总公司	女式连衣裙	1	1200
日期	科达公司			
>2018/3/15	总公司			

图 1－88 “与”条件筛选结果

下面再进行第一种“与”条件模式的高级筛选，但结果显示在其他位置（条件区域下方），如图 1－89 所示，筛选结果如图 1－90 所示。

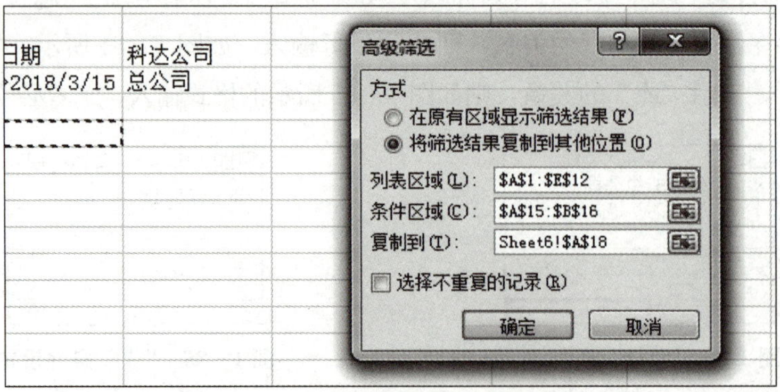

图 1－89 “与”条件高级筛选设置

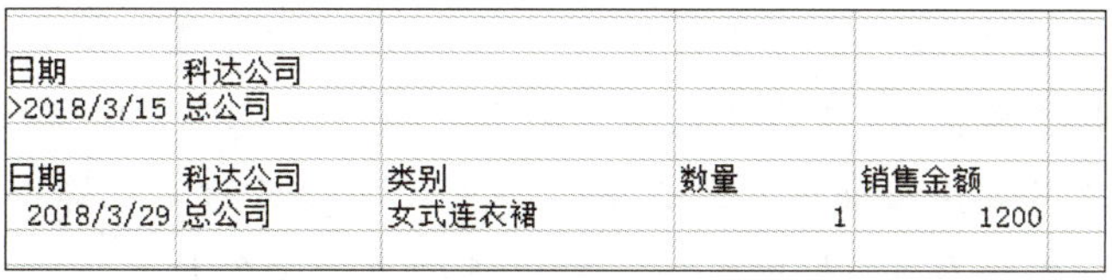

图 1－90　“与”条件筛选结果

如果执行第二个“或”条件模式筛选，即两个条件满足一个即可，则筛选结果如图 1－91 所示，即 3 月下半月的数据和总公司的数据全部被筛选出来。可自行对比“与”条件与“或”条件筛选结果的不同。

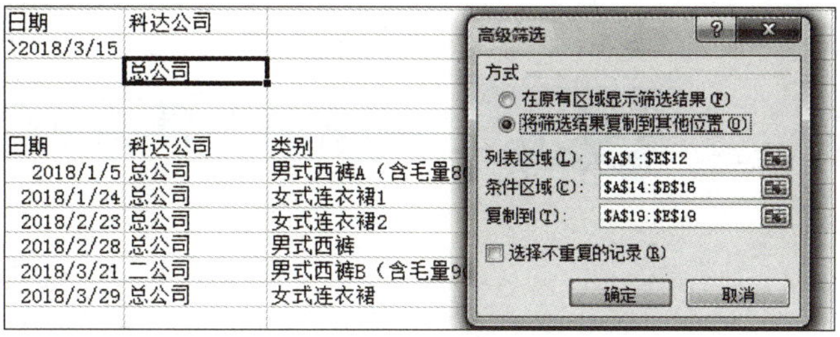

图 1－91　“或”条件筛选结果

任务实施

1. 对表 1－6 中的数据分别按如下顺序进行筛选，每题至少用两种方法。要求：

(1) 筛选出所有男性。

(2) 筛选出所有姓“杨”的老师。

(3) 筛选出所有姓名只有两个字的老师。

(4) 筛选出所有职称不是“助教”的老师。

(5) 筛选出所有职称是“助教”的男老师。

(6) 筛选出所有在 1964—1974 年间出生的老师。

表 1－6　练习数据

编号	姓名	性别	籍贯	出生年月	年龄	职称
1	刘红	女	辽宁大连	1974/6/16	46	教授
2	李全明	男	广东广州	1982/1/2	38	助教
3	王上华	男	山东临沂	1981/8/19	39	副教授
4	金上燕	女	江苏扬州	1964/2/19	56	讲师
5	高华	男	上海	1975/7/19	45	助教
6	成一珍	女	四川德阳	1965/6/17	55	教授
7	杨玲	女	浙江杭州	1981/3/27	39	助教
8	余提	女	浙江宁波	1967/11/14	53	副教授
9	杨大喜	男	江西靖安	1973/4/27	47	讲师
10	张一	男	江西都昌	1970/4/5	50	助教

2. 选择合适的筛选方法，继续对表 1-6 中的数据进行筛选。要求：

(1) 筛选出所有年龄在 45 岁以上的男性数据，结果放在表后的单元格中。

(2) 筛选出所有男教授和女讲师的数据，结果放在表后的单元格中。

(3) 筛选出所有年龄在 40 岁以上、50 岁以下的男助教数据。

(4) 筛选出所有年龄在 40 岁以下、50 岁以上的男教授数据。

(5) 假定表 1-6 有四五千条记录，请筛选出张一、成一珍、高华、王上华、杨大喜这五位老师的数据。

任务 4 数据的条件格式

任务意义

条件格式是将满足条件的单元格数据区域以指定格式显示。条件可以是文本、数值、表达式、公式等，格式可以是图标、颜色、字体、数据条等。设置条件格式的目的是直观突出地显示某些重要的、特殊的数据，以加深数据分析者的主观印象。条件格式可以理解成某种意义上的数据筛选，然后用一种特别的方式来显示相关信息。在进行相关设置时，条件格式与筛选有很多选项相似。

任务准备

点击菜单栏中“条件格式”选项，打开“条件格式”的设置菜单，里面有两种方式可选择：第一种方式为直接调用系统预设规则，可快速完成条件格式设置任务；第二种方式为自定义规则，即新建规则，通过新建格式规则对话框进行条件格式设置。下面分别进行介绍。

一、快速条件格式

该命令设置菜单中包含五个预设规则项目（如图 1-92 所示），分别为突出显示单元格规则、项目选取规则、数据条、色阶和图标集。

将任务 3 表 1-5 内的一公司数据单元格设置红色边框，以突出一公司的数据，具体的操作过程如下：

(1) 选择设置条件格式的数据区域。

（2）在菜单功能区点击“条件格式”。

（3）点击预设规则中的选项“突出显示单元格规则”，再点击右侧的“文本包含”。

（4）在打开的“文本中包含”对话框中输入“一公司”，其右边的色彩对话框中选择“自定义格式”，如图 1－93 所示。

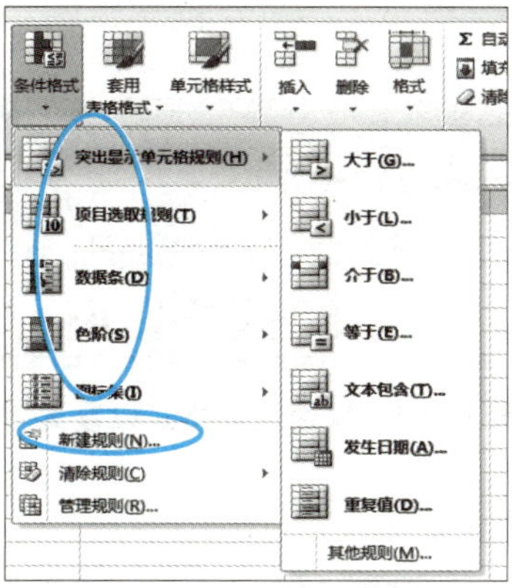

图 1－92　快速条件格式设置菜单项

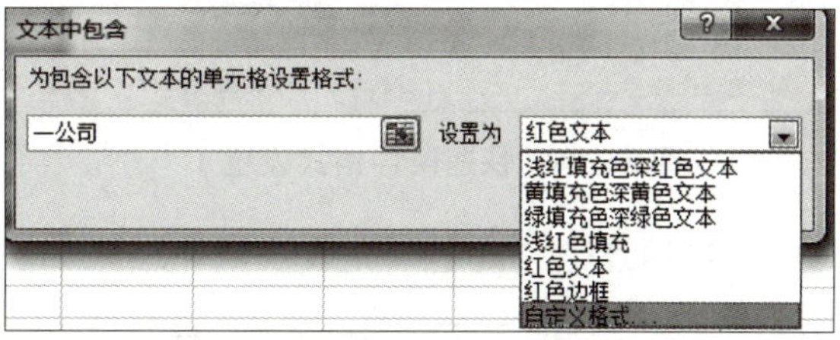

图 1－93　快速条件格式设置 1

（5）在“设置单元格格式”对话框中，点击“边框”选项进行设置，如图 1－94 所示。

（6）最后点击“确定”完成设置，结果如图 1－95 所示。

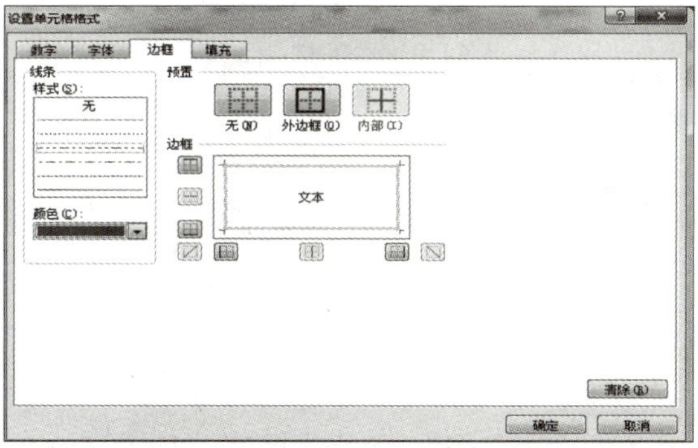

图 1－94　快速条件格式设置 2

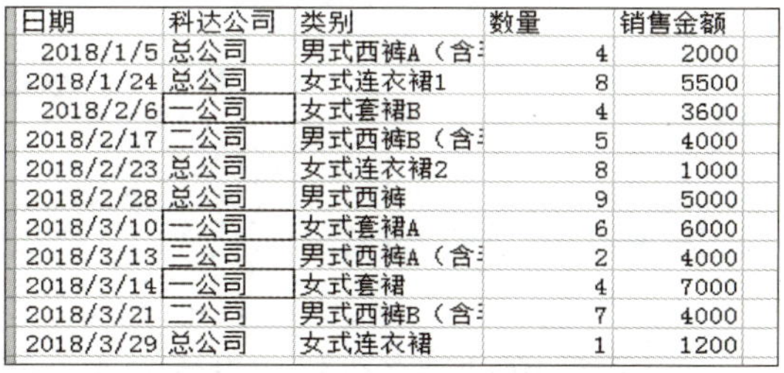

日期	科达公司	类别	数量	销售金额
2018/1/5	总公司	男式西裤A（含：	4	2000
2018/1/24	总公司	女式连衣裙1	8	5500
2018/2/6	一公司	女式套裙B	4	3600
2018/2/17	二公司	男式西裤B（含：	5	4000
2018/2/23	总公司	女式连衣裙2	8	1000
2018/2/28	总公司	男式西裤	9	5000
2018/3/10	一公司	女式套裙A	6	6000
2018/3/13	三公司	男式西裤A（含：	2	4000
2018/3/14	一公司	女式套裙	4	7000
2018/3/21	二公司	男式西裤B（含：	7	4000
2018/3/29	总公司	女式连衣裙	1	1200

图 1－95　快速条件格式设置结果

若要把任务 3 表 1－5 中前三位的销售额数据以浅红填充，数据为深红文本，则具体的操作过程如下：

（1）选择设置条件格式的数据区域。

（2）在菜单功能区点击“条件格式”。

（3）点击预设规则中的选项“项目选取规则”，再点击右侧的“值最大的 10 项”，如图 1－96 所示。

（4）在打开的对话框中，左边空格处输入“3”，右边的对话框选择“浅红填充色深红色文本”。如图 1－97 所示。

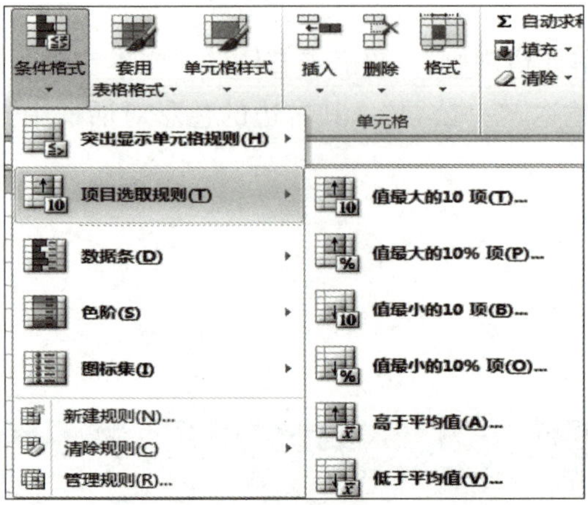

图 1-96　快速条件格式设置 1

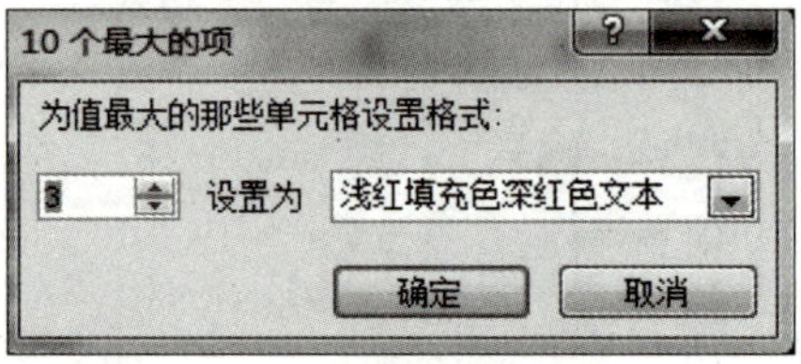

图 1-97　快速条件格式设置 2

（5）最后点击“确定”完成设置，结果如图 1-98 所示。

日期	科达公司	类别	数量	销售金额
43105	总公司	男式西裤A（含	4	2000
43124	总公司	女式连衣裙1	8	5500
43137	一公司	女式套裙B	4	3600
43148	二公司	男式西裤B（含	5	4000
43154	总公司	女式连衣裙2	8	1000
43159	总公司	男式西裤	9	5000
43169	一公司	女式套裙A	6	6000
43172	三公司	男式西裤A（含	2	4000
43173	一公司	女式套裙	4	7000
43180	二公司	男式西裤B（含	7	4000
43188	总公司	女式连衣裙	1	1200

图 1-98　快速条件格式设置结果

二、自定义条件格式

如果第一种快速条件格式设置方式不能完成条件设置任务，就可选择第二种方式自定义规则，自行设置新建规则，该模块里有 6 种规则类型可选，如图 1-99 所示。而这 6 种规则类型，其实可分为三类：

（1）单元格内通过数据条、图标等可视化形式显示（即第 1 项）。

（2）数值通过设置单元格格式突出显示（即第 2 项到第 5 项）。

（3）使用公式控制格式（即第 6 项）。

现对任务 3 表 1-5 内的销售金额数据前三名标示小红旗，设置过程如下：

（1）选择设置条件格式的销售金额数据区域，点击“条件格式”下的“新建规则”，进入“新建格式规则”对话框。

（2）选择规则类型“基于各自值设置所有单元格的格式”。

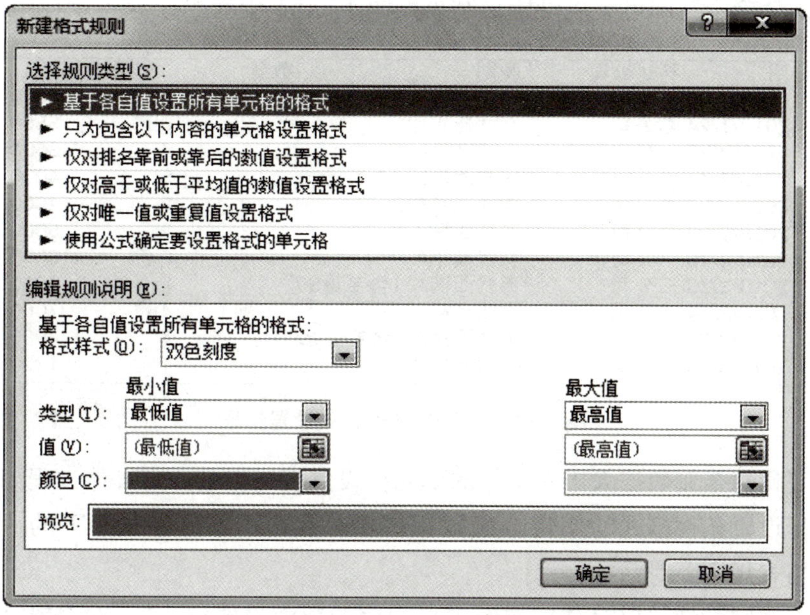

图 1-99　自定义条件格式规则

（3）编辑规则说明：格式样式选择“图标集”，图标样式选择“自定义”，一个值输入“5500”，图标选择“红旗”，类型选择“数字”，另一个值输入“0”，小于 5500 且大于等于 0 及小于 0 的数值前面的图标，选择“无单元格图标”，如图 1-100 所示。

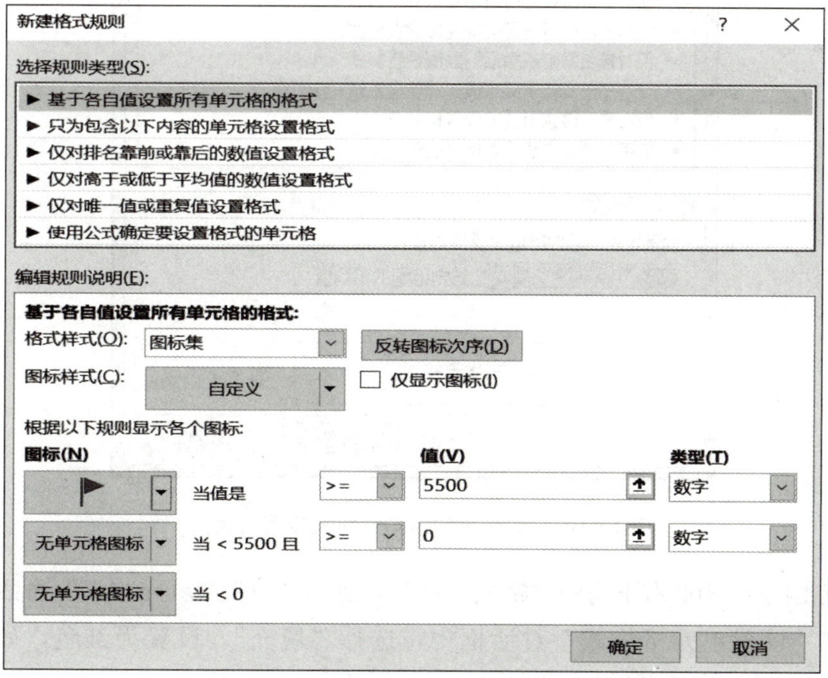

图 1-100　自定义红旗条件格式设置对话框

（4）点击“确定”即可完成设置，结果如图 1-101 所示。

日期	科达公司	类别	数量	销售金额
2018/1/5	总公司	男式西裤A（含毛量80	4	2000
2018/1/24	总公司	女式连衣裙1	8	5500
2018/2/6	一公司	女式套裙B	4	3600
2018/2/17	二公司	男式西裤B（含毛量90	5	4000
2018/2/23	总公司	女式连衣裙2	8	1000
2018/2/28	总公司	男式西裤	9	5000
2018/3/10	一公司	女式套裙A	6	6000
2018/3/13	三公司	男式西裤A（含毛量80	2	4000
2018/3/14	一公司	女式套裙	4	7000
2018/3/21	二公司	男式西裤B（含毛量90	7	4000
2018/3/29	总公司	女式连衣裙	1	1200

图 1-101　红旗条件格式设置结果

如果要对销售金额数据大于平均值的单元格设置填充红色，则具体过程如下：

（1）选择设置条件格式的销售金额数据区域，点击“条件格式”下的“新建规则”，进入“新建格式规则”对话框。

（2）选择规则类型“仅对高于或低于平均值的数值设置格式”，在编辑规则下的可选框中，选择“高于”，如图 1-102 所示。

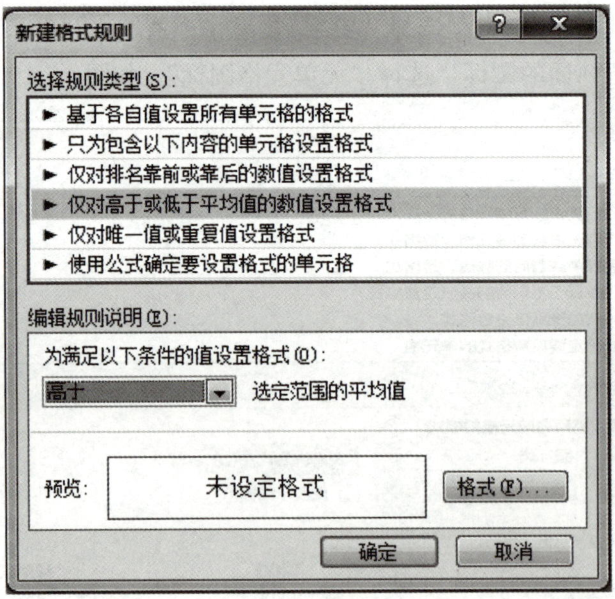

图 1-102　大于平均值条件格式设置对话框 1

（3）点击图 1-102 右下角的“格式”项目，进入“设置单元格格式”对话框。

（4）在“设置单元格格式”对话框中，选择“填充”，设置为红色，如图 1-103 所示。

（5）点击“确定”完成任务，即出现所需结果，如图 1-104 所示。

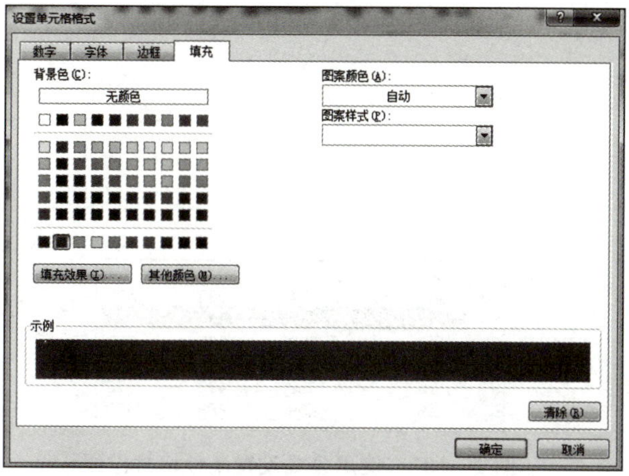

图 1-103　大于平均值条件格式设置对话框 2

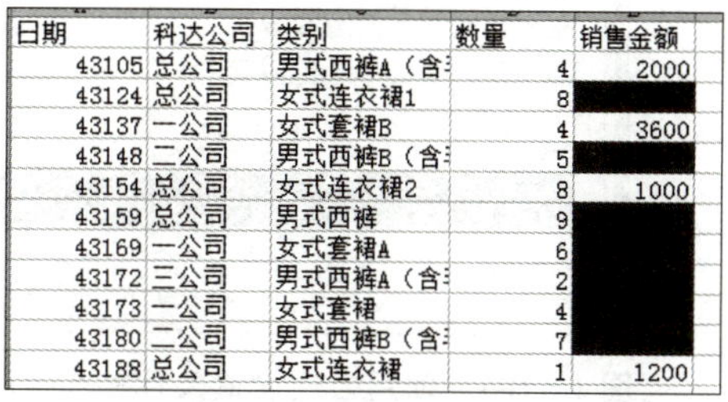

日期	科达公司	类别	数量	销售金额
43105	总公司	男式西裤A（含	4	2000
43124	总公司	女式连衣裙1	8	
43137	一公司	女式套裙B	4	3600
43148	二公司	男式西裤B（含	5	
43154	总公司	女式连衣裙2	8	1000
43159	总公司	男式西裤	9	
43169	一公司	女式套裙A	6	
43172	三公司	男式西裤A（含	2	
43173	一公司	女式套裙	4	
43180	二公司	男式西裤B（含	7	
43188	总公司	女式连衣裙	1	1200

图 1-104　大于平均值条件格式设置结果

如果要对满足多个条件的业务进行条件格式设置，前面的设置规则就不好使用了，这时需通过公式来引导条件格式的设置（这部分内容须在项目二学习结束后进行）。

图 1-105 内的左表为各门店第一季度的销售额，单位是万元，如果要将 1 月、2 月销售额都大于 800 万元的门店记录标注为红色，则操作步骤如下：

（1）点击“条件格式”选项。

（2）选择“条件格式”下的“新建规则”。

（3）选择“新建格式规则”中“使用公式确定要设置格式的单元格”，如图 1-105 右侧对话框。

（4）在编辑规则的空白项下输入公式“=AND($ D80>800，$E80>800)”。

（5）点击图 1-105 右侧对话框中的“格式”命令。

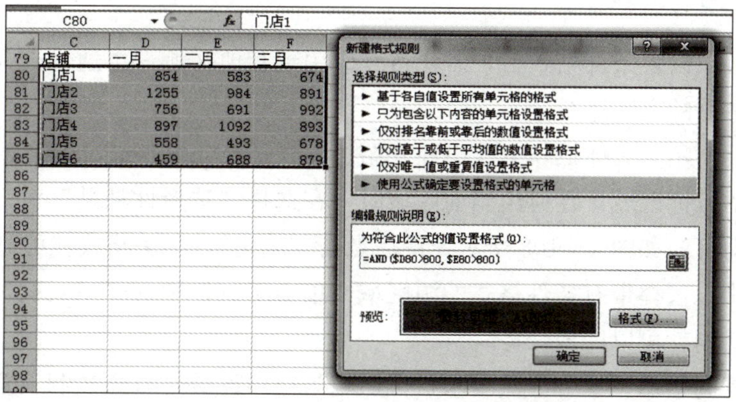

图 1-105　使用公式设置条件格式过程 1

（6）在“设置单元格格式”中选择“填充”命令，背景色设置为红色，如图 1-106 所示。

（7）点击“确定”，即出现所需结果，如图 1-107 所示。

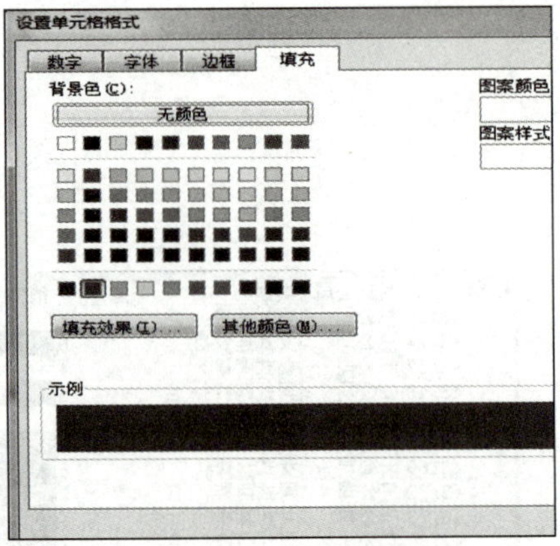

图 1－106　使用公式设置条件格式过程 2

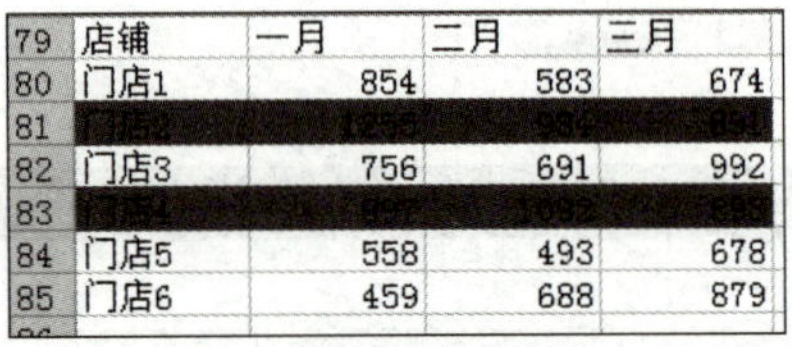

79	店铺	一月	二月	三月
80	门店1	854	583	674
81	[redacted]			
82	门店3	756	691	992
83	[redacted]			
84	门店5	558	493	678
85	门店6	459	688	879

图 1－107　使用公式设置条件格式结果

知识拓展

条件格式采用设置公式新建规则

条件格式采用设置公式新建规则时，需要注意公式中单元格引用状态，如果采用直接引用方式，则对单个单元格进行条件定义，如“＝A3＞50”；如果对整条记录进行条件定义，则单元格引用方式为混合引用，如“＝$A3＞50”，这种单元格引用，会使得整行数据都引用了相同数据，从而实现对整行数据进行相同格式的设置。

三、条件格式的复制与清除

（一）条件格式的复制

如果对某区域设置条件格式后，需要将其应用到其他区域，可通过选择性粘贴、格式刷和直接复制粘贴的方法进行。

（1）选择性粘贴。具体操作上文已经介绍过，在进行条件格式的复制时，只需要选定包含条件格式的目标区域，在应用当前区域时，在选择“选择性粘贴”对话框中点击“格式”单选按钮即可，如图 1－108 所示，最后点击“确定”，相关格式就可显现出来。

（2）格式刷。选择带有条件格式的源区域，单击工具栏中的“格式刷”按钮，在目标区域中拖动格式刷就可以完成任务。

（3）直接复制粘贴。这种方法要求目标区域为空白区域，首先复制设置条件格式的源区域，选择目标区域粘贴后，按“Delete”键清除已复制的内容即可实现效果。

（二）条件格式的清除

不需要当前单元格区域或表格中的条件格式时，可以进行清除。在系统初始菜单栏下，点击“样式”项目栏下的“条件格式”命令，在打开的下拉菜单中选择“清除规则”，再根据需求进行操作即可，如图 1-109 所示。

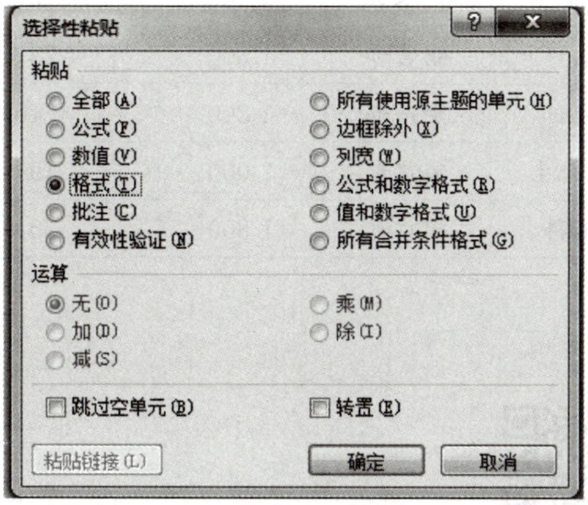

图 1-108　运用选择性粘贴复制条件格式

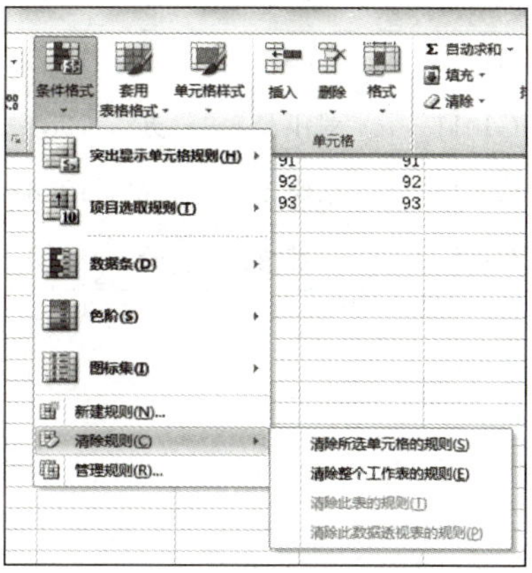

图 1-109　条件格式的清除

在“条件格式”下拉菜单中，还有一个选项叫“管理规则”，进入其对话框，里面也有删除条件格式的命令“删除规则”，按要求进行操作即可。

任务实施

对表 1-7 所示数据设置条件格式。要求：

（1）分别体验条件格式的预设规则：1）把性别为女的标红显示；2）对劳务费的前 3 名标蓝显示；3）对劳务费设置数据条、色阶、图标显示；4）突出显示 1970—1979 年出生的员工。

（2）新建规则，仅给劳务费低于 1 800 元和高于 2 200 元的员工标红旗。

（3）新建规则，用数据条显示业绩考核分，其中 25 分及以上的满格显示。

（4）突出显示劳务费高于平均值的员工。

表 1-7　条件格式练习数据

编号	姓名	性别	出生日期	学历	所属部门	劳务费	业绩考核分
JG1001	宁夏	男	1985-03-01	本科	销售部	1 600	25
JG1002	伍辉	男	1980-08-04	研究生	技术部	3 000	37
JG1003	齐芳	女	1984-05-04	专科	生产部	2 000	48
JG1004	华爱彬	女	1988-07-21	本科	技术部	2 500	—15
JG1005	程小鹏	男	1980-06-28	专科	生产部	1 800	29
JG1006	赵丽丽	女	1983-08-15	研究生	技术部	2 200	—7
JG1007	周永华	男	1979-10-05	本科	生产部	2 000	18
JG1008	宋萍	女	1982-09-10	专科	生产部	2 800	24

续表

编号	姓名	性别	出生日期	学历	所属部门	劳务费	业绩考核分
JG1009	邱晓明	男	1986-07-23	研究生	技术部	2 200	16
JG1010	高烨	女	1985-04-29	本科	销售部	1 300	23
JG1011	刘小松	男	1981-12-24	专科	生产部	2 200	-10
JG1012	张晓洁	男	1978-06-18	研究生	销售部	2 000	19
JG1013	张静宜	女	1983-07-08	本科	销售部	1 800	20

二维码 1

项目一　教学用数据表格

项目二　数据的运算——公式与函数

项目导入

原始数据表中的数据一般是零散的，尽管它们存在于同一份工作表中，但几乎各自独立。如果将这些数据通过一定的方式进行重新组合，建立一定的逻辑关系，编排出新的数据，就要学习 Excel 最有魅力的内容：公式与函数。这部分内容贯穿本书其他项目的学习过程，为更好地发挥 Excel 其他部分操作技能的功效，必须掌握一定的公式与函数设置技巧，由此可更深度地抓取符合需求的分析数据。

项目目标

1. 掌握公式的逻辑关系和功能。
2. 按需求灵活设置公式。
3. 理解常用函数的用途及参数设置。
4. 熟练进行 IF 函数的简单嵌套。
5. 熟练运用 VLOOKUP 函数进行常规查找。
6. 熟练运用常见文本函数与日期函数。

任务 1　公式的设置

任务意义

在数据加工过程中，经常可以接触到看似复杂庞大的数据流。但对数据表格的结构、逻辑关系有了清楚的认识后，合理设置公式，将非常方便地组合初始数据，获取所需数据，提升数据整理工作效率。公式的有效设置依赖于对数据的全方位分析，还受制于对公式组成要素的正确理解和运用。学习这部分内容，应保持冷静，具备足够耐心。

任务准备

一、公式基础

公式是 Excel 实现自动计算的工具之一，它是一个对工作表数据进行加、减、乘、除等相关运算的表达式。公式由运算数据及运算符组成。

（一）运算数据

运算数据通常包括常量、单元格引用数据、函数、定义名称等。

1. 常量

常量通常是文本、具体的数字等。例如：日期（如“10/6/2019”）、数字（如“20”）和文本（如“男”）都是常量，可直接输入公式中使用。

2. 单元格引用数据

通过键入单元格地址，可以引用某个单元格或者单元格区域中的数据进行计算。

3. 函数

Excel 设置的各种函数也可以作为公式的运算数据。

4. 定义名称

Excel 可以对字符串、引用的单元格、函数、公式等元素进行特殊命名，预先自行定义，这些被定义的名称可以在公式中被调用。

（二）运算符

运算符是公式中连接运算数据的符号，每个运算符分别代表一种运算方式。运算符有下列四种类型：

（1）算术运算符。对数据进行加、减、乘、除等常规运算的符号。

（2）比较运算符。用于比较数据大小，进行相关判断的符号。

（3）文本运算符。连接文本数据的符号。

（4）引用运算符。在进行单元格数据的引用时使用的符号。

上述运算符的形态及运用如表 2-1、表 2-2、表 2-3 所示：

表 2-1　Excel 公式支持的算术运算符及说明

运算符	说明	运算符	说明
+	加法	-	减法；负号
*	乘法	/	除法
^	求幂	%	百分比
（）	括号	=	等于

表 2-2　Excel 公式支持的比较运算符、文本运算符及说明

比较运算符	说明	比较运算符	说明
>	大于	<>	不等于
>=	大于等于	<	小于
<=	小于等于	&	文本连接运算符

表 2-3　Excel 中引用运算符及说明

运算符	说明
:（冒号）	范围运算符，指两个单元格引用之间所有的单元格引用
,（逗号）	联合运算符，指合并多个单元格引用到一个引用中
（单个空格）	交叉运算符，指两个单元格引用中共同的部分被引用

二、单元格引用

单元格是工作表的最小组成元素，以左上角第一个单元格为原点，向下向右分别为行、列，某行某列的交叉则为一个具体单元格位置，也称为单元格坐标。Excel 对工作表中存储的每个数据都分配了一个单元格地址，由列标与行号组成，如 C4、A8 等。在公式中使用单元格地址，可以方便调用存储于该单元格中的数据，这种方法称为单元格引用。单元格引用既可通过直接输入单元格地址实现，也可以单击需要引用的单元格，系统就会自动跳出相应单元格地址来实现引用。

单元格引用知识是学习公式与函数的基础，具体分为单元格引用范围和单元格引用状态两部分内容。

（一）单元格引用范围

Excel 中引用运算符及说明如表 2-4 所示。

表 2-4 Excel 中引用运算符及说明

单元格引用表达式	说明
C5	引用 C 列第 5 行的单元格
C5:D5	引用 C 列第 5 行至 D 列第 5 行的单元格区域
D2:D5	引用 D 列第 2 行至第 5 行的单元格区域
C4:E5	引用 C 列第 4 行至 E 列第 5 行的单元格区域
6:6	引用第 6 行的所有单元格
6:9	引用第 6 行至第 9 行的所有单元格
C:C	引用 C 列所有单元格
C:D	引用 C 列至 D 列的所有单元格
Sheet2!A1:A6	引用工作表 Sheet2 中 A 列第 1 行至第 6 行的单元格区域
[Book2]Sheet1!A1:A6	引用工作簿 Book2 中的工作表 Sheet1 中的 A 列第 1 行至第 6 行的单元格区域

（二）单元格引用状态

1. 相对引用

相对引用状态为直接用列标和行号来表示单元格地址，如“B18”。公式所在单元格的位置改变，行列地址随之改变，这种引用适宜变动引用相关数据。例如：在 F18 单元格设置公式为“＝D18＋G18”，如果将该公式复制粘贴至 F19 单元格，则公式变为“＝D19＋G19”，如果使用填充柄往下拉进行复制，公式依次变化，如图 2-1 所示。为教学需要，当前图 2-1 单元格状态刻意设置为“显示公式”，如果不进行此项设置，系统只显示结果，后面的图表情况类似，在正常情况下，按回车键后，显示数据结果如图 2-2 所示。

	B	C	D	E	F
17	A组序号	上期金额	线下金额	线上金额	总金额
18	1	97485	26426.79	97504.11	=D18+G18
19	2	85570	96716.03	6561	=D19+G19
20	3	93727	13790.43	71153.79	=D20+G20
21	4	92582	5069.64	70648.6	=D21+G21
22	5	89376	70373.14	1467	=D22+G22

图 2-1 相对引用状态下显示数据运算公式

	B	C	D	E	F
17	A组序号	上期金额	线下金额	线上金额	总金额
18	1	97485	26426.79	97504.11	26426.79
19	2	85570	96716.03	6561	167005.3
20	3	93727	13790.43	71153.79	1154.07
21	4	92582	5069.64	70648.6	-16287.5
22	5	89376	70373.14	1467	114319.5

图 2-2 相对引用状态下显示数据运算结果

2. 绝对引用

绝对引用状态是在列标和行号的前面都加上“$”符号，如“$B$1”，即锁定行号与列标，无论公式复制或移动到什么位置，引用单元格地址的行和列都不会改变，这种引用适宜固定或重复引用某个（类）数据。例如：若在 F26 单元格设置公式为“＝D26－$D$26”，以核算全部成员线下金额与 A 组 1 号线下金额的差异。把 F26 的填充柄往下拖拉时，下面的公式显示如图 2-3 所示。显然，公式中的减数“D26”必须设置为绝对引用才符合题意，最后结果如图 2－4 所示。

	B	C	D	E	F
25	A组序号	上期金额	线下金额	线上金额	与A组1号线下金额的差异
26	1	97485	26426.79	97504.11	=D26-$D$26
27	2	85570	96716.03	6561	=D27-$D$26
28	3	93727	13790.43	71153.79	=D28-$D$26
29	4	92582	5069.64	70648.6	=D29-$D$26
30	5	89376	70373.14	1467	=D30-$D$26

图 2－3　绝对引用状态下显示数据运算公式

	B	C	D	E	F
25	A组	上期金额	线下金额	线上金额	与A组1号线下金额的差异
26	1	97485	26426.79	97504.11	0
27	2	85570	96716.03	6561	70289.24
28	3	93727	13790.43	71153.79	-12636.36
29	4	92582	5069.64	70648.6	-21357.15
30	5	89376	70373.14	1467	43946.35

图 2－4　绝对引用状态下显示数据运算结果

3. 混合引用

单元格引用中既包含绝对引用又包含相对引用，即在列标或行号的前面加上“$”符号，如“$A1”或“A$1”。

“$A1”表示“行号变，列号不变”，该引用向下复制，改变单元格数据。如果该引用向右复制，则单元格数据不变。因为本身列号被固定，向右移动，意味着行号不变，由此单元格数据不变。

“A$1”表示“列号变，行号不变”，该引用向下复制，单元格数据不变。因为本身行号被固定，向下移动，意味着列号不变，由此单元格数据不变。如果该引用向右复制，则改变单元格数据。

如若要求出 A 组每位成员与 1 号线上与线下金额的差异，则在图 2－5 的 D36 单元格设置公式为“＝B36－B$36”，然后将填充柄横向拖到 E36，再各自向下拖拉填充柄复制公式，如图 2－6 所示，最后结果如图 2－7 所示。

	A	B	C	D	E
35	A组	线下金额	线上金额	与1号线上金额的差异	与1号线下金额的差异
36	1	26426.79	97504.11	=B36-B$36	
37	2	96716.03	6561		
38	3	13790.43	71153.79		
39	4	5069.64	70648.6		
40	5	70373.14	1467		

图 2－5　混合引用状态下公式设置

	A	B	C	D	E
35	A组	线下金额	线上金额	与1号线上金额的差异	与1号线下金额的差异
36	1	26426.79	97504.11	=B36-B$36	=C36-C$36
37	2	96716.03	6561	=B37-B$36	=C37-C$36
38	3	13790.43	71153.79	=B38-B$36	=C38-C$36
39	4	5069.64	70648.6	=B39-B$36	=C39-C$36
40	5	70373.14	1467	=B40-B$36	=C40-C$36

图 2－6　混合引用状态下公式复制

	A	B	C	D	E
35	A组	线下金额	线上金额	与1号线上金额的差异	与1号线下金额的差异
36	1	26426.79	97504.11	0	0
37	2	96716.03	6561	70289.24	-90943.11
38	3	13790.43	71153.79	-12636.36	-26350.32
39	4	5069.64	70648.6	-21357.15	-26855.51
40	5	70373.14	1467	43946.35	-96037.11

图 2－7　混合引用状态下公式设置结果

四种单元格引用方式的具体特性如表 2－5 所示，且这四种方式可通过按“F4”键（或“Fn+F4”组合键）进行切换显示。

表 2－5　单元格引用状态汇总

样式	引用类型	特性
A1	相对引用	公式向右向下复制均会改变引用关系
\$A\$1	绝对引用	公式向右向下复制均不改变引用关系
\$A1	混 1：行绝对引用、列相对引用	公式向右复制不改变引用关系，向下复制则改变
A\$1	混 2：列绝对引用、行相对引用	公式向下复制不改变引用关系，向右复制则改变

三、公式的输入

在 Excel 中输入公式的方法和输入数据的方法基本类似，可以通过单元格或者“编辑栏”两种手段来完成。

（一）在单元格中直接输入公式

选择要输入公式的单元格，先输入“＝”（等号），为了区分公式与文本数据的输入，Excel 规定公式的最前面必须加一个“＝”，然后输入运算数据和运算符号，按回车键即可得出计算结果。

如图 2－8 所示，根据 9 日销量和单价，计算 9 日的销售总额。点击 F2 单元格，在单元格中直接输入“＝C2＊B2”，按回车键，然后填充柄拖拉复制后续结果，如图 2－9 所示。

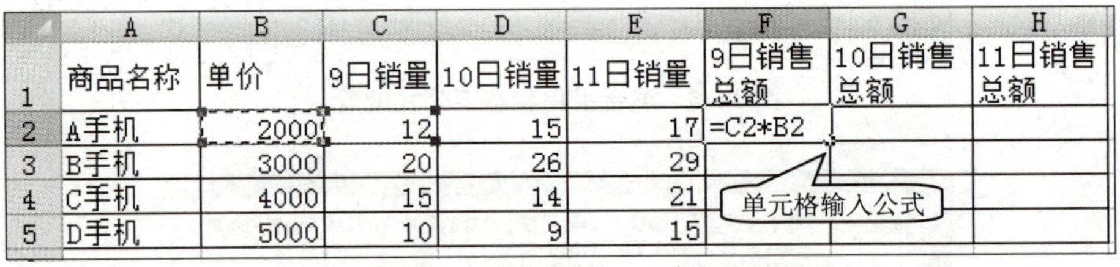

图 2－8　在目标单元格输入公式计算销售总额

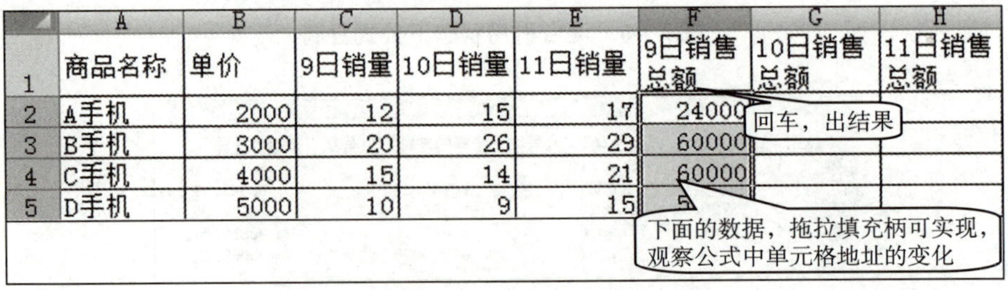

图 2－9　销售总额公式输入后的运算结果

小贴士

上题可继续核算 10 日和 11 日的销售总额，分别通过相对引用与混和引用两种方法设置公式，且比较两种设置方法的不同。可以尝试核算 11 日每款手机的销售总额与当天最高销售额的差额，感受一下绝对引用的设置。

（二）在“编辑栏”中输入公式

如果要利用“编辑栏”输入公式，则要先选择输入公式的单元格，再将光标置于“编辑栏”中，输入“=”以及其后的操作数据、公式等，然后确认即可。

如图 2 - 10 所示，先点击 F2 单元格，然后点击“编辑栏”，输入相关公式，再确认。

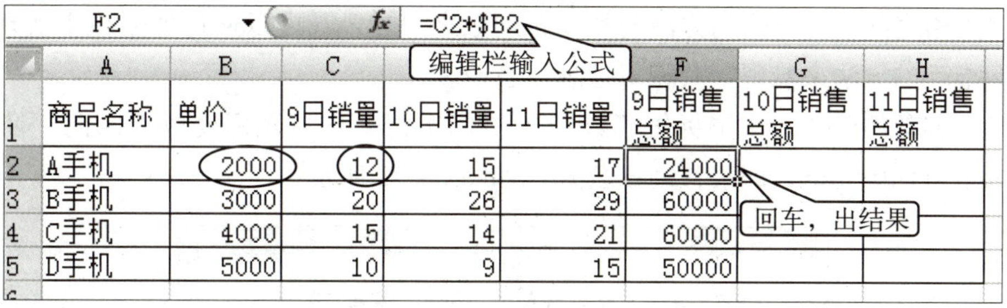

图 2 - 10　编辑栏输入公式

小贴士

上述两种方法既可采用在等号后直接输入相关单元格地址的方式，也可以通过点击需要引用的单元格，即点击数据为“12”和“2000”的两个单元格，系统会自动跳出相关单元格地址的方法进行设置。

四、编辑公式

在单元格中输入一个公式后，还可以像对其他数据一样，根据需要对公式进行编辑，如复制、移动，或者删除。

（一）复制和移动公式

在工作表中，如果多个单元格中的表达式相同，则可以复制和移动公式，从而节省重复输入公式的时间与精力。

若要复制单元格中的公式，可以选择该单元格，右击并选择“剪贴板”组中的“复制”按钮。然后，选择目标单元格，单击“粘贴”下拉按钮，执行“公式”命令，即可复制该单元格中的公式，而得到计算结果，如图 2－11 所示。

另外，也可以选择 E4 单元格，向下拖动其填充柄至 E7 单元格，即可将公式复制到 E5 至 E7 单元格区域中，如图 2－12 所示。

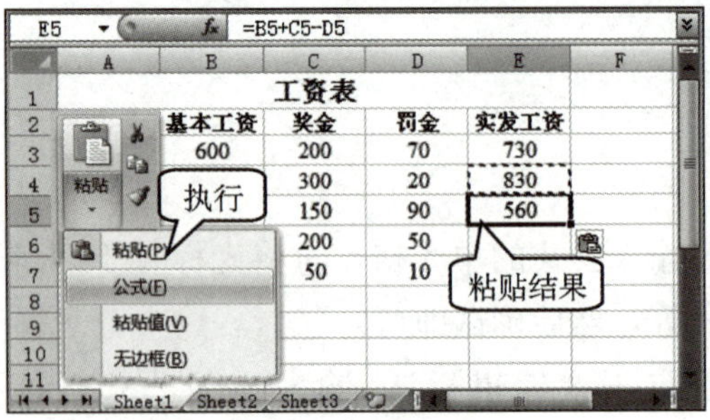

图 2－11　复制公式

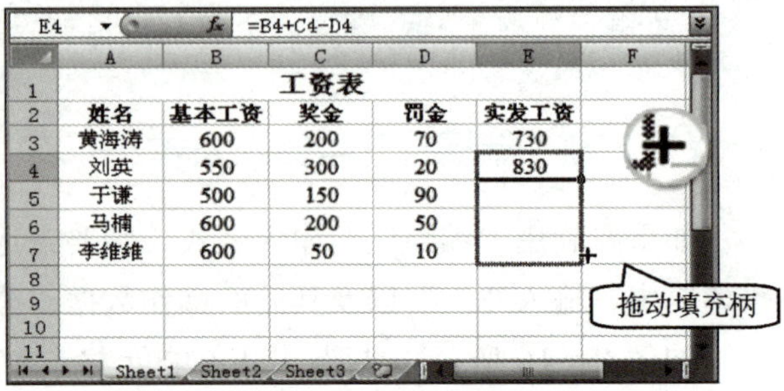

图 2－12　利用填充柄复制公式

在单元格之间移动公式的方法与移动普通数据一样，既可以通过剪贴板来实现，也可以用鼠标拖动的方法来实现，其相对地址不会改变。

选择要移动的公式，将鼠标置于该单元格的边框上，当光标变成“四向”箭头时，拖动鼠标至目标单元格，即可移动该公式，如图 2－13 所示。

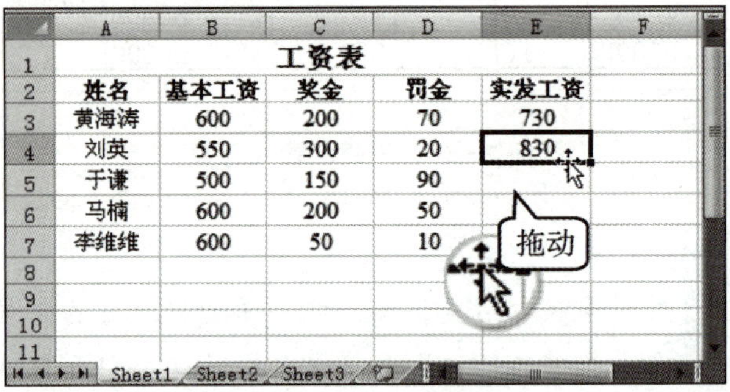

图 2－13　移动公式

小贴士

也可以利用快捷键来移动公式，即选择含有公式的单元格，按“Ctrl＋X”组合键剪切公式，然后选择目标单元格，按“Ctrl＋V”组合键进行粘贴即可。

（二）删除公式

删除公式的方法非常简单，只需选择含有公式的单元格，按“Delete”键即可将公式删除。另外，右击要删除公式的单元格，执行“清除内容”命令，也可删除公式，如图 2－14 所示。

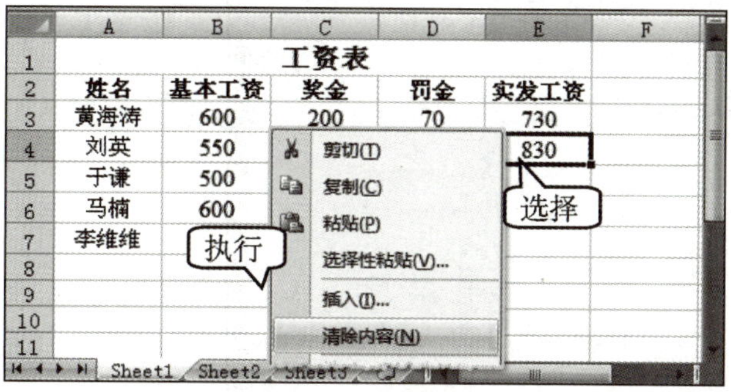

图 2－14　删除公式

（三）重新编辑公式

输入公式后，如果需要对公式进行更改，就可以用双击法重新编辑。双击需编辑公式的单元格，即可进入公式编辑状态，这时直接编辑公式即可。或者可以在公式编辑栏中单击，也可对公式进行编辑。

五、显示错误信息

Excel 经常会显示一些错误值信息，如“＃DIV/0!”“＃N/A”“＃VALUE!”等，相关含义如表 2－6 所示。出现这些错误的原因有很多，主要是公式不能计算正确结果而引起的，如在需要数字的公式中使用了文本、删除了被公式引用的单元格等。

表 2－6　Excel 错误值及其含义

错误值	原因说明
＃＃＃＃	该列宽不够，或者包含一个无效的时间或日期
＃DIV/0!	公式中使用了 0 作为除数，或者公式中使用了一个空单元格
＃N/A	公式中引用的数据对函数或公式不可用
＃NAME?	公式中使用了 Excel 不能辨认的文本或名称
＃NULL!	公式中使用了一种不允许出现相交却交叉了的两个区域
＃NUM!	公式中使用了无效的数字值
＃REF!	公式中引用了一个无效的单元格
＃VALUE!	函数中使用的变量或参数类型错误

当公式运算出现错误时，单元格旁边会出现一个错误图标。单击该图标右下侧的下拉按钮，可以了解相关错误信息或者追踪可能导致错误的计算步骤，如图 2－15、图 2－16 所示。

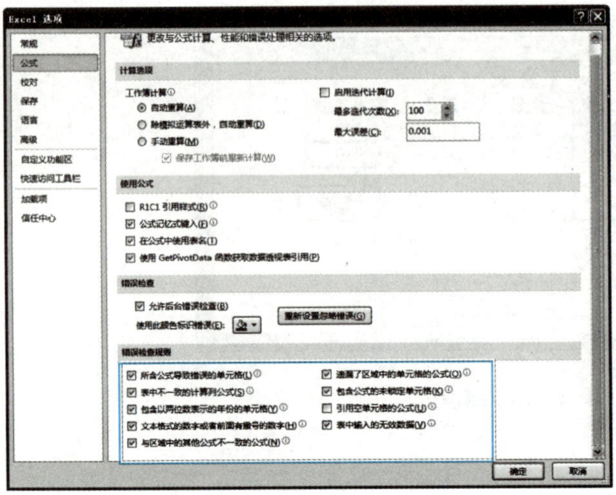

图 2－15 “Excel 选项”对话框

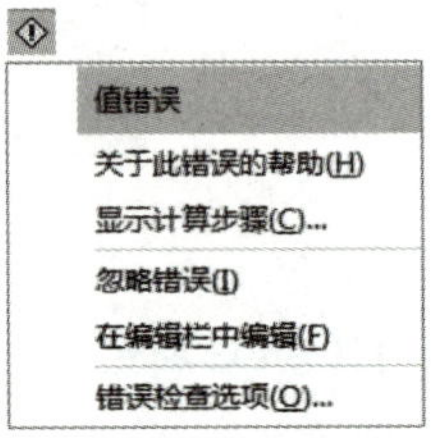

图 2－16 错误帮助提示

任务实施

1. 表 2－7 为某企业销售成果汇总表。要求：设置公式算出各位销售人员的销售总额，并算出每位人员的销售总额与最高额的差距。

表 2－7 公式设置练习数据 1

姓名	数量	单位	销售总额	与最高额的差距
李一	78	78		
张二	89	78		
王三	37	77		
顾四	69	69		
赵六	89	69		
余八	69	75		

2. 表 2－8 为各门店 3 个月的销售数据，单位万元。要求：

(1) 试核算各门店 2 月、3 月与 1 月销售数据差异，并把差异数为负数的单元格填充为红色（提示：分别采用相对引用和混和引用设置公式，并比较两种方法的差异）。

(2) 试核算每个月各门店与 1 店的数据差异（提示：采用混和引用设置一个公式，然后拖拉填充即可）。

表 2－8 公式设置练习数据 2

门店	1 月	2 月	3 月	2 月差异	3 月差异
1 店	70	78	84		
2 店	89	97	89		
3 店	37	45	57		

续表

门店	1月	2月	3月	2月差异	3月差异
4店	69	89	78		
5店	89	79	59		
6店	69	57	70		

3. 表2-9和表2-10分别为某企业各个产品在销售过程中的客户报价及生产成本信息，如果客户的出价高于成本0.20元即可达成销售，那么，有多少产品可以达成销售？要求：试用两种方法进行解答，并把符合题意的产品及客户在表格中填充红色标注出来。

表2-9　公式设置练习数据3

产品	客户1	客户2	客户3	客户4
产品01	41.91	41.91	42.12	42.44
产品02	41.91	41.91	42.12	42.44
产品03	41.91	41.91	42.12	42.44
产品04	41.91	41.91	42.12	42.44
产品05	45.61	45.61	45.93	46.14
产品06	45.61	45.61	45.93	46.14
产品07	45.61	45.61	45.93	46.14
产品08	45.61	45.61	45.93	46.14
产品09	51.23	51.23	51.65	51.97
产品10	51.23	51.23	51.65	51.97
产品11	51.23	51.23	51.65	51.97
产品12	51.23	51.23	51.65	51.97
产品13	61.72	61.72	62.04	62.46
产品14	61.72	61.72	62.04	62.46
产品15	61.72	61.72	62.04	62.46
产品16	61.72	61.72	62.04	62.46

表2-10　公式设置练习数据4

产品	成本1	成本2	成本3	成本4
产品01	41.8	41.8	42.01	42.33
产品02	41.8	41.8	42.01	42.33
产品03	41.8	41.8	42.01	42.33
产品04	41.8	41.8	42.01	42.33
产品05	45.51	45.51	45.83	45.93
产品06	45.51	45.51	45.83	45.93
产品07	45.51	45.51	45.83	45.93
产品08	45.51	45.51	45.83	45.93

续表

产品	成本 1	成本 2	成本 3	成本 4
产品 09	51.02	51.02	51.55	51.76
产品 10	51.02	51.02	51.55	51.76
产品 11	51.02	51.02	51.55	51.76
产品 12	51.02	51.02	51.55	51.76
产品 13	61.4	61.4	61.83	62.25
产品 14	61.4	61.4	61.83	62.25
产品 15	61.4	61.4	61.83	62.25
产品 16	61.4	61.4	61.83	62.25

任务 2 常用函数

任务意义

函数实际上就是一些预定义的公式，可以将其引入工作表中进行简单或者复杂的运算。使用函数可以大大简化公式，并能实现一些一般公式无法实现的计算。函数的设置成功与否，一方面在于对数据钩稽关系的深度梳理，另一方面在于对函数参数的准确理解与应用。

任务准备

一、函数参数

函数由函数名、括号与参数组成，一般结构为“函数名(参数 1,参数 2,…)”，其中函数名表示执行操作的内容，括号内的数据就是函数的参数，参数是引导函数运行的支持性数据，参数可以是单元格引用、数值、文本、表达式、数组等，甚至是其他函数。对于函数参数的设置，需要根据具体的函数进行具体分析，准确理解各参数的含义，是正确设置函数的基础。各类函数能否正常运行取决于参数是否正确设置。函数参数的具体类别如下：

（一）把单元格引用或名称作为参数

可以把单元格或单元格区域的引用作为函数的参数。名称也可以作为函数的参数。

（二）把整行或整列数值作为参数

在某些情况下，需要把整行或整列数值作为函数参数。例如：公式“=SUM(B:B)”可以计算B列中所有值的总和。如果希望计算一定范围的变化总和，使用整行或整列引用特别有效。

（三）把文本作为参数

文本包括直接输入的值或文本字符串。例如：公式“=COUNTIF(B1:B220,"男")”是用来统计指定单元格区域、性别为“男”的人数。

（四）把表达式作为参数

表达式就是一个公式中的公式。当用一个表达式作为函数参数时，应先计算这个表达式，再使用计算结果作为参数值。例如：在公式“=IF(B1>50,"优秀","合格")”中，“B1>50”是一个表达式，它表示当这个表达式设置的条件成立时，即显示第二个参数，否则显示第三个参数。

（五）把数组作为参数

一个数组就是一组数值，分别使用逗号和大括号分隔。例如：公式“=OR(A1={1,2,3})”使用了OR函数，该函数用数组作为参数。这个公式表示，如果单元格A1中包含了“1,2,3”，则公式返回True值，否则返回False值。式中的“A1={1,2,3}”即为一个常量数组。

一个函数附带多少参数有以下几种情况：

(1) 不带参数。

(2) 一个参数。

(3) 固定数量的参数。

(4) 不确定数量的参数。

(5) 可选参数。

（六）把其他函数作为参数

Excel还可以将其他函数作为参数，这种情况通常称为“嵌套”函数。Excel首先计算最深层的嵌套函数，然后逐渐向外扩展，例如：在公式“=IF(LEFT(A1,2)*1>50,"良好","合格")”中，“LEFT(A1,2)”是一个函数，它的运行结果直接影响IF函数第一个参数的运行。

二、函数输入技巧

在工作表中输入函数有两种比较常见的方法：一种是直接手工输入，另一种是通过“插入函数”对话框输入。前者适用于对函数较为熟悉的用户，后者适用于初学者。

（一）手工输入函数

手工输入函数的前提是用户对该函数非常熟悉，包括函数名称、函数的参数及参数类型等。输入函数与输入公式类似，应该说函数的输入是公式输入的一种特例。

在单元格 E12 中输入“=”，然后输入函数的名称 SUM 和左括号，此时会显示该函数表达式的提示，可以参照该提示完成参数的输入，如图 2－17 所示。

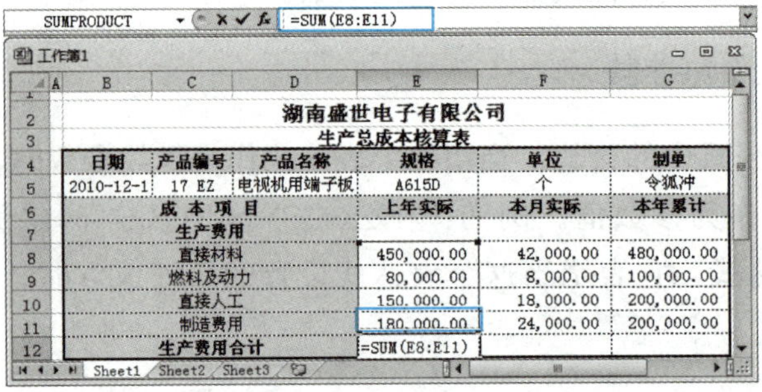

图 2－17　手工输入函数

（二）使用“插入函数”对话框输入函数

通过使用“插入函数”对话框输入函数的具体操作如下：

单击需要插入函数的单元格，在单元格 E12 中输入“=”，在“公式”选项卡下的“函数库”选项组中单击“插入函数”图标，如图 2－18 所示。弹出“插入函数”对话框，在“或选择类别”下拉列表中选择“常用函数”选项，在“选择函数”列表框中选择“SUM”选项，如图 2－19 所示。

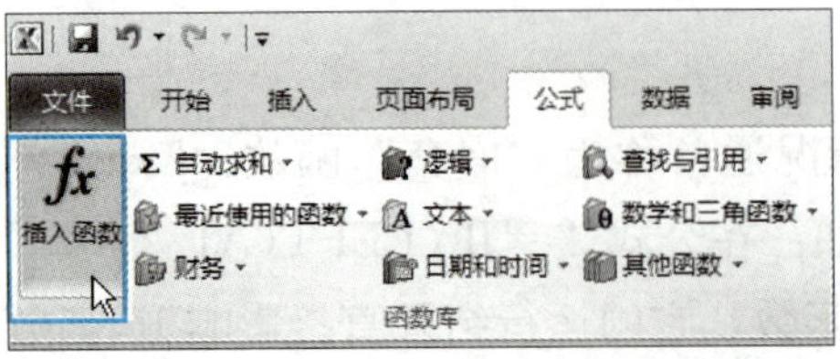

图 2－18　单击“插入函数”图标

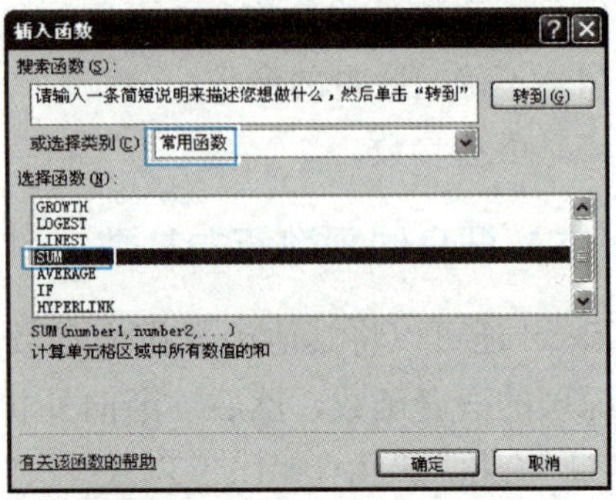

图 2－19　“插入函数”对话框

在弹出的“函数参数”对话框中，可以设置各参数值，同时该对话框中还将显示设置参数后的运算结果，如图 2-20 所示。

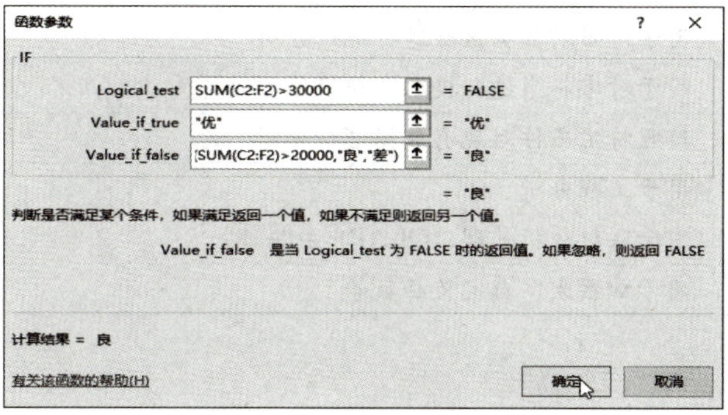

图 2-20 IF 函数参数设置

单击“确定”按钮，完成插入函数的过程，此时，单元格中会显示函数的运算结果，公式编辑栏中会显示函数的内容。

知识拓展

函数输入的注意事项

（1）起始标示：输入等号，函数与公式一样，以“＝”开头。

（2）所有的标点符号须在英文状态下输入。

（3）每个参数间用逗号隔开，如果是文本参数，须对文本加双引号。

（4）函数名与括号不可缺，且括号成对出现。

（5）函数名和单元格列号的输入都不区分大小写。

（6）正确理解函数参数的意义，按要求输入参数，不要少了，也不要多了。

三、函数的种类

为满足不同群体用户的运算需求，Excel 提供了几百个内置函数，可具体划分为 12 种函数类型，具体函数类型与功能如表 2-11 所示。

表 2-11 函数类型与功能

函数类型	功能
逻辑函数	常用于判断真假值，或进行复合检验
日期与时间函数	通过使用日期与时间函数，可以在公式中分析并处理日期值和时间值
数学与三角函数	对现有数据进行数字取整、求和、求平均数，以及复杂运算
查找和引用函数	在现有数据中查找特定数值和单元格引用
信息函数	用于确定存储在单元格中的数据类型

续表

函数类别	功能
财务函数	用于进行财务运算，如确定贷款的支付额、投资的未来值、债券价值等
统计函数	用于对当前数据区域进行统计分析
文本函数	用于对字符串进行提取、转换等操作
数据库函数	按照特定条件对现有数据进行分析
工程函数	用于工程分析
多维数据集函数	用于联机分析处理（OLAP）数据库
加载宏和自定义函数	用于加载宏、自定义函数等

（一）逻辑函数

数据整理环节经常会面对逻辑判断问题，灵活运用逻辑函数能使数据整理方便快捷，因此学会设置简单的逻辑函数很有必要，本部分内容主要介绍数据分析常用的逻辑函数中的一种：IF 函数。具体介绍 IF 函数的基本结构、简单条件嵌套和复杂条件嵌套。

1. IF 函数的基本结构

IF 函数的基本结构为“=IF(判断条件,条件成立时显示结果 1,条件不成立时显示结果 2)”。如图 2-21 所示，“=IF(B2>70,"优秀","合格")”表示 B2 单元格的数据如果大于 70，函数所在单元格就显示“优秀”，否则显示“合格”。

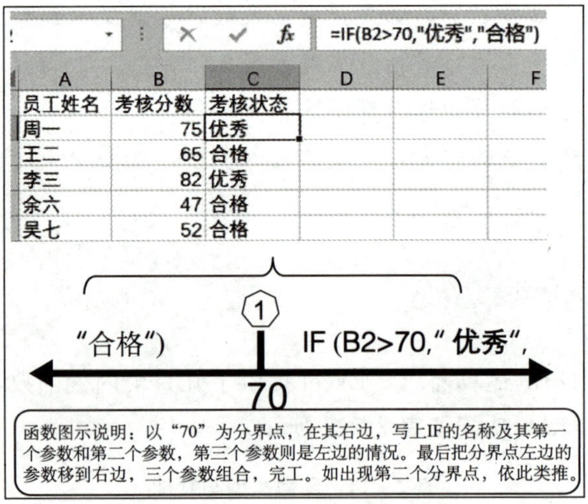

图 2-21　IF 函数运用示例

IF 函数包含三个参数，具体内容如下：

第一个为判断条件，它通常由条件表达式构成，即把两个运算数据用关系运算符（主要有“=”“<>”“>”“<”“>=”“<=”6 个关系运算符）连接起来构成条件表达式。例如：“A1>70”或“A1="男"”或“A1+B1<>90%”等。

第二个参数为判断条件成立时应该显示的结果。这个显示结果可以是文本、数字，也可以是另一个函数或公式等。

第三个参数则为判断条件不成立时应该显示的结果。例如："＝IF(B2－B3＞0,B2－B3,"")"表示"B2－B3"这个公式的结果如果大于零，则函数所在单元格显示"B2－B3"运算的结果，否则显示空白。

简单地说，IF 函数就是用"如果……就……否则……"造句。在实务中，经常运用 IF 函数进行赋值，以对数据进行分类说明，或者将其嵌套于其他函数中，分层导出运算数据。需要注意的是，在 IF 函数的基本结构中，判断条件只有一个，无须在第三个参数前再加条件表达式，如图 2－21 中的公式写成"＝(IF(B2＞70,"优秀",B2＜＝70,"合格")"就是错误的，这说明对三个参数的内涵没有理解到位，凭主观意愿构造函数。

2. IF 函数的简单条件嵌套

如果数据判断条件越来越细化，则会出现多种显示结果。例如：单元格的数据如果大于 70，则显示"优秀"；小于且等于 70、大于 60，则显示"良好"；其他显示"不合格"。在这种情况下，IF 函数的基本用法就不能解决问题，需要使用嵌套才能完成，即在 IF 函数的参数里再导入 IF 函数，具体表示为："＝IF(B2＞70,"优秀", IF(B2＞60,"良好","不合格"))"。

该函数从左向右执行。首先计算"B2＞70"，如果"B2＞70"成立，则显示"优秀"，如果不成立，就继续计算"B2＞60"，如果"B2＞60"成立，则显示"良好"，否则显示"不合格"。最后结果如图 2－22 所示。

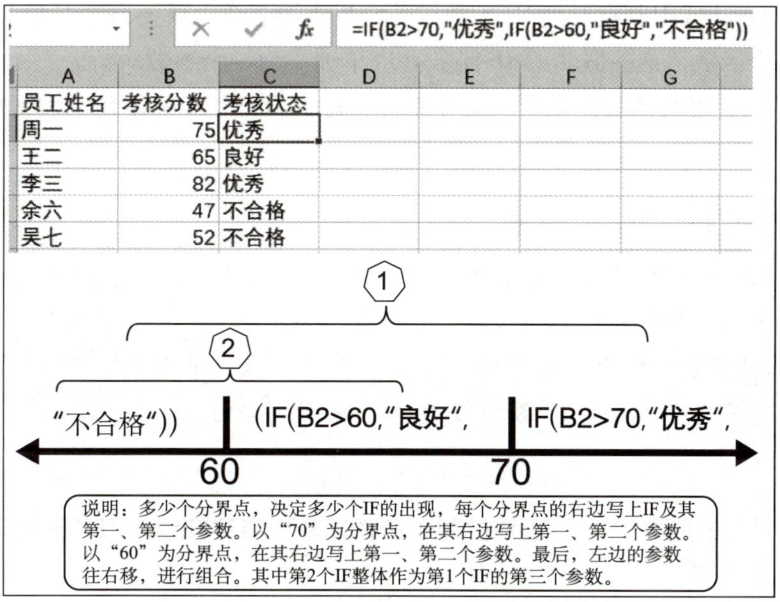

图 2－22　IF 函数简单嵌套运算过程 1

上述例题还可以继续细化为：单元格的数据如果大于 70，则显示“优秀”；小于且等于 70、大于 60，则显示“良好”；小于且等于 60、大于 50，则显示“合格”；其他显示“不合格”。此时，IF 函数设置为“=IF(B4>70,"优秀",IF(B4>60,"良好",IF(B4>50,"合格","不合格")))”。最后结果如图 2－23 所示。

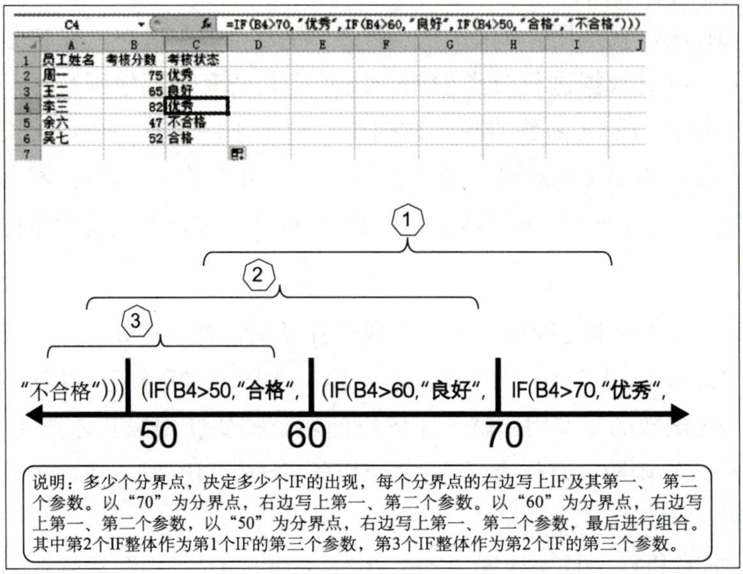

图 2－23　IF 函数简单嵌套运算过程 2

IF 函数简单条件嵌套的个数与整个条件的分界点相关，若分界点为 2 个，就要嵌套 1 个 IF 函数，即表达式中共有 2 个 IF 函数；若分界点为 3 个，就要嵌套 2 个 IF 函数，即表达式中共有 3 个函数。这些嵌套的 IF 函数，应单独作为一个参数对待。

IF 函数的嵌套书写还要注意括号的完整性，有多少个“IF”在其中，就必须有多少对括号相对应。

小贴士

简单条件嵌套的 IF 函数，其条件表达式的设置切忌重复，如上例写成“=IF(B2>70,"优秀",IF(70>B2>60,"良好",IF(60>B2>50,"合格","不合格")))”就是错误的，而且 Excel 函数参数中没有“70>B2>60”这种条件表达式，“70>B2>60”是我们常见的数学表达式，在函数中反映多个条件并存的情形，需调用 AND 或 OR 函数。

在 Excel 更高的版本中，IF 函数的简单条件嵌套功能被升级的 IFS 函数替代，具体参数的设置可自行学习。

知识拓展

AND与OR函数介绍

AND函数用来组合多个条件，且条件之间是“与”的关系，表示这几个条件必须同时满足，其使用语法为“＝AND(条件1,条件2,条件3,…)”。

OR函数也用来组合多个条件，但条件之间是“或”的关系，表示这几个条件满足一个即可，其使用语法为“＝OR(条件1,条件2,条件3,…)”。

一些复杂的条件还需要AND与OR函数相互进行嵌套才能表达清楚。

例如：“＝AND(A1＞70,B1＞70)”表示A1、B1两个单元格的数值都需大于70；“＝OR(A1＞70,B1＞70)”则表示A1、B1两个单元格的数值有一个大于70即可。

前述“70＞B2＞60”条件则需写成“＝AND(B2＞60,B2＜70)”。

3. IF函数的复杂条件嵌套

在IF简单条件嵌套中，尽管出现多个条件的细化，但整个主流节奏还是一种条件对应一种显示结果。如果出现多个条件对应一种显示结果，如图2－24所示，如果B2单元格的数据大于70，且C2单元格的数据也大于70，则显示“优秀”，其他则显示“合格”。在这种情况下，条件判断出现多个判断局面，简单的条件表达式已不能满足要求，需要调用AND函数、OR函数把复杂条件组合起来进行综合判断。具体表示为“＝IF(AND(B2＞70,C2＞70),"优秀","合格")”。

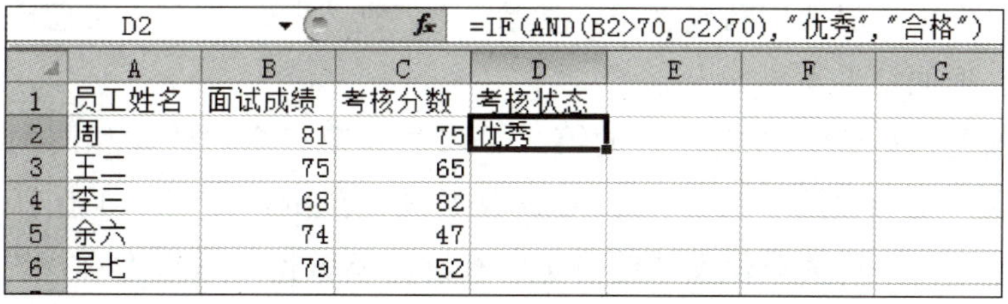
D2　=IF(AND(B2>70,C2>70),"优秀","合格")

	A	B	C	D	E	F	G
1	员工姓名	面试成绩	考核分数	考核状态			
2	周一	81	75	优秀			
3	王二	75	65				
4	李三	68	82				
5	余六	74	47				
6	吴七	79	52				

图2－24　IF函数复杂嵌套示例

思考

可用线段或图例把IF函数的嵌套的条件表达出来，以清楚展示各个参数的应用范围，以图2－24的数据为例，分别为下面两个场景设置IF函数，仔细品味其中的差异。

(1) 对于考核分数大于60分且小于70分的员工，在备注栏标示“培养对象”，否则为空白。

(2) 对于考核分数大于70分的员工，在备注栏标示“优秀”；大于60分且小于70分的，标示“培养对象”；小于60分的，标示“合格”。

（二）查找函数

从繁杂的数据表格中找出所需要的信息（如查找高考成绩），以便了解、分析数据或完成新表格相关项目的填写，就需要调用查找函数，系统提供的查找函数有好几个，各有其适用情况，实际业务处理中调用频率较高的为 VLOOKUP 函数，本部分内容主要介绍 VLOOKUP 一般查找、VLOOKUP 嵌套查找和 VLOOKUP 模糊查找。

1. VLOOKUP 一般查找

VLOOKUP 是一个纵向查找函数（从左往右查），有四个参数，分别为查找线索、查找区域、返回查找区域中第几列数据、精准匹配或模糊匹配查找结果，解释如下：

（1）查找线索。即与查找区域搭建关系的信息，例如：要查找高考成绩，就要输入准考证号，通过这个准考证号，系统才能在成绩数据库中找出语文成绩、数学成绩等，准考证号即查找线索。如果查找线索记不清楚，可以通过包含通配符的关键字进行查找，如"＊数据＊"或"?数据?"等。

（2）查找区域。即储存查找结果的数据表（库）地址，该区域第一列数据必须包含查找线索。

（3）返回查找区域中第几列数据。即查找结果在查找区域中所处的列数。

（4）精准匹配或模糊匹配查找结果。如果输入"0"或"FALSE"，该函数返回查找区域中的精确结果，即精准匹配；如果输入"1"或"TRUE"，则返回近似的查找结果，即模糊匹配。工作中一般使用精确查找，参数"0"或"FALSE"不可忽略，否则系统默认为模糊查找，返回结果不尽如人意。

需要注意的是，VLOOKUP 函数的第二个参数和第三个参数在相同的表格或数据区域范围内，但第一个参数属于另外的表格或数据区域范围，即当下工作任务所属的区域内。例如：图 2-25 左边为单位发放给员工的补助津贴数据，右边为查找界面，任意输入某员工姓名，在金额下面的单元格中设置 VLOOKUP 函数，为其查找出具体补助金额。在单元格 F2 中输入函数"＝VLOOKUP(E2,B1:C12,2,0)"即可，结果如图 2-26 所示。

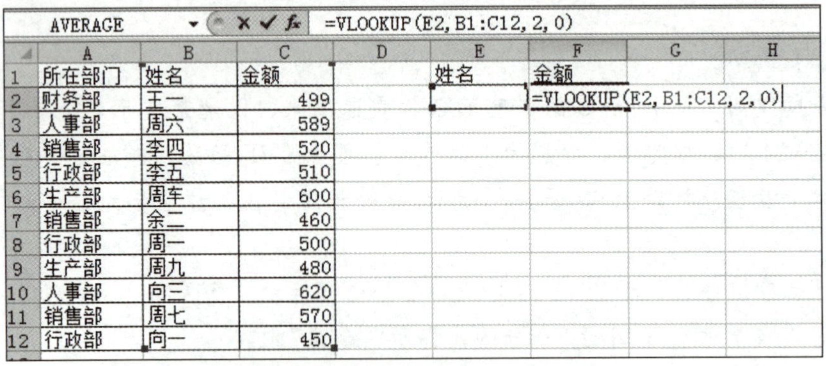
AVERAGE　=VLOOKUP(E2, B1:C12, 2, 0)

	A	B	C	D	E	F	G	H
1	所在部门	姓名	金额		姓名	金额		
2	财务部	王一	499			=VLOOKUP(E2, B1:C12, 2, 0)		
3	人事部	周六	589					
4	销售部	李四	520					
5	行政部	李五	510					
6	生产部	周车	600					
7	销售部	余二	460					
8	行政部	周一	500					
9	生产部	周九	480					
10	人事部	向三	620					
11	销售部	周七	570					
12	行政部	向一	450					

图 2-25　VLOOKUP 函数设置过程

E2 f_x 王一

	A	B	C	D	E	F
1	所在部门	姓名	金额		姓名	金额
2	财务部	王一	499		王一	499
3	人事部	周六	589			
4	销售部	李四	520			
5	行政部	李五	510			
6	生产部	周车	600			
7	销售部	余二	460			
8	行政部	周一	500			
9	生产部	周九	480			
10	人事部	向三	620			
11	销售部	周七	570			
12	行政部	向一	450			

图 2-26 VLOOKUP 函数设置结果

小贴士

这里 VLOOKUP 函数的第一个参数为输入姓名的单元格地址“E2”，即输哪个名字进去就为谁查找，因而把单元格引用作为参数，而不是具体的文本。

第二个参数查找区域是“B1:C12”，而不是“A1:C12”，即原表格不一定是查找区域。查找区域的第 1 列须包含查找线索，只有当原表格的第 1 列包含查找线索时，原表格地址即查找区域的地址，否则，查找区域要重新选择。同时，查找区域还必须包含查找结果的数据列，否则无处可查。

第三个参数是“2”，而不是“3”，因为查找结果所在列数是定位于查找区域中的列数，而不是原表格中的列数。

第四个参数为“0”，即精准匹配查找结果。

2. VLOOKUP 嵌套查找

如果查找结果多样化，或者查找区域多样化，前面的普通查找方法就不适用了，需要在参数中嵌套另一个函数，更灵活地适应查找要求。如图 2-27 所示，根据输入的姓名，查找其“职务”“所在部门”“金额”三个数据。如果在每一个单元格中各自输入一个 VLOOKUP 函数，这显然比较麻烦。通过观察数据，发现查找结果对应的列数具有一定的规律性，从左至右逐渐增加，如果通过一个函数能把“职务”对应的返回列数确定下来，后面几个数据只要拖拉填充柄（或双击）复制即可。

G18 f_x =VLOOKUP($F$18,$A$17:$D$28,COLUMN()-5,0)

	A	B	C	D	E	F	G	H	I
16									
17	姓名	职务	所在部门	金额		姓名	职务	所在部门	金额
18	王一	员工	财务部	499		王一	员工	财务部	499
19	周六	经理	人事部	589					
20	李四	员工	销售部	520					
21	李五	员工	行政部	510					
22	周车	经理	生产部	600					
23	余二	员工	销售部	460					
24	周一	员工	行政部	500					
25	周九	员工	生产部	480					
26	向三	区域经理	人事部	620					
27	周七	经理	销售部	570					
28	向一	员工	行政部	450					

图 2-27 VLOOKUP 嵌套查找公式设置

小贴士

(1) 因为后面几个函数的查找线索都是重复调用 F18 这个单元格的数据，所以第一个参数要加锁，设置绝对引用“$F$18”(可以检验一下不加锁的查找结果如何)。

(2) 同理，查找区域也是固定的，第二个参数也要设置绝对引用“$A$17:$D$28”(可以检验一下不加锁的查找结果如何)。

(3) 第三个参数嵌套了一个 COLUMN 函数，它的作用是返回参数中所输入单元格的列数，如果参数输入“B1”，则返回结果为“2”，如果参数为空白，则返回设置函数的当前单元格的列数。本例为空白，则返回 G17 所在单元格的列数“7”，因为查找结果对应查找区域的列数为 2，所以该函数后面要减 5，这样就调整为“2”。随着拖拉填充柄（或双击）复制函数，当前单元格的位置依次向右变动，后两列的第三个参数则自动调整为“3”“4”。本例中，COLUMN 函数的参数也可以直接输入 B1，随着拖拉填充柄复制函数，B1 自动变为 C1、D1（相对引用的效果），列数也由“2”调整为“3”“4”。

如果查找区域分布在两个不同的地方，那么还可以在第二个参数中嵌套 IF 函数进行区域的选择，也可以在第三个参数中嵌套 ROW、MATCH 等函数选择不同的列数，详细操作可自学。

3. VLOOKUP 模糊查找

如果能够精确查找数据，就肯定不会设置模糊查找。VLOOKUP 模糊查找的功能常运用于数据系列的分组、分类业务，为展现该数据系列的某一特征而查找数据，如给一定价值区间的商品定义属性，给一定价值区间的商品设置返利系数，给员工的考核成绩划分等级，等等。

现对图 2-28 某店销售的商品进行属性定义，其中 20 元及以下的商品为 A 类商品，20～50 元（包含 50 元）之间的商品为 B 类商品，50～100 元（包含 100 元）之间的商品为 C 类商品，100 元以上的商品为 D 类商品。完成这项任务就要用到 VLOOKUP 函数的模糊查找功能。

之前学习 VLOOKUP 函数的查找功能都是先提供查找区域，再在查找窗口中设置函数进行操作。现在的处理流程有些变化。首先，根据业务要求设置“查找区域”，如图 2-28 的右半部分，它一般包含 3 列数据，第 1 列输入业务分类的节点数据，从小到大排列，第 2 列阐述每个节点对应的价格段，第 3 列为各价格段对应的分类名称。

然后，在左表“商品属性”列下设置 VLOOKUP 函数，第一个参数把价格定为查找线索，单元格设置为相对引用即可，后面复制填充，不断更新查找线索，无须加锁为绝对引用。第二个参数查找区域固定，一定要加锁设置为绝对引用。第三个参数是查找结果对应查找区域的列数。第四个参数输入“1”或“TRUE”或空缺，都定义为模糊查找。最后结果如图 2－29 所示。

AVERAGE　=VLOOKUP(B18,$G$17:$I$21,3,1)

	A	B	C	D	E	F	G	H	I
16									
17	商品编码	价格	商品属性				价格结点	价格段	商品属性
18	8m6314958	45	=VLOOKUP(B18,$G$17:$I$21,3,1)				0	0-20	A类
19	8m6319394	25					20	20-50	B类
20	8m6317315	7					50	50-100	C类
21	8m6314685	9					100	100以上	D类
22	8m6314466	12							
23	8m6212445	14							
24	8m6210086	150							
25	8m6220375	57							
26	8m6220374	78							
27	8m6221026	320							
28	8m2651029	3							
29	8m2651030	2							
30									

图 2－28　VLOOKUP 模糊查找设置公式

商品编码	价格	商品属性
8m6314958	45	B类
8m6319394	25	B类
8m6317315	7	A类
8m6314685	9	A类
8m6314466	12	A类
8m6212445	14	A类
8m6210086	150	D类
8m6220375	57	C类
8m6220374	78	C类
8m6221026	320	D类
8m2651029	3	A类
8m2651030	2	A类

图 2－29　VLOOKUP 模糊查找设置结果

小贴士

在 VLOOKUP 的模糊查找过程中，“查找区域”缺失，它的正确设置为关键，而其中价格节点的排序是查找区域设置的重要环节。由于在 VLOOKUP 的模糊查找中，一串数据对应一个结果，且这串数据被系统设置为自动向小节点靠拢，例如：价格为 45 元的商品，它不会向 50 元的节点取值，而会向 20 元的节点取值，这样为查找区域节点数据的安排明确方向，即第一个取值必须是最小值，如图 2－28 的例题中为“0”，然后其他从小到大排好。

思考

上述商品属性分类业务也可以运用 IF 函数的嵌套功能完成，它的条件设置点与 VLOOKUP 函数的数据节点有哪些不同？

（三）统计函数

在各类业绩数据整理中，经常涉及求和，计数，求平均值、最大值、最小值等的核算。本部分内容主要介绍几种与统计相关的函数。

1. 求和函数

（1）简单求和：SUM（求和区域）。

（2）单一条件求和：SUMIF（条件区域，条件，求和区域）。

（3）多条件求和：SUMIFS（求和区域，条件区域，条件，条件区域，条件）。

在以上函数中，“条件区域”是判断条件所在的单元格区域；“条件”是具备什么特征的单元格将被相加求和；“求和区域”是需要求和的实际单元格区域。

需要注意条件形式的多样化：可以表示为“95”“"95"”“"男"”等确定数据求和；还可以是条件表达式“"<>95"”“">95"”之类数据的求和；或带通配符“＊”或“?”的模糊条件求和，如“"＊毛衣"”；或引用单元格数据，如果是条件表达式引用单元格，参数要写成“"比较运算符"& 单元格地址”的形式，如“">"&A1”，不可以写成“>A1”这种形式，因为系统会把“>A1”看成一个字符串，而不是一个表达式，从而无法返回正确的结果。

在 SUMIF 公式的输入过程中，参数“条件区域”的输入可以通过鼠标拖拉相关范围区域或手动直接输入实现。条件区域与求和区域必须对称，也就是说，如果条件区域选择了整列，求和区域也要选择整列；如果条件区域选择了 A1:A8，求和区域则要选择 C1:C8（假如在 C 列），不能多一个或少一个，否则最后结果会出错。条件区域如果与求和区域相同，后者省略。

参数“条件”的输入方法还要注意与 IF 函数“条件表达式”的区别，在这里，条件如果是数值、文本、日期、大于或小于的范围表达式，都要添加英文状态下的双引号，如“=SUMIF(A1:A9,"总公司",B1:B9)”“=SUMIF（A1:A9,">2020-11-03",B1:B9)”“=SUMIF(A1:A9,">156",B1:B9)”。

在 SUMIF 函数中，如果条件涉及单元格引用，则不用加双引号，但条件符号依然要加双引号，且用连接符“&”合并条件符号和单元格引用，如“=SUMIF(A1:A9,">"&$C$5,B1:B9)”。

SUMIF 函数支持模糊匹配，如“开头是”“结尾是”“包含”和“不包含”等情况，如“=SUMIF(A1:A9,"＊西装",B1:B9)”“=SUMIF(A1:A9,"＊"&A5&"＊",B1:B9)”。

例如：求出表 2－12 的数据表格内单价超过 300 元的产品的总金额。

表 2-12　统计函数练习数据

产品名称	单价（元）	数量	金额（元）
气质风衣	120	15	1 800
长款大衣	427	2	854
毛外套	378	8	3 024
冬裙	307	3	921
花袖外套	77	60	4 620
三件套	178	23	4 094
牛仔裤	118	15	1 770
短羽绒服	355	10	3 550
毛衣	108	22	2 376
毛短裙	167	15	2 505
普通风衣	127	12	1 524

这是一道单条件的求和业务题，选择任意一空白单元格，输入函数“=SUMIF(B1:B12,">300",D1:D12)”，按回车键，显示合计金额为“8349”（如图 2-30 所示）。

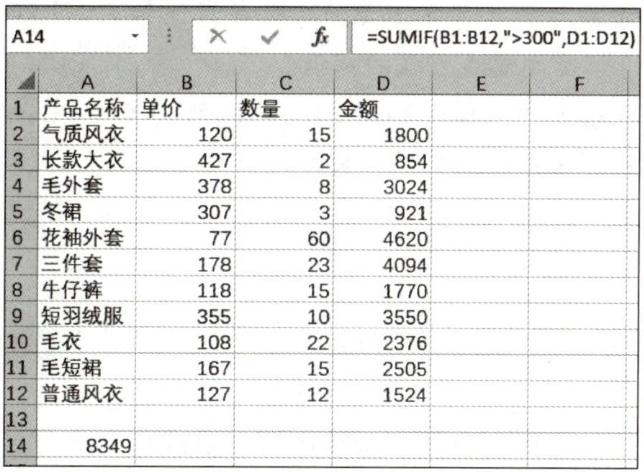
A14　=SUMIF(B1:B12,">300",D1:D12)

	A	B	C	D	E	F
1	产品名称	单价	数量	金额		
2	气质风衣	120	15	1800		
3	长款大衣	427	2	854		
4	毛外套	378	8	3024		
5	冬裙	307	3	921		
6	花袖外套	77	60	4620		
7	三件套	178	23	4094		
8	牛仔裤	118	15	1770		
9	短羽绒服	355	10	3550		
10	毛衣	108	22	2376		
11	毛短裙	167	15	2505		
12	普通风衣	127	12	1524		
13						
14	8349					

图 2-30　单条件求和

再思考：如何求毛外套与毛衣的销售金额之和？

第一种方法，分别利用条件求和函数，求出毛外套与毛衣的金额，然后相加。函数公式为“=SUMIF(A2:A12,"毛衣",D2:D12)+SUMIF(A2:A12,"毛外套",D2:D12)”。

第二种方法，利用数组构造函数。函数公式为“=SUM(SUMIF(A2:A12,{"毛衣","毛外套"},D2:D12))”或者“=SUM(SUMIF(A2:A12,{A4,A10},D2:D12))”。在这里，条件求和函数的条件使用了常量数组的形式，表示分别对毛衣与毛外套两个条件进行统计，然后用 SUM 函数汇总。

上述业务的求和，不可以调用 SUMIFS 函数。因为多条件求和函数的特点是在多个条件同时存在的情况下进行求和，而不是多个条件各自求和。

知识拓展

数组知识

在Excel函数与公式中，数组是指一行、一列或多行多列排列的一组数据元素的集合。通常一行或一列的数组称为一维数组，多行多列的数组称为二维数组。

数组有两种表现形式：

第一种，常量数组。该数组就是直接在公式中写入相关常量元素，并用大括号“{}”在首尾进行标识的字符串表达式。这个常量只能是具体的数值或文本，不可以是函数、公式或单元格引用，数值型常量元素中不能包括美元符号、逗号、括号和百分号，文本型常量元素必须用一对半角双引号“""”将首尾标识出来。

一维纵向数组的各元素用半角分号“;”间隔，如“{1;2;3;4;5}”。

一维横向数组的各元素用半角逗号“,”间隔，如“{"公务","休闲","仿古","正装"}”。

第二种，区域数组。这个表达形式和单元格引用相同，如“A1:A5”。输入带有数组的函数或公式后，必须按“Ctrl+Shift+Enter”组合键才能得出结果，它表示通知系统执行多项计算。只按回车键常常显示为0，或者其他结果。Excel会自动在数组公式的首尾添加大括号“{}”作为数组公式的标识。

例如：在某单元格输入“=10+{1,2,3,5}”，然后按“Ctrl+Shift+Enter”组合键，系统显示为“{=10+{1,2,3,5}}”，返回的结果为“{11,12,13,15}”。

2. 计数函数

(1) 无条件统计个数：COUNT（统计区域）和COUNTA（统计区域），后者为计算不为空的记录个数。

(2) 单条件统计个数：COUNTIF（统计区域，条件）。

(3) 多条件统计个数：COUNTIFS（统计区域1，条件1，统计区域2，条件2，……）。

以求出表2-12中数量超过20的产品的个数为例。这是一道单条件的计数业务题，选择任意一空白单元格，输入函数“=COUNTIF(C2:C12,">20")”，按回车键，显示结果为3。

图2-31是会员号为97485的顾客逛店记录，试求出该会员2018年1月20日至5月2日逛店的总次数，其中一个日期如果出现多次，在逛店次数中只能记为一次。

这是一道统计非重复数值数量的业务题。如图2-32所示，在单元格E2中输入公式“=1/COUNTIF($B$2:$B$11,B2)”，然后向下复制，再把E列数据汇总，得出总次数为7次。

也可直接在某空白单元格，设置数组公式“=SUM(1/COUNTIF(B2:B11,B2:B11)”，再按下“Ctrl+Shift+Enter”组合键，也可得出结果为7。

	A	B	C	D
1	会员ID	日期	款台	商品编码
2	97485	2018/1/20	T98	8m2825754
3	97485	2018/1/20	T98	8m2825754
4	97485	2018/9/28	T37	8m2525904
5	97485	2018/7/9	T23	8m2825904
6	97485	2018/7/9	T55	8m2825904
7	97485	2018/7/6	T38	8m2425904
8	97485	2018/5/28	T38	8m2825904
9	97485	2018/5/28	T36	8m2825904
10	97485	2018/5/4	T36	8m2125904
11	97485	2018/5/2	T37	8m2825904

图 2－31　会员号为 97485 的顾客逛店记录

E2　=1/COUNTIF($B$2:$B$11,B2)

	B	C	D	E	F	G
1	日期	款台	商品编码	次数		
2	2018/1/20	T98	8m2825754	1/2		
3	2018/1/20	T98	8m2825754	1/2		
4	2018/9/28	T37	8m2525904	1		
5	2018/7/9	T23	8m2825904	1/2		
6	2018/7/9	T55	8m2825904	1/2		
7	2018/7/6	T38	8m2425904	1		
8	2018/5/28	T38	8m2825904	1/2		
9	2018/5/4	T36	8m2125904	1		
10	2018/5/2	T37	8m2825904	1		
11	2018/5/28	T36	8m2825904	1/2		

图 2－32　统计函数练习示例

3. 其他统计函数

（1）普通均值：AVERAGE（平均值区域）。

（2）条件均值：AVERAGEIF（条件区域，条件，平均值区域）。

（3）求最大值函数：MAX（求值区域）。

（4）求最小值函数：MIN（求值区域）。

（5）排名函数：RANK（求值区域）。

（6）求排名第 K 位函数：LARGE（求值区域，排位）。

（7）求排名第 K 位函数：SMALL（求值区域，排位）。

（四）文本函数

在数据整理过程中，经常会涉及编码、名称、摘要等数据，需要从其中提取部分数据，或者把一列数据分成几列，类似这样的问题就涉及文本函数的知识。本部分内容主要介绍几个较常用的文本函数，具体如下：

（1）FIND（要找的字符串，文本字符串，起始位置），即查找指定字符的位置。

（2）LEFT（字符串，从左往右提取字符的个数），即从一个字符串的左侧抓取所需数据。

（3）RIGHT（字符串，从右往左提取字符的个数），即从一个字符串的右侧抓取所需数据。

（4）MID（字符串，字符串中间指定起始位置，往右提取的字符个数），即从一个字符串的中间抓取所需数据。

（5）TEXT（数值，格式代码），即把数值、日期转换成指定格式的文本。

例如："＝LEFT("数据分析教材",2)"，运行结果为"数据"。"＝RIGHT("数据分析教材",2)"，运行结果为"教材"。"＝MID("数据分析教材",3,1)"，运行结果为"分"。

TEXT 函数与 Excel 自定义数字格式功能类似，将单元格中的数值转换为按指定数字格式所表示的文本。它的基本语法非常简单，但参数规则变化多端，使用频率较高。

TEXT 函数实实在在地转换了单元格的表现形态，而自定义数字格式只是表现形式发生了变化，本质上还是数值，在后续的一些运算中不能按表现形式进行设置。

TEXT 函数常用于以下四种场景：指定位数填充、保留指定位数的小数及添加前缀或后缀、日期格式的转换、条件判断。

图 2－33 是通过 TEXT 函数把“序号”列设置为数字占位为 3 位的格式。

图 2－34 是通过 TEXT 函数把“收入”列设置为保持小数点后两位，且添加后缀“元”的格式。

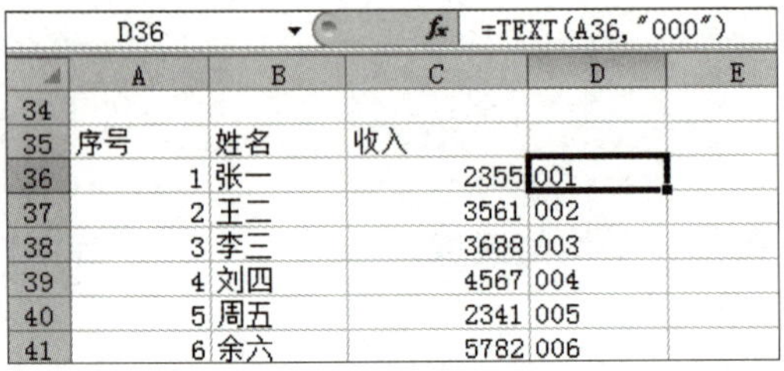

D36 =TEXT(A36,"000")

	A	B	C	D	E
34					
35	序号	姓名	收入		
36	1	张一	2355	001	
37	2	王二	3561	002	
38	3	李三	3688	003	
39	4	刘四	4567	004	
40	5	周五	2341	005	
41	6	余六	5782	006	

图 2－33　文本函数 1

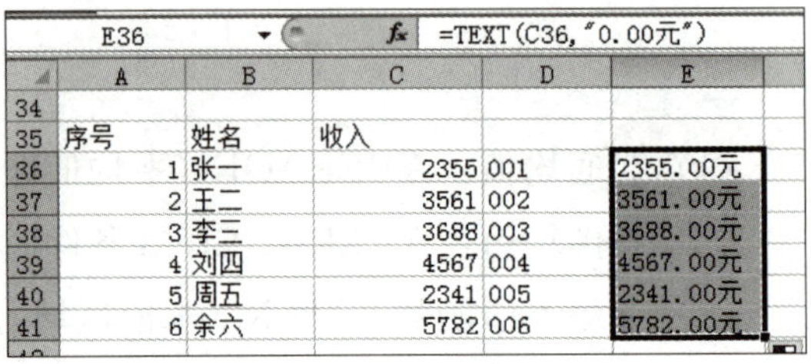

E36 =TEXT(C36,"0.00元")

	A	B	C	D	E
34					
35	序号	姓名	收入		
36	1	张一	2355	001	2355.00元
37	2	王二	3561	002	3561.00元
38	3	李三	3688	003	3688.00元
39	4	刘四	4567	004	4567.00元
40	5	周五	2341	005	2341.00元
41	6	余六	5782	006	5782.00元

图 2－34　文本函数 2

图 2－35 是通过 TEXT 函数进行条件判断，将“收入”列超过 3 000 元的人群定义为“高收入”，反之则为“低收入”。

TEXT 函数的条件格式代码为个 4 个区段，各区段之间用半角分号间隔，在默认情况下，这个四个区段的定义分别为“[>0];[<0];[=0];[文本]”。例如：如果在图 2－36 中的 D45 单元格输入函数“=TEXT(C45,"正常;欠费;零收入;下岗")”，就表示收入大于 0 的显示为“正常”，小于 0 显示为“欠费”，等于 0 则为“零收入”，文本仍显示为“下岗”。

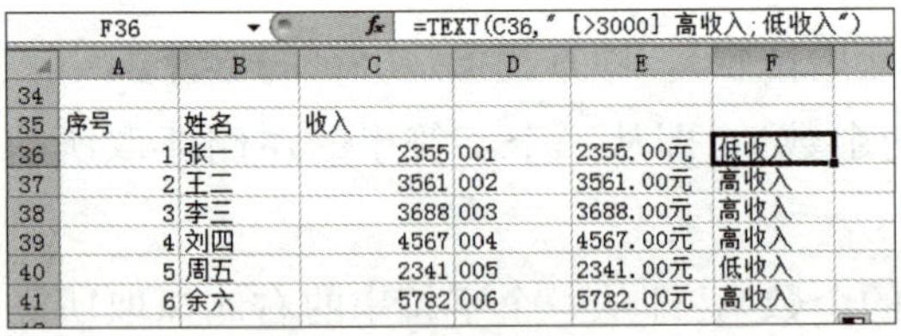

F36 =TEXT(C36," [>3000] 高收入;低收入")

	A	B	C	D	E	F
34						
35	序号	姓名	收入			
36	1	张一	2355	001	2355.00元	低收入
37	2	王二	3561	002	3561.00元	高收入
38	3	李三	3688	003	3688.00元	高收入
39	4	刘四	4567	004	4567.00元	高收入
40	5	周五	2341	005	2341.00元	低收入
41	6	余六	5782	006	5782.00元	高收入

图 2－35　文本函数 3

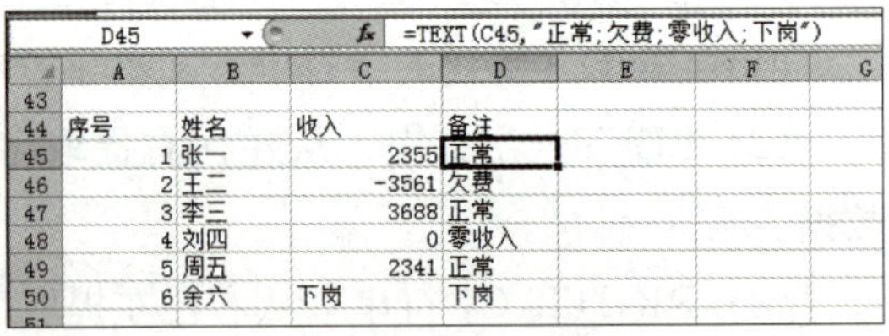

D45 =TEXT(C45,"正常;欠费;零收入;下岗")

	A	B	C	D	E	F	G
43							
44	序号	姓名	收入	备注			
45	1	张一	2355	正常			
46	2	王二	-3561	欠费			
47	3	李三	3688	正常			
48	4	刘四	0	零收入			
49	5	周五	2341	正常			
50	6	余六	下岗	下岗			

图 2－36　文本函数 4

在实际使用中，还可以根据需要省略 TEXT 函数第二参数的部分条件区段，条件含义也可以发生相应改变，自行设置，例如：

（1）四种条件段：“[自定义条件];[自定义条件];[不满足条件的其他部分];[文本]”。

（2）三种条件段：“[自定义条件];[自定义条件];[不满足条件的其他部分]”。

（3）两种条件段：“[自定义条件];[不满足条件的其他部分]”。

图 2－35 中“=TEXT(C36,"[>3000]高收入;低收入")”就是第三种自定义条件格式。这种格式的设置类似于前述 IF 函数嵌套和 VLOOKUP 函数模糊查找的效果。

例如：图 2－37 的“商品分类”数据是一串编码，其前两位数字归属商品大类的信息，即“40”“10”，新设一列，设置函数“＝LEFT(B2,2)”即可，然后拖拉填充柄，就可以把其所属的类别信息提取出来。

C2　=LEFT(B2,2)

	A	B	C	D	E
1	日期	商品分类	商品大类	分类名称	品牌编码
2	43096	110010104	11	蒸制	100986
3	43224	110010104	11	蒸制	100986
4	43203	110010104	11	蒸制	100986
5	43352	403010302	40	滋润露/润	17683
6	43352	403010302	40	滋润露/润	17683
7	43051	403010310	40	面膜/眼膜	17683
8	43046	403010306	40	眼霜	17683
9	43048	403010312	40	护肤套装	17683
10	43048	403010312	40	护肤套装	17683
11	43352	403010309	40	爽肤水/柔	17683
12	43207	101011004	10	洋葱	3622
13	43072	101011004	10	洋葱	3622
14	43078	101011004	10	洋葱	3622

图 2－37　文本函数 5

（五）日期函数

日期和时间是数据分析中较常用的分析指标，若要按照所设的时间口径准确地统计分析数据，就会涉及日期函数，本部分内容主要介绍下面几个常用的日期函数：

（1）YEAR（日期）——返回对应某个日期的年份。

（2）MONTH（日期）——返回对应某个日期的月份。

（3）WEEKDAY（日期）——以数字形式返回指定日期为星期几。

（4）TODAY（日期）——生成系统当前的日期。

（5）DATEDIF（开始日期，截止日期，格式代码）——用于计算两个日期之间的天数、月数或年数。最后一个参数的格式代码用“Y”表示整年数，“M”表示整月数，“D”表示日期段中的天数。

例如：图 2－38 为某单位员工的出生年月数据，试求出其当下的年龄，以及出生日期对应星期几。

所求年龄就是现在与出生年月之间的年份差，在单元格 D40 输入函数“＝DATEDIF(C40,TODAY(),"Y")”即可，再向下填充，即可求出所需数据，如图 2－39 所示。通过同样的方法，还可以计算员工的工龄、应收账款的账龄等。

	A	B	C	D	E
39	编号	姓名	出生年月	年龄	
40	001	王三	1976/10/4		
41	002	李四	1985/12/6		
42	003	余五	2002/2/3		
43	004	周六	1993/7/23		

图 2－38　日期函数 1

D40　=DATEDIF(C40,TODAY(),"Y")

	A	B	C	D	E	F
39	编号	姓名	出生年月	年龄	对应的星期数	
40	001	王三	1976/10/4	44	周一	
41	002	李四	1985/12/6	35	周五	
42	003	余五	2002/2/3	19	周日	
43	004	周六	1993/7/23	27	周五	

图 2－39　日期函数 2

在 E40 中输入公式“=WEEKDAY(C40)”，即求出其出生日期所对应星期几的数据。注意，这里需通过设置单元格格式调整显示模式。

任务实施

1. 将表 2-13 中的消费金额大于 5 000 元的顾客备注为“优质客户”，否则为空白。

表 2-13 IF 函数练习用数据 1

门店号	姓名	消费金额（元）	备注
1号	王一	4 990	
2号	周六	5 890	
2号	李四	5 200	
2号	李五	5 100	
1号	周车	6 000	
2号	余二	4 600	
3号	周一	5 000	
1号	周九	4 800	
2号	向三	6 200	
3号	周七	5 700	
2号	陆一	4 500	

2. 如表 2-14 所示，请根据某单位员工商品检测合格率的高低对其进行绩效扣分，具体规则为：合格率达 90%及以上，不扣分；达 80%及以上，扣 1 分；达 70%及以上，扣 2 分；70%以下，扣 3 分。

表 2-14 IF 函数练习用数据 2

姓名	检测合格率	扣分
张一	0.92	
王二	0.63	
李四	0.78	
赵三	0.88	
孔五	0.82	
陆七	0.74	

3. 表 2-15 记录了线上业务后台服务员的业务处理量，根据要求判断员工业务处理水平，当电话与邮件两项业务处理量合计大于 400 时，返回结果“好”；当邮件业务量大于 300 时，返回结果“好”；否则返回结果“一般”。

表 2-15　IF 函数练习用数据 3

姓名	电话处理量	邮件处理量	业务水平
李二	129	227	
王一	229	217	
周六	79	317	
李四	229	457	
李五	159	167	
周车	129	357	
余二	169	227	
周一	229	177	
周九	159	327	

4. 根据表 2-16 中职工性别和职务核算发放某特色产品的数量，其中男性 10 箱，女性 8 箱，如果职务是总经理或副总经理，再额外增加 3 箱。

表 2-16　IF 函数练习用数据 4

姓名	性别	职务	发放数量
王一	男	总经理	
周六	女	副总经理	
李四	男	销售经理	
李五	女	职员	
周车	女	销售经理	
余二	男	职员	
周一	女	财务经理	
周九	男	职员	
向三	男	职员	
向四	男	职员	

5. 某单位员工的工资如表 2-17 所示，试根据该表数据，完成表 2-18 实发合计数据的填充。

表 2-17　VLOOKUP 函数练习用数据 1

姓名	部门	基本工资（元）	补贴（元）	个税（元）	实发合计（元）
刘一	人事部	6 297	213	432	6 078
张二	销售部	5 628	432	545.2	5 514.8

续表

姓名	部门	基本工资（元）	补贴（元）	个税（元）	实发合计（元）
赵三	财务部	3 290	76	232	3 134
黄四	办公室	5 733	233	214	5 752
关五	销售部	3 980	766	654	4 092
马六	业务部	7 686	987	1 343	7 330

表 2-18　VLOOKUP 函数练习用数据 2

姓名	银行账号	实发合计（元）
马六	20765655943620	
关五	20565436543621	
黄四	20594963533622	
赵三	20594346522623	
刘一	20598732533624	
张二	20098243243625	

6. 试设置函数，在表 2-19 查询界面中，输入表 2-17 中的员工姓名，即可查出其工资详细情况。

表 2-19　VLOOKUP 函数练习用数据 3

姓名	部门	基本工资（元）	补贴（元）	个税（元）	实发合计（元）

7. 试用 IF 函数与 VLOOKUP 函数两种方法完成表 2-20 中返利数据的计算。具体要求如下：根据不同返利比计算返利金额，总金额小于或等于 2 000 元时，返利比为 5%；总金额大于 2 000 元、小于或等于 3 000 元时，返利比为 8%；总金额大于 3 000 元、小于或等于 4 000 元时，返利比为 10%；总金额大于 4 000 元时，返利比为 12%。

表 2-20　VLOOKUP 函数练习用数据 4

编号	产品名称	单价（元）	数量	总金额（元）	返利（元）
1	气质风衣	120	15	1 800.00	
2	长款大衣	427	2	854.00	
3	毛外套	378	8	3 024.00	
4	冬裙	307	3	921.00	
5	花袖外套	77	60	4 620.00	
6	三件套	178	23	4 094.00	
7	牛仔裤	118	15	1 770.00	

续表

编号	产品名称	单价（元）	数量	总金额（元）	返利（元）
8	短羽绒服	355	10	3 550.00	
9	毛衣	108	22	2 376.00	
10	毛短裙	167	15	2 505.00	
11	普通风衣	127	12	1 524.00	

8. 某连锁服装店部分销售数据如表 2-21 所示，试根据要求统计相关数据：

（1）总店的销售金额。

（2）3 月张三的销售金额

（3）毛衣、裙子的销售金额。

（4）总店 3 月的交易记录数。

表 2-21　统计函数练习用数据

日期	名称	店面	销售员	数量	单价（元）	金额（元）
2015/2/2	毛衣	总店	张三	6	200	1 200
2015/2/12	男式衬衫	三分店	张三	5	201	1 005
2015/3/5	真丝围巾	二分店	周六	2	202	404
2015/3/6	格子裙	总店	王五	4	203	812
2015/3/7	男式毛衣	总店	张三	1	204	204
2015/3/8	衬衫	二分店	李四	8	205	1 640
2015/3/9	毛衣	总店	王五	5	206	1 030
2015/3/10	长裙	一分店	李四	9	207	1 863
2015/3/11	女式毛衣	二分店	张三	6	208	1 248
2015/3/12	衬衫	一分店	李四	6	209	1 254
2015/3/13	格子裙	总店	赵七	4	210	840
2015/3/14	长裙	二分店	周六	5	211	1 055
2015/3/15	女式毛衣	总店	张三	21	200	4 200
2015/4/16	女式衬衫	三分店	李四	1	213	213
2015/4/17	长裙	二分店	王五	5	214	1 070
2015/4/18	真丝围巾	总店	赵七	2	215	430
2015/4/19	围巾	一分店	张三	4	216	864
2015/4/20	男式衬衫	二分店	李四	5	217	1 085
2015/4/21	围巾	总店	王五	8	218	1 744
2015/4/22	短裙	二分店	周六	7	219	1 533
2015/4/23	女式毛衣	二分店	张三	8	220	1 760

9. 表 2-22 和表 2-23 分别为某企业各项设备的维修工时和机器工时的记录单。由于工作疏忽，有些设备只有维修工时，没有机器工时；有些设备只有机器工时，而没有维修工时。请想办法找出数据存在缺失的设备名称。要求：利用所学知识快速完成任务，把符合题意的设备名称在表格中标注出来（打“√”即可），试用三种方法进行解答。

表 2-22 综合练习用数据 1

序号	设备名称	维修工时
1	固定资产 3	122.5
2	固定资产 4	49
3	固定资产 5	160.5
4	固定资产 6	138.5
5	固定资产 7	76
6	固定资产 8	106.5
7	固定资产 9	124
8	固定资产 10	143
9	固定资产 11	50.5
10	固定资产 12	45.5
11	固定资产 13	160
12	固定资产 14	101
13	固定资产 15	129
14	固定资产 16	80
15	固定资产 17	168
16	固定资产 18	138
17	固定资产 1	113.5
18	固定资产 2	69

表 2-23 综合练习用数据 2

序号	设备名称	机器工时
1	固定资产 2	1 995.4
2	固定资产 3	6 907.9
3	固定资产 73	1 828
4	固定资产 53	5 164.7
5	固定资产 77	8 134.5
6	固定资产 78	7 609.2
7	固定资产 5	7 941.4
8	固定资产 6	8 399.5

续表

序号	设备名称	机器工时
9	固定资产 8	6 038.8
10	固定资产 9	3 559.5
11	固定资产 13	2 035.4
12	固定资产 14	8 446.8
13	固定资产 15	6 482.5
14	固定资产 17	4 512.9
15	固定资产 18	6 068.1
16	固定资产 20	8 767.4
17	固定资产 21	6 123.1
18	固定资产 22	6 220.6

二维码 2

项目二　教学用数据表格

项目三 数据的显示——图表制作

项目导入

字不如表，表不如图，图表因其直观的形象、放大数据的特征、反映数据内在的规律等特点，成为数据分析与展现的利器。毫不夸张地说，图表能让数据“开口说话”，激发读者潜意识，从而挖掘深层的业务信息。但不同类型的图表显示数据的内在特征具有较大的区别，不同类型图表的侧重点各有千秋，只有使用恰当的图表，才能达到事半功倍的效果，学会画图，数图结合，使数据分析工作走上更高的台阶。

项目目标

1. 认识并熟练设置图表元素格式。
2. 理解常见图表的显示特征。
3. 根据数据特点合理选择图表。
4. 快速创建几类复合图表。

任务1 图表元素的合理显示

任务意义

为了进一步显示数据特征，分析人员经常调用Excel插入图表的功能，但此时的图表特征不一定能满足数据分析需求，因为它只按Excel系统的初始设置状态编排，分析人员还得重新设置或编辑图表元素，如根据需要，将图表元素移到图表中的其他位置、调整图表元素的大小或者更改格式，还可以根据实际需求删除不需要的图表元素等。一张 Excel 图表包含大量的图表元素，如要按照需求充分显示数据特征，就需要掌握常用图表元素的设置和编辑技能。

任务准备

一张图表包含标题、数据标签、图例、坐标轴、数据系列等许多元素。在默认情况下，Excel 会显示其中一部分元素，其他元素可以根据需要添加或设置。图表格式设置频率较高的元素通常有 8 个：图表区、绘图区、数据系列（图形区）、数据标签、坐标轴、网格线、图表标题、图例。具体可以点击相关区域，单击右键调出快捷菜单进行设置，也可以点击图表右侧“+”，进行各类个性化设置（2016 版及以上有此功能）。下面对它们的设置功能分别进行介绍。

一、图表区

图表区就是创建图表后所生成的图表容器，与图表相关的其他元素都包含在这个范围之内。通过这个区域，可以整体复制图表。图表区的格式设置主要是背景颜色和边框颜色的调整。

点击相关数据，插入簇状柱形图，如图 3－1 所示，在图表上方区域的空白地方，单击右键调出快捷菜单，选择“设置图表区域格式”命令，如图 3－2 所示。在弹出的“设置图表区格式”对话框中，可分别按需设置底色填充、边框颜色或样式等，最后点击“关闭”按钮即可，如图 3－3 所示。

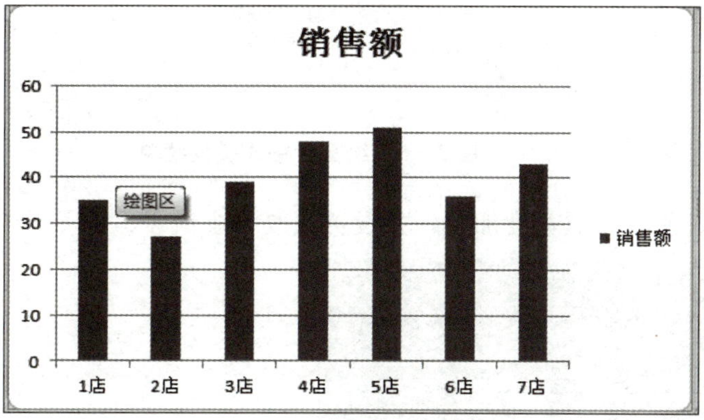

图 3－1　销售数据柱形图

图 3－2　“设置图表区域格式”位置

在图 3－4 中，图表区填充为浅绿色，边框宽度加粗，并设置为复合虚线。

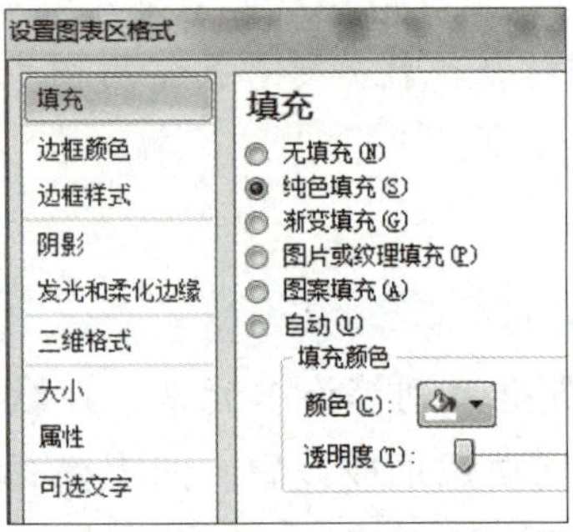

图 3-3 “设置图表区格式”菜单

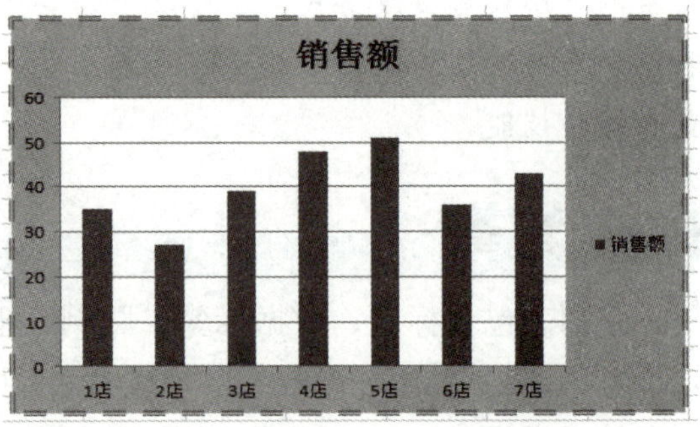

图 3-4 图表区域格式设置结果

二、绘图区

绘图区是图表中放置数据系列的区域，也是以坐标轴为边的长方形区域。绘图区可以设置填充色、边框的颜色及样式等。

点击图表中间空白区域，单击右键调出快捷菜单，选择“设置绘图区格式”命令，如图 3-5 所示。在弹出的“设置绘图区格式”对话框中，可分别按需设置底色填充、边框颜色或样式等，最后点击“关闭”按钮即可，如图 3-6 所示。

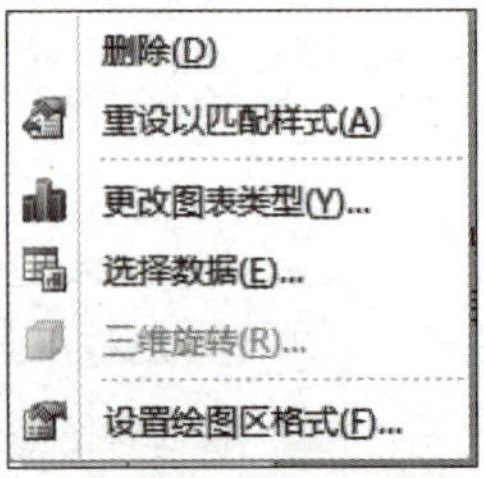

图 3-5 “设置绘图区格式”位置

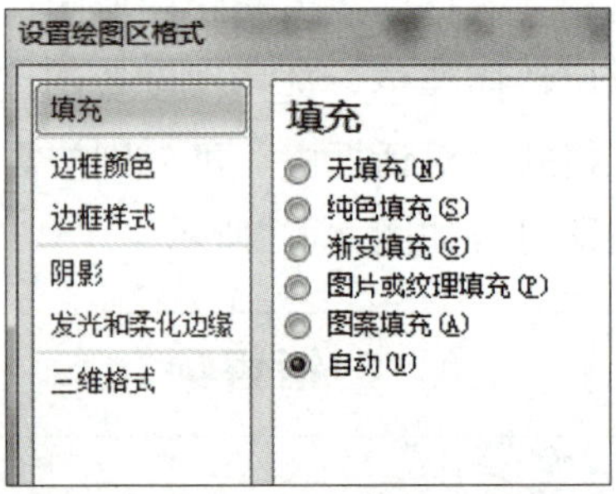

图 3-6 绘图区格式设置菜单

在图 3-7 中，绘图区填充为浅灰色，边框宽度加粗，并设置为复合虚线。

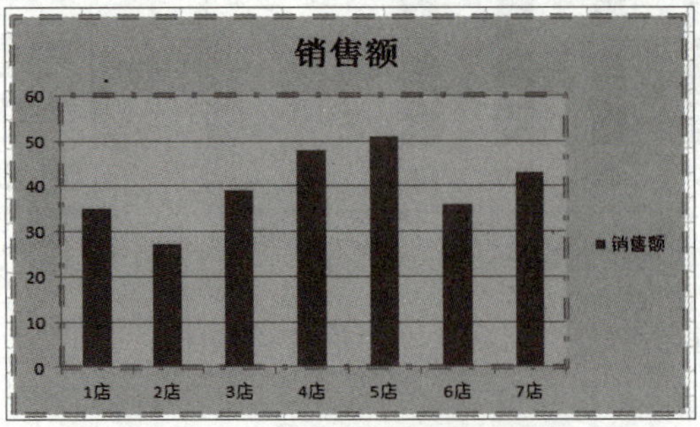

图 3-7 绘图区格式设置结果

三、数据系列（图形区）

用来生成图表的一组数据就是一个“系列”，如果有多组数据就有多个系列。例如：前面的销售额柱形图就只有一个数据系列，如果再出现对应的毛利率数据，则有两个数据系列。

数据系列也称为“图形区”，特指某个系列的具体图形，对于柱形图就是具体的矩形柱条，对于折线图就是具体的线条，对于饼图就是具体的扇区，它们是一张 Excel 图表的显示主体。

用鼠标首次单击某个图形，可同时选中所有图表，再次单击，就是选中这里面的单个图形。被选中后，图形边缘会出现空心圆点，仔细观察不同单击方式下的空心圆点，很容易区分上述两种不同选中方式的区别。

数据系列格式设置（即图形区格式设置）包含图形间距的扩大或缩小、图形底色的填充、图形边框的设置、次坐标设置等内容。如图 3-8 所示，柱条间距太大，影响图表整体美观。单击任意柱条，右击调出快捷菜单，选择“设置数据系列格式”命令，如图 3-9 所示。在弹出的“设置数据系列格式”对话框中，把“分类间距”下的滑标向左移动，移动到合适位置后，点击“关闭”按钮即可，如图 3-10 所示。运行结果如图 3-11 所示。

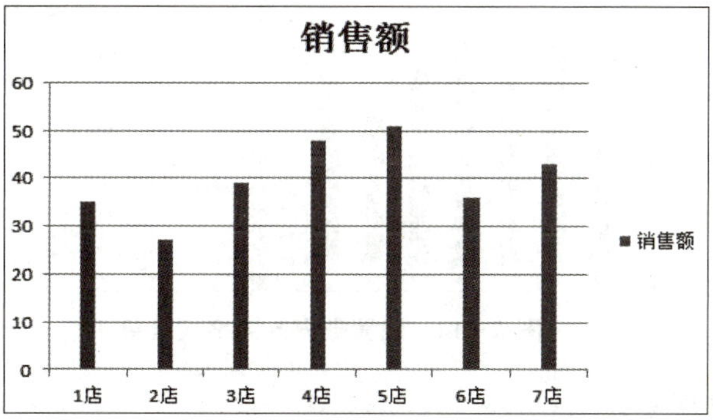

图 3-8　销售数据初始柱状图

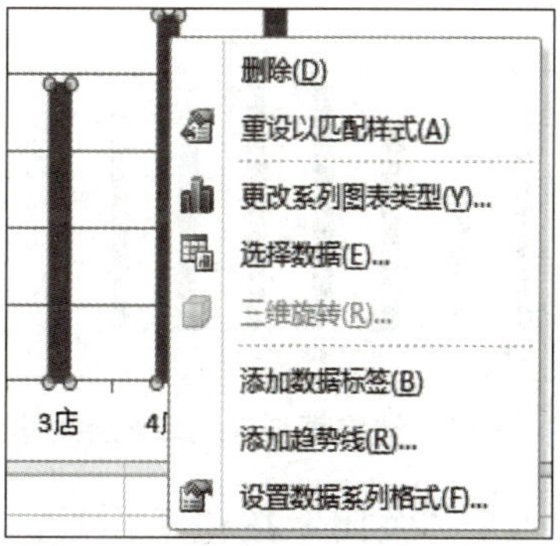

图 3-9　设置数据系列格式位置

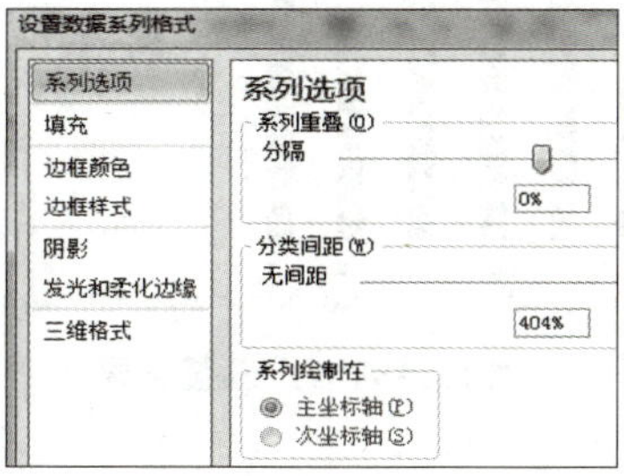

图 3-10　设置数据系列格式菜单 1

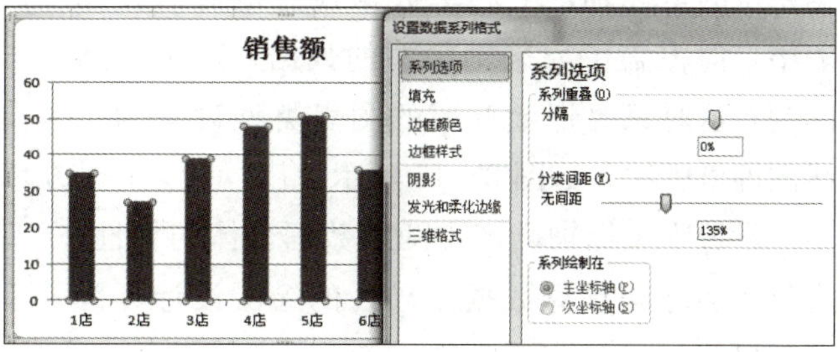

图 3-11　设置数据系列格式菜单 2

还可以把柱条底色设置为“无填充”，突出边框的特征，如设置边框颜色为红色，再对边框样式中的宽度、线型等进行设置，如图 3－12 所示。

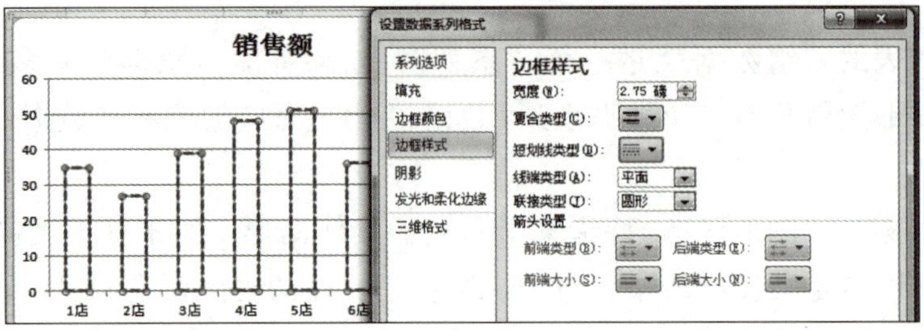

图 3－12　设置数据系列格式菜单 3

如果出现多个数据系列，而其中某数据的单位口径与其他数据口径差异较大，如一个是单位为千的数值数据，另一个是单位为百分比的比率数据时，为了在同一个图表中更好地显示百分比数据，还需要启动次坐标的设置。

例如：图 3－13 所示的图表为 7 个门店的销售额及毛利率数据，如果不为毛利率设置次坐标，这部分数据的状态在图表上则无法直观、全面地得到反映。相关设置步骤与前述相同，首先点击毛利率柱条（如果柱条太小，也可以点击毛利率的图例），右击鼠标调出“设置数据系列格式”命令，在对话框的最下面，选择“次坐标轴”命令即可，如图 3－14 所示。

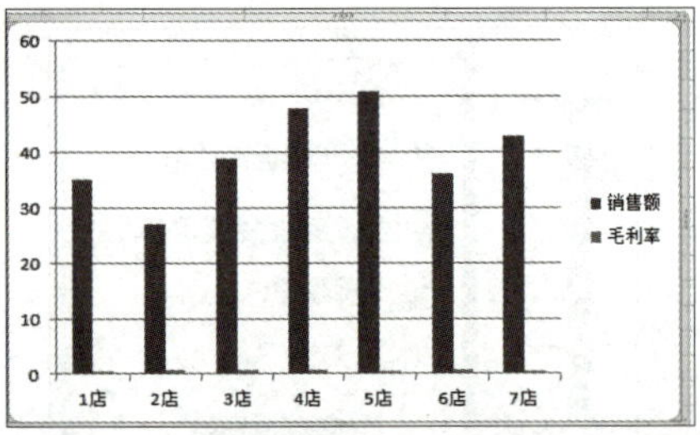

图 3－13　销售额与毛利率初始柱状图

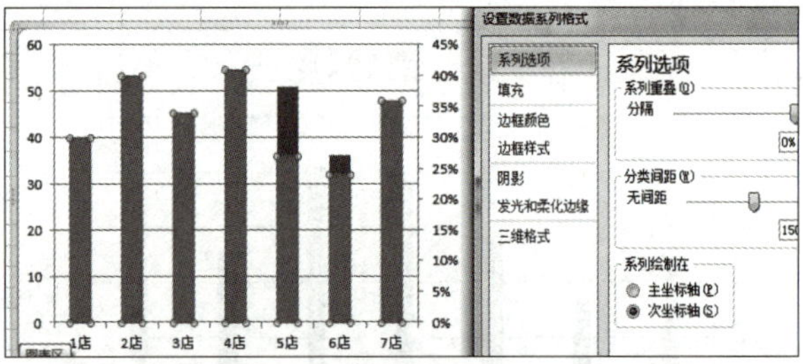

图 3－14　设置数据系列格式菜单 4

点击“关闭”按钮退出后，可发现系统在绘图区的右侧，专门为毛利率设置了百分比数据单位的坐标轴，毛利率数据强势地显示在图表中，但覆盖了原来销售额的数据，产生了新问题，这时只要把毛利率的图表类型设置为折线图即可解决，如图 3－15 所示。

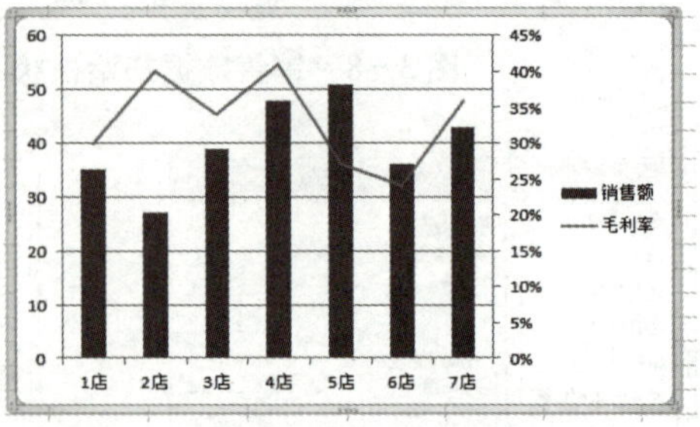

图 3－15　数据系列格式设置结果

设置次坐标轴会产生两组数据合体的特性，为显示实际与预算数据差异性的绘图设计开辟了新思路。

四、数据标签

数据标签就是在数据系列（图形区）上直接标识每个数据点类别或数据值大小的文本框，以更精确地显示相关信息。

由于图表数据的特征不同，因此数据标签在类型、摆放位置及文本格式这几个显示状态上会有所不同。其中，数据标签类型包含系列名称、类别名称和数据值等可选信息。

数据标签摆放位置分为数据系列（图形区）的内侧/居中/外侧等。系统还可以为数据标签进行自定义的数字格式或文本格式设置。同理，标签区域的填充或边框设置也和前述几项设置类似。

数据标签的总体设置包括标签的添加和设置两步。首先，点击图表右上角的“+”，调出图表元素设置菜单，点击“数据标签”项，如图 3－16 所示，系统自动添加初始状态的数据标签。假如对此标签位置不满意，再点击右侧菜单的其他选项，或者点击“更多选项”，调出设置数据标签格式命令，进行其他个性化的设置，如图 3－17 所示。

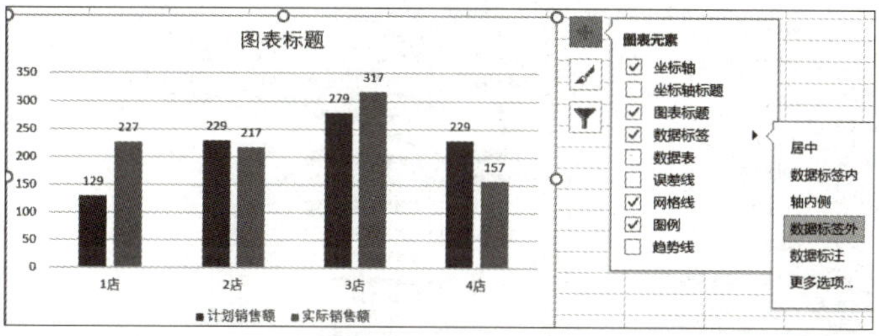

图 3－16 数据标签添加位置及结果

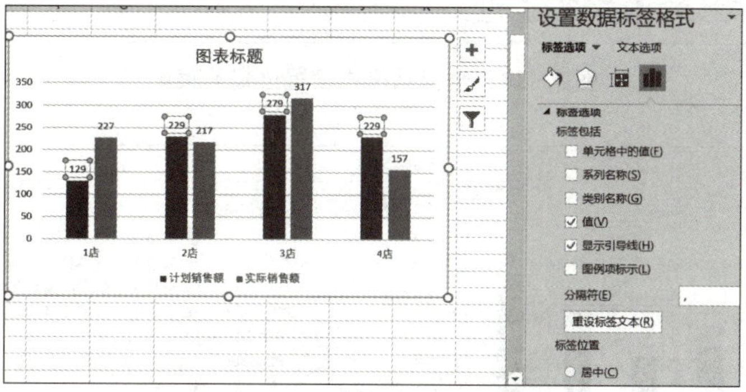

图 3－17 数据标签格式设置菜单

五、坐标轴

坐标轴是图表中用来标识 X/Y 坐标轴的轴线。根据方向，可分为纵坐标轴和横坐标轴；根据设置顺序，可分为主坐标轴和次坐标轴。

坐标轴的设置内容包括以下几个方面：轴刻度值的最大值、最小值调整（可拉伸或缩小图形），轴刻度值的显示单位调整（百/千/万），轴刻度值正常摆放或者逆序摆放（可调整图形方向）；坐标轴的刻度线型是否隐藏或内外显示；等等。另外，坐标轴标签是坐标轴上用来标识刻度或数据类别的文本框，区别于前面的数据标签，可以选择是否隐藏，位置摆放可远可近，区域颜色可进行格式设置。根据需要，坐标轴标签还可删除，需要注意的是，隐藏和删除不是同一回事。坐标轴线并不总是和绘图区域的边框位置重叠，通过设置坐标交叉位置或坐标数值范围，可以改变坐标轴的位置。

在图 3－17 中，因为添加了数据标签，所以可以隐藏纵坐标轴。点击纵坐标轴，右键调出快捷菜单，点击设置坐标轴格式命令，如图 3－18 所示，进入“设置坐标轴格式”对话框，在“坐标轴标签”选项里，选择“无”，纵坐标标签即消失，但轴线还存在，如图 3－19 所示。如果调用图表工具布局命令，则点击纵坐标轴，选择纵坐标轴下的“无”命令，纵坐标即全部消失，如图 3－20 所示。

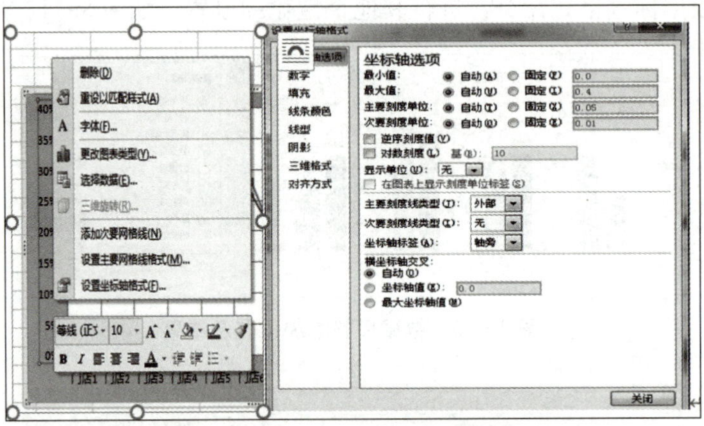

图 3－18　坐标轴格式设置位置及菜单

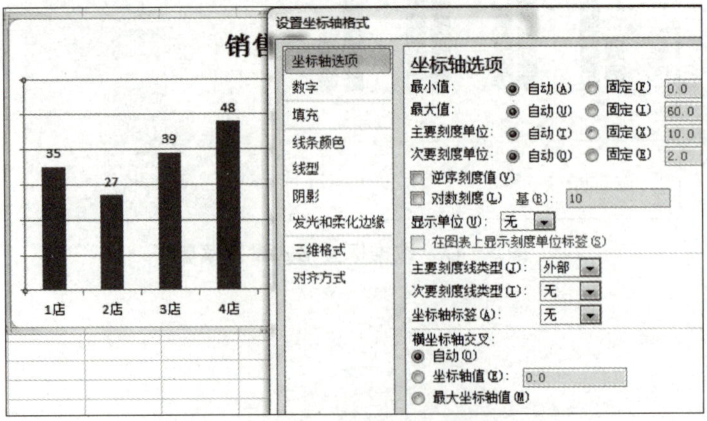

图 3－19　坐标轴格式设置菜单项

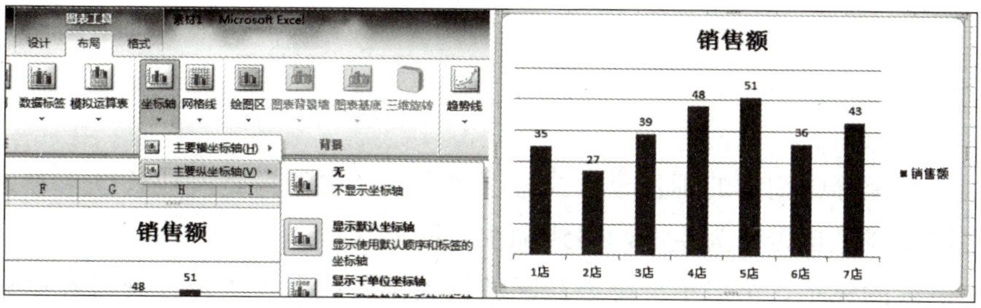

图 3-20　坐标轴显示状态设置及结果

若把上图的纵坐标最大值设置为 100，则整个图表的显示位置下移；反之，则上移。据此可观察刻度值调整对图表显示效果的影响，如图 3-21 和图 3-22 所示。

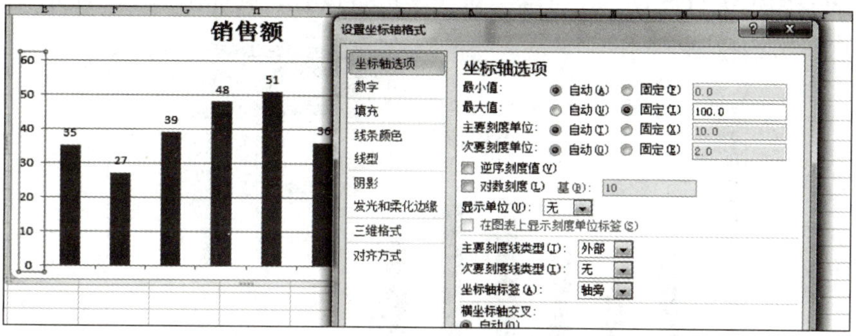

图 3-21　坐标轴刻度调整位置

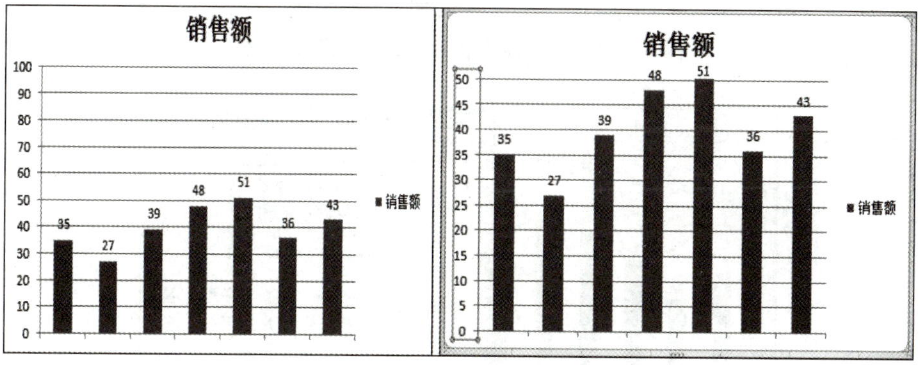

图 3-22　坐标轴刻度单位调整前后图形比对

思考

坐标轴上的刻度大小设置有“最大值”和“最小值”两类，且每类中包含“自动”和“固定”两个选项。一般系统默认为“自动”选项，其“最小值”始于 0，系统根据数据源自动设置“最大值”。“固定”选项则是操作人员根据需要，重新设置新的“最大值”或“最小值”数据。如图 3-22 所示，通过重新设置轴坐标的“最大值”，可以改变图形的直观样式。是否还有其他设置，可以改变图形的直观样式？

六、网格线

网格线就是坐标轴刻度的延长显示线，以整个绘图区域为宽度或长度。它分为垂直网格线和水平网格线，也可分为主要网格线和次要网格线。

通过网格线的标示，可以更准确地判断数据大小，或者作为衬托展现数据幅度。图表是否添加网格线，以及添加什么样的网格线，取决于图表数据项目的需求，可按需设置。

点击图表中的网格线，调出快捷菜单，选择“设置主要网格线格式”命令，进入对话框，在“线条颜色”下选择“无线条”，网格线即消失，如图 3－23 所示。如果点击“实线”，可对线条颜色进行设置。还可继续对线型进行设置，则如图 3－24 所示。

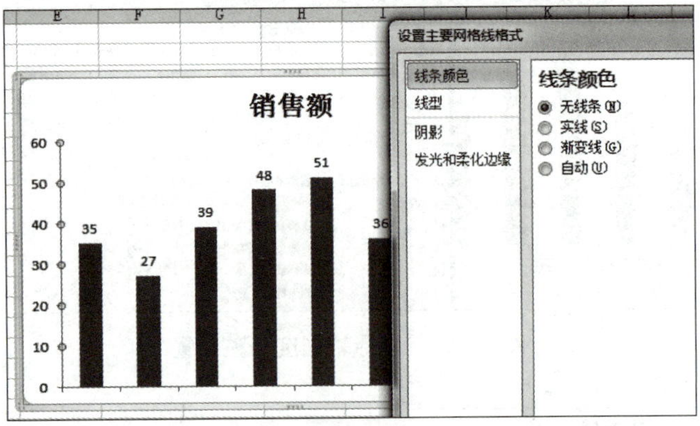

图 3－23　网络线设置为“无线条”的状态

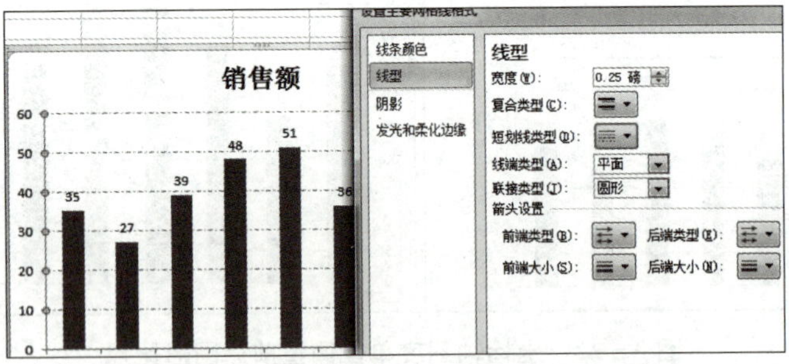

图 3－24　网络线设置为虚线且为彩色的状态

七、图表标题

图表标题用来说明图表数据的主旨内容，一般而言，标题不可或缺，但显示图表标题的文本框的摆放位置可调整。当图表标题覆盖了图形区域时，须通过拖拉绘图区的边框位置，进行适当调整，如果图表标题字数少，一般摆放在绘图区的正中间；如果图表标题字数多，则放置于图表区的左侧。点击图表右上角的“+”，调出标题的相关设置即可操作，如图 3 - 25 所示。

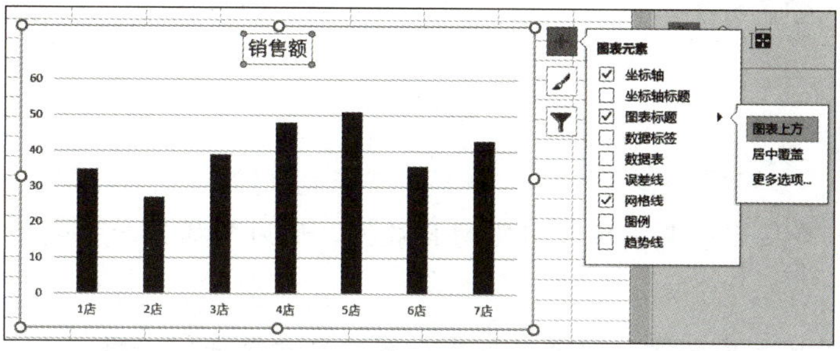

图 3 - 25　图表标题位置调整

八、图例

图例是显示数据系列的具体样式（如填充色、边框色、线条色、效果等）和对应系列名称的示例。图例的摆放位置可随意调整，摆放顺序可以是横向或纵向，形状大小则可通过字体大小来调整，如图 3 - 26 所示。如果图表使用数据标签等方式能清楚准确地说明数据项，则可以删除图例，如图 3 - 27 所示。

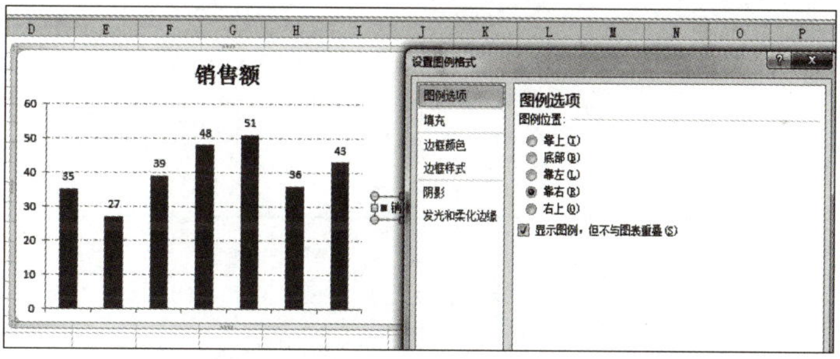

图 3 - 26　图例格式设置菜单

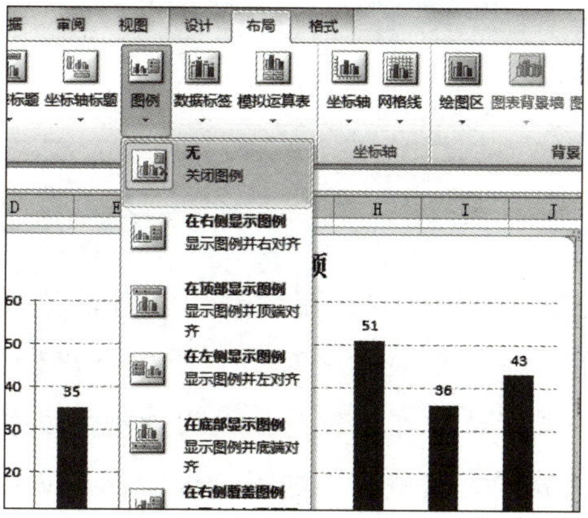

图 3 - 27　图例删除或位置调整

在合理安排图表各元素时，下面几条原则应该谨记：(1) 不需要的网格线和边框尽量删除。(2) 背景填充色尽量淡化或去掉。(3) 删除多余的图例。(4) 删除多余的坐标轴。(5) 去除无意义的颜色分类。(6) 尽量做到图面简洁、信息充分、主题突出。

任务实施

表 3-1 为 A 商品 6 年来销售额同比增长数据，试为其插入两张带数据标记的折线图。要求：

(1) 第一张图只要简单插入即可，不要对图表元素做任何编辑。

(2) 第二张图把纵坐标轴的最小值改成 0.18，且纵坐标轴的标签显示为"无"，并添加数据标签，且数据标签位置为"靠上"。

(3) 仔细观察两图在展示同一组数据时所产生的视觉差异。

表 3-1　商品销售额同比增长率

时间	A 商品销售额同比增长率
2015 年	19.00%
2016 年	19.80%
2017 年	20.35%
2018 年	21.46%
2019 年	22.00%
2020 年	22.28%

任务 2　几种常见图表的介绍

任务意义

Excel 提供的图表有很多种，但决定采用何种图表时，必须清楚每一种图表的特点是什么，以及相关分析数据的特征与图表的表现力能否吻合，如要通过插图体现数量差异、通过差异寻求原因及结果，或者认识在一定时间段内数据的发展趋势、认识局部与整体的关系，或者正确区分各组成数据的作用及影响等，这些都建立在我们对相关图表的表现力有一定的认识基础上。

任务准备

尽管我们见到的数据图表种类繁多，但基本类型只有柱形图、条形图、折线图、饼图等。

一、柱形图

柱形图使用柱条高度表示数据变量值的大小，用来反映分类项目之间的比较，如图 3－28 所示。柱形图可以用来反映时间趋势，但其与折线图的意义不同，柱形图重在展现数量在时间上的差异，而不是趋势的整体状态。

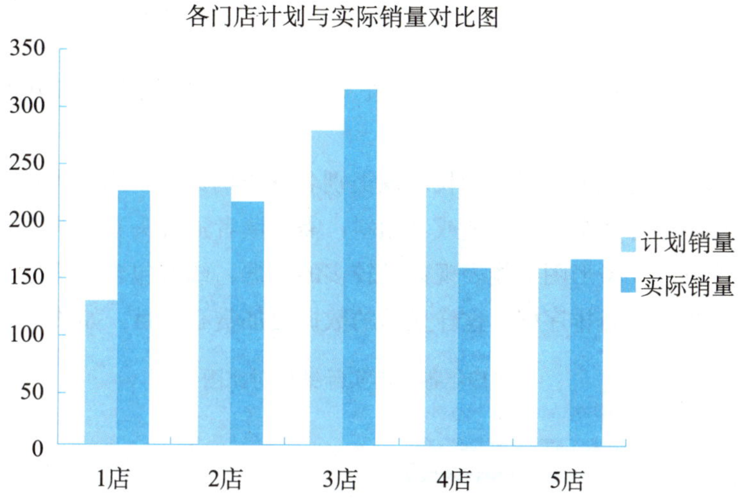

图 3－28 柱形图展现差异化

根据需求，柱形图的表现形态还有堆积柱形图（如图 3－29 所示）和百分比堆积柱形图（如图 3－30 所示）。前者通过数据叠加，可展现数据总量对比的价值；后者展现的每根柱条高度一样，突出展现各个叠加部分在总量中的占比。

单个主体的百分比构成情况适合用后面将介绍的饼图，如果同时展现多个主体的百分比构成情况，则选用堆积柱形图。

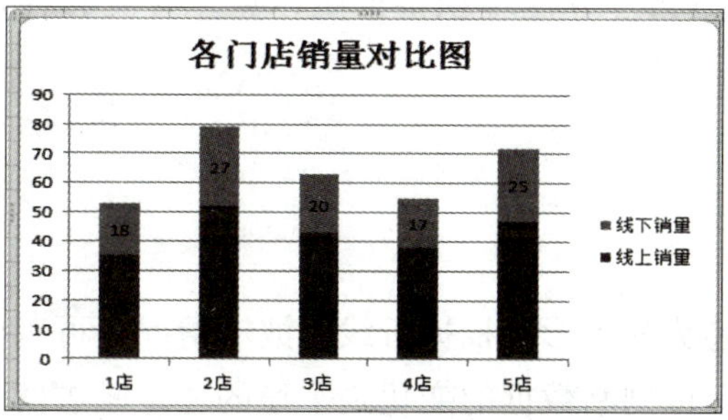

图 3－29 堆积柱形图

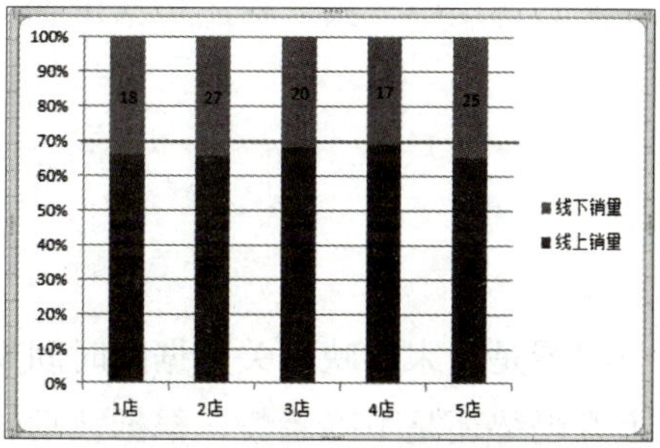

图 3－30 百分比堆积柱形图

小贴士

在实际运用中，如果创建柱形图的数据源是两列数据，如第一列是序号数“1，2，3，4，5”，第二列是序号数对应的销量“100，200，350，450，560”，我们本想把第一列数据作为横轴显示，第二列数据作为纵轴显示，即创建一组柱形图，但 Excel 系统会认为当前想要创建两组柱形图，把两列数据都展示为柱形。这时只需把第一列数据的分类名称清除，保持空白状态就可以实现任务，或者通过选择数据源，把第一列数据编辑为轴标签也能完成任务。

二、条形图

条形图是使用条形宽度来表示数据变量值大小的图表，常用来反映分类项目之间的比较或数据构成情况。

条形图与柱形图十分相似，但更擅长表现类别名称长的数据，当分类项目的标签文本比较长的时候，柱形图的标签会出现重叠或者倾斜，需要读者歪着头看，这时使用条形图则可以很好地解决这个问题。条形图更能表现数量较多的数据，或者包含正负数的数据，但在生成条形图之前，数据要尽量排序好，这样显示的数据更加赏心悦目，如图 3－31 所示。

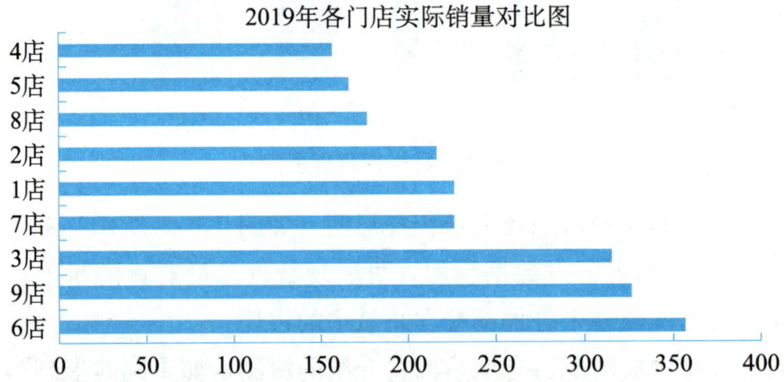

图 3－31　排序后的条形图

在实际运用中，条形图还包括堆积条形图和百分比堆积条形图，具体含义和柱形图相同。

三、折线图

折线图是用来反映相关数据随时间变化趋势的图形。根据折线的波动情况，可观察数据是上升趋势还是下降趋势；根据波动幅度，可判断数据的变化是平稳的还是激进的；根据折线的转折点，能轻松找出最高点与最低点，如图 3－32 所示。

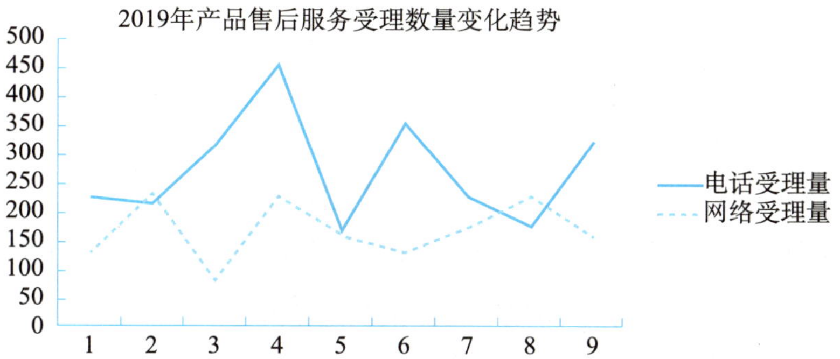

图 3-32　波动趋势明显的折线图

根据需求，折线图还有堆积折线图、百分比堆积折线图、带数据标记的折线图等表现方式。

小贴士

折线图的横轴只能是时间，只有这样才能展现趋势的形成过程，如果换成地点、城市等项目名称，则缺乏实际意义。折线图的条数不能太多，否则就会杂乱无章，失去了趋势的分析价值。

柱形图和折线图都可以表示时间序列的趋势，柱形图更强调各数据点的值及其之间的差异，更适于表现离散型的时间序列。折线图更强调起伏变化的趋势印象，更适合于表现连续型的时间序列。带数据点的折线图则同时具备二者的特点。当数据点较少时，可以使用柱形图；当数据点较多时，建议使用折线图。

柱形图和折线图都可以表示时间序列的趋势，一般而言，折线图应用得更多，但在大型会议室演示时，坐在后排的人很可能无法看清折线图的线条，而柱形图则更易让人看清楚。

思考

在绘制图表的过程中，既需要柱形图展示源数据的差异状况，还需要同步添加折线图展示源数据的趋势状况（如图 3-33 所示），请问应如何实现？

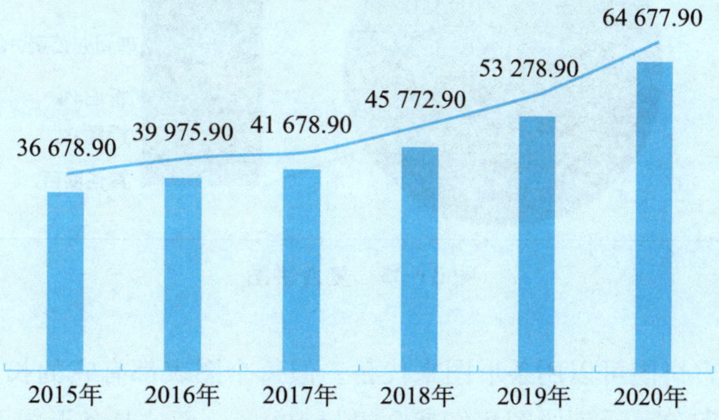

图 3-33　柱线复合图

四、饼图

饼图通过对一个圆形面积的划分，显示各项数据占总量大小的比例，用来反映构成状态，即部分占总体的比例，如图 3－34 所示。饼图主要分为普通饼图、圆环图和复合饼图。

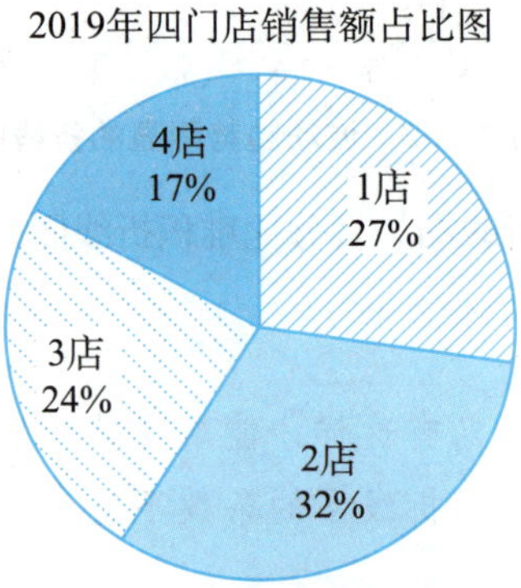

图 3－34　普通饼图

小贴士

在生成饼图之前，数据应合理排序，这样可使得最大占比的数据优先排在正下方；项目不要过多，控制在 5 项之内，否则图形显示效果差，如果图表的数据超过 5 项，应该选择使用复合饼图，如图 3－35 所示。

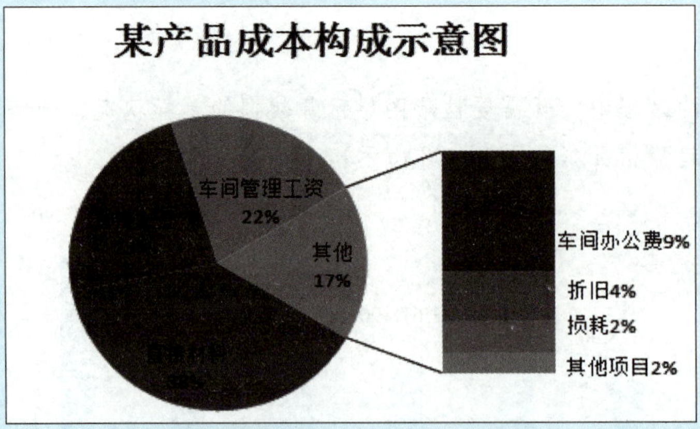

图 3－35　复合饼图

在很多情况下，饼图可以用条形图来代替。但每个图表都有它的长处，饼图会给我们一种整体和构成的印象，看到饼图我们就会想起 100%，而这是条形图无法实现的。

知识拓展

散点图、气泡图和雷达图

在实际操作中，如果分析两个变量数据的相关性或分布情况，可选择散点图；分析3个变量之间的关系，则可选择气泡图，即在散点图的基础上，利用气泡的大小，又增加了一个表现力度，从而实现了三个维度的展现。

如果表达多个元素对相关事件的影响力度，则可选择雷达图。雷达图常用于对多项数据进行数值上的对比及整体情况的全面分析。雷达图中的每类数据都有独立的坐标轴，各轴由图表中心向外辐射，形似雷达。图 3－36 即为显示一家企业各项综合能力的雷达图。

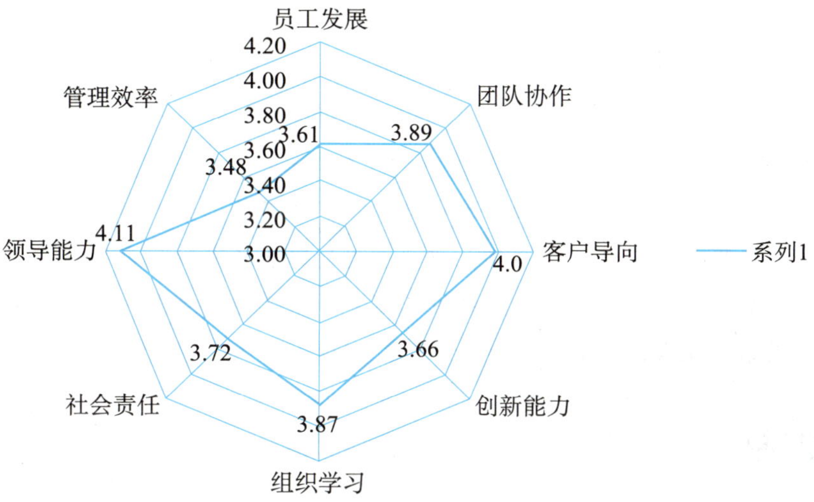

图 3－36　雷达图

任务实施

表 3－2 为某童装批发店各个童装品类的销售数据，分别为其插入柱形图与条形图进行展示，并对图表元素进行适当编辑（观察两种图表展示效果的差异，插图前注意排序）。

表 3－2　2018 年某店童装童鞋销售数据

品名	销售额（万元）
儿童演出服	366
儿童泳装	137
儿童礼服	129
校服/校服定制	383

续表

品名	销售额（万元）
儿童户外服	45
儿童旗袍/唐装/民族服装	41
舞蹈鞋	34

任务3 常用图表制作

任务意义

在实际制作过程中，不仅需要结合数据特征选择合适的图表，还需要对图表元素进行合理的编辑。为了更好地表现数据内涵，有些图表还需要导入辅助数据，以便制作更生动的图表轨迹。要想恰到好处地表达数据特征，需要不断模仿和学习，在平常接触各类信息时，应多关注所插入图表的意义。

任务准备

一、模拟作图

（一）普通作图

（1）根据表 3-3 所提供的数据，制作一幅和图 3-37 一样的图。

表 3-3 作图数据 1

店铺名	利润增长率
2 店	80%
1 店	65%
7 店	57%
5 店	50%
3 店	47%
6 店	40%
4 店	31%

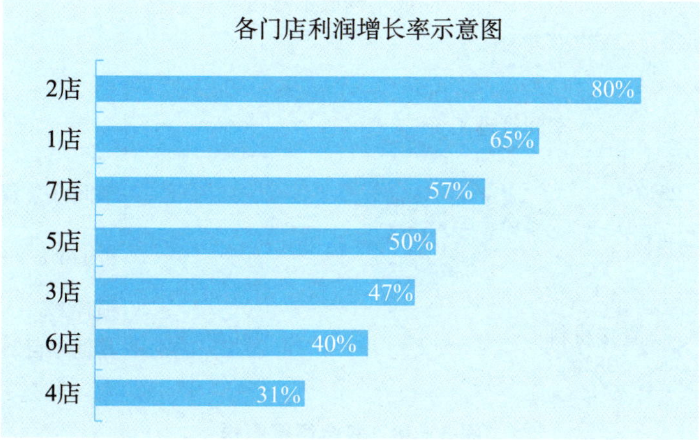

图 3-37 条形图图样

具体作图步骤如下：

第一步，对表格数据排序（升序）。

第二步，插入簇状条形图。

第三步，设置横条底色为绿色，调整图表间距为适当位置。

第四步，插入数据标签，调整数据标签位置为内侧，标签字体颜色为白色，字体加粗。

第五步，删除横坐标，去除纵坐标刻度线，坐标轴标签区域填充为浅褐色，字体加粗，调为黑色。

第六步，把图表区、绘图区底色调为浅紫色。

第七步，删除网格线、图例，调整标题内容。

（2）根据表 3-4 所提供的数据，制作一幅和图 3-38 一样的图。

表 3-4 作图数据 2

产品成本项目	金额（元）
直接材料	5 000
直接人工	3 000
车间管理工资	2 800
车间办公费	1 200
折旧	500
损耗	260
其他项目	260

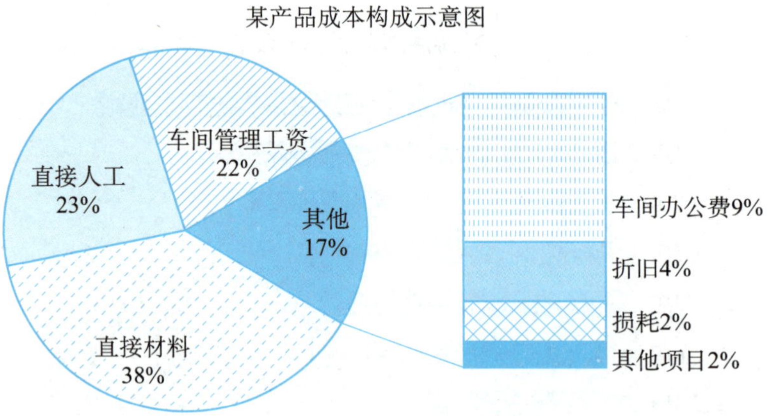

图 3－38　复合饼图图样

具体作图步骤如下：

第一步，选择数据，插入复合饼图。

第二步，点击其他扇区，右键调出快捷菜单，点击“设置数据点格式”命令，在随后出现的对话框中，把第二绘图区包含的个数设为“4”，点爆炸型、分类间距及第二绘图区大小都适度微调。如图 3－39 所示。

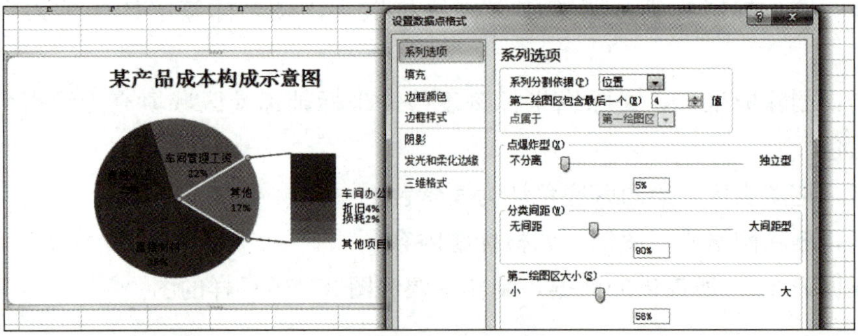

图 3－39　复合饼图格式设置 1

第三步，添加数据标签，再右键调出“设置数据标签格式”命令，设置标签类型为类别名称和百分比，如图 3－40 所示。

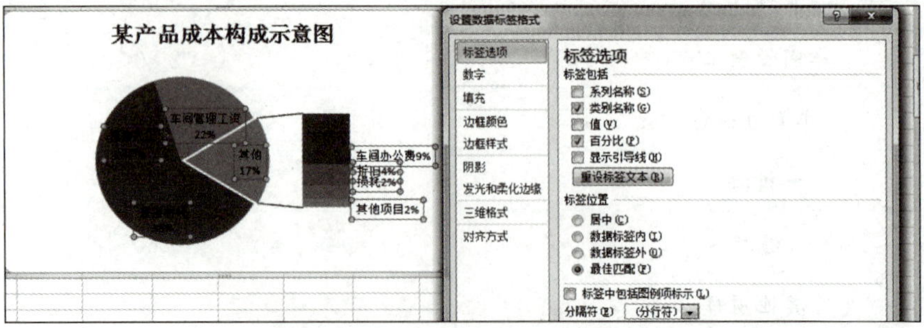

图 3－40　复合饼图格式设置 2

（3）根据表 3－5 所提供的数据，制作一幅和图 3－41 一样的图。

表 3－5 作图数据 3

店铺名	销售额（万元）	毛利率
1 店	35	30%
2 店	27	40%
3 店	39	34%
4 店	48	41%
5 店	51	27%
6 店	36	24%
7 店	43	36%

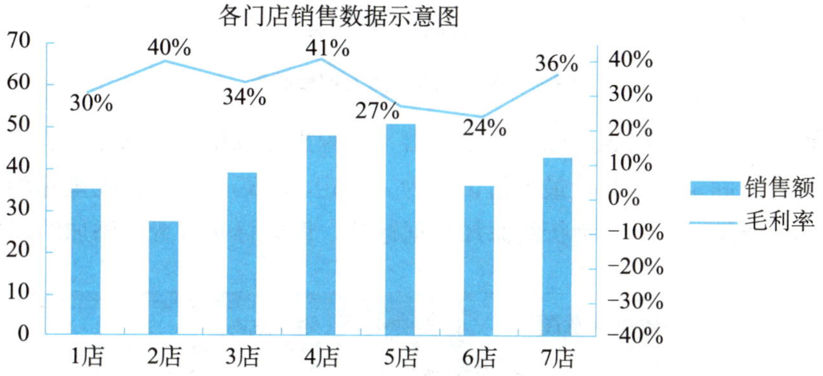

图 3－41 组合图图样

具体作图步骤如下：

第一步，选择数据，插入“组合图”—“柱线组合图”，如图 3－42 所示。如果无此选项，则先插入柱形图，如图 3－43 所示，再选择毛利率柱条，右键调出“设置数据系列格式”命令，为其设置次坐标，然后点击毛利率柱条，右键调出更改系列图表类型命令，将其图形设置为折线图。

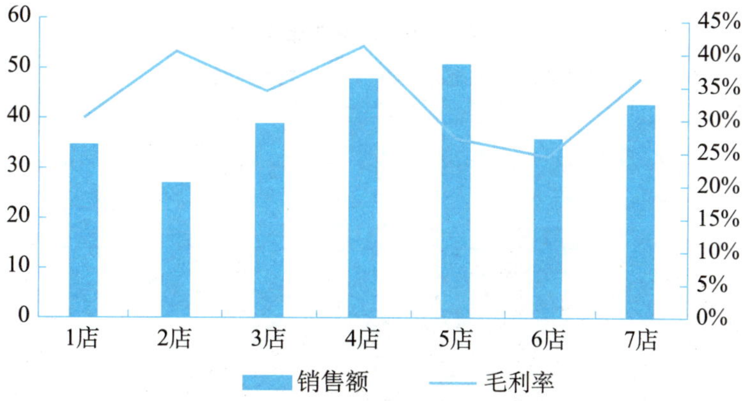

图 3－42 组合图插入初始状态

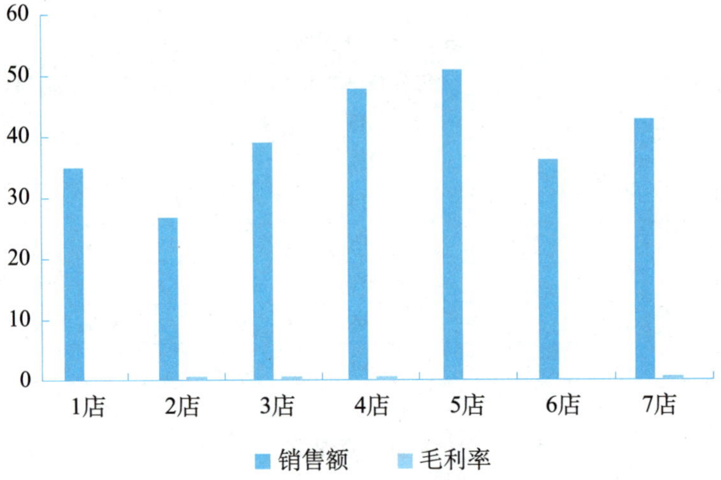

图 3-43　柱形图插入初始状态

第二步，点击右边的次纵坐标，右键调出“设置坐标轴格式”命令，将坐标轴选项中的最小值设置为“固定－0.4”，最大值设置为“固定 0.45”，再将主纵坐标的最大值设为 70，如图 3-44 所示。之后，为折线添加数据标签，调整标签位置，添加图表标题。

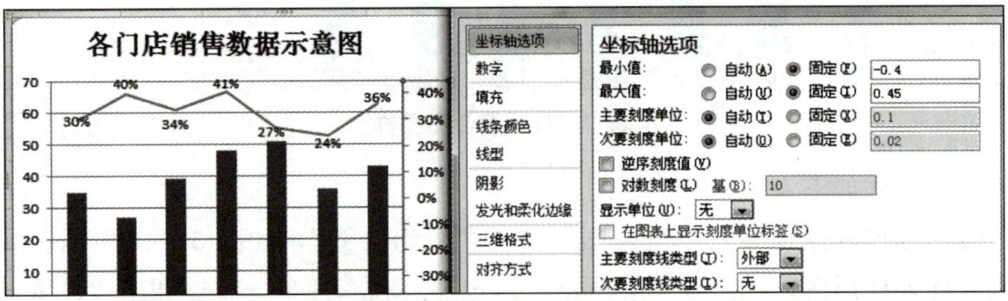

图 3-44　组合图次坐标调整及结果

(4) 根据表 3-6 所提供的数据，制作一幅和图 3-45 一样的图。

表 3-6　作图数据 4

店铺名	销售额（万元）	毛利（万元）	毛利率
1 店	35	21	60%
2 店	27	19	70%
3 店	39	25	64%
4 店	48	34	71%
5 店	51	29	57%
6 店	36	23	64%
7 店	43	26	60%

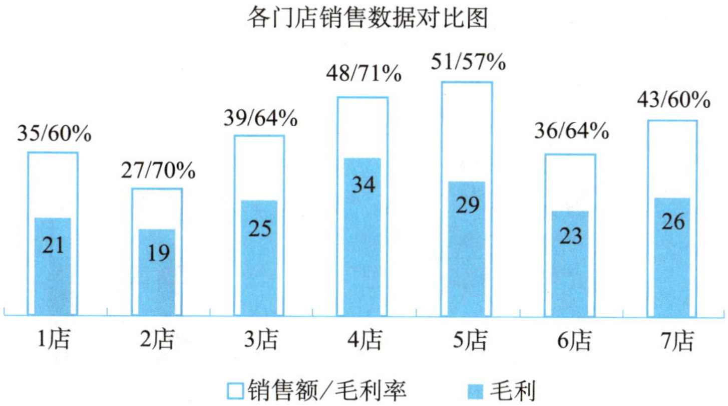

图 3-45　作图图样

具体作图步骤如下：

第一步，选择前 3 列数据，插入簇状柱形图。

第二步，点击毛利的柱条，右键调出“设置数据系列格式”命令，为其设置次坐标，填充色为橙色。

第三步，点击次坐标，右键调出“设置坐标轴格式”命令，将其最大值设成“固定 60.0”，与主坐标相同，如图 3-46 所示。

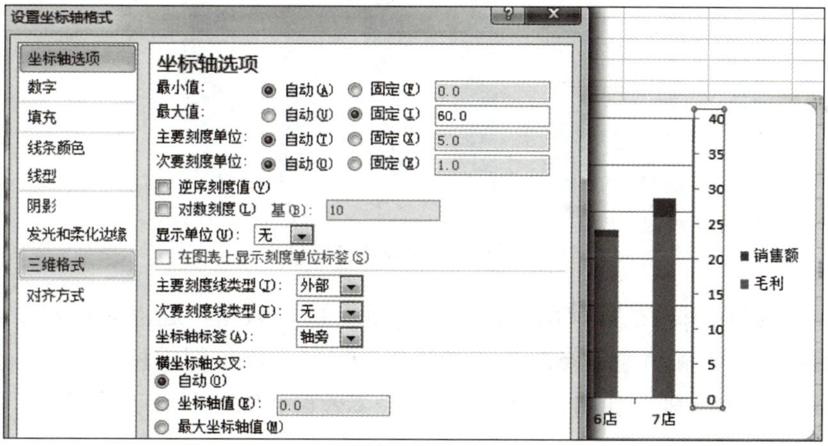

图 3-46　坐标轴格式设置菜单

第四步，点击销售额的柱条，右键调出“设置数据系列格式”命令，将其填充设为无填充，边框颜色设为实线，颜色为蓝色，边框样式宽度加粗为 2.25 磅。调整分类间距，将毛利柱条包含于内，如图 3-47 所示。

第五步，为毛利添加数据标签，再将位置设为数据标签内。

第六步，为销售额添加数据标签，再将位置设为数据标签外，点击数据标签，在销售额数值标签后面手动添加毛利率的数据，最后将标签位置适当移动，以销售额数值对准柱条为宜，如图 3-48 所示。

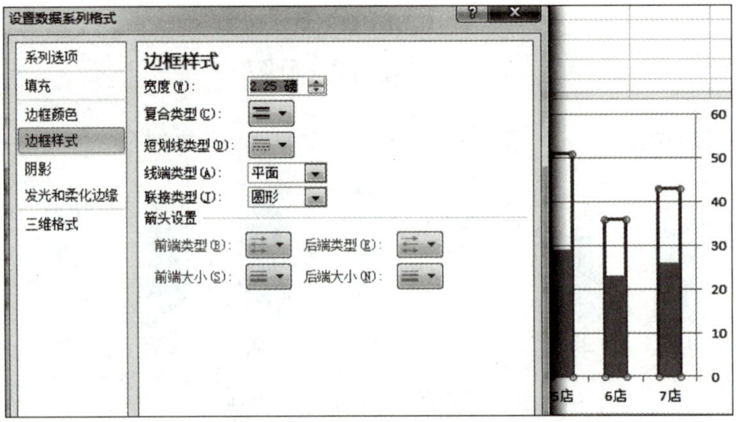

图 3-47 数据系列格式设置菜单

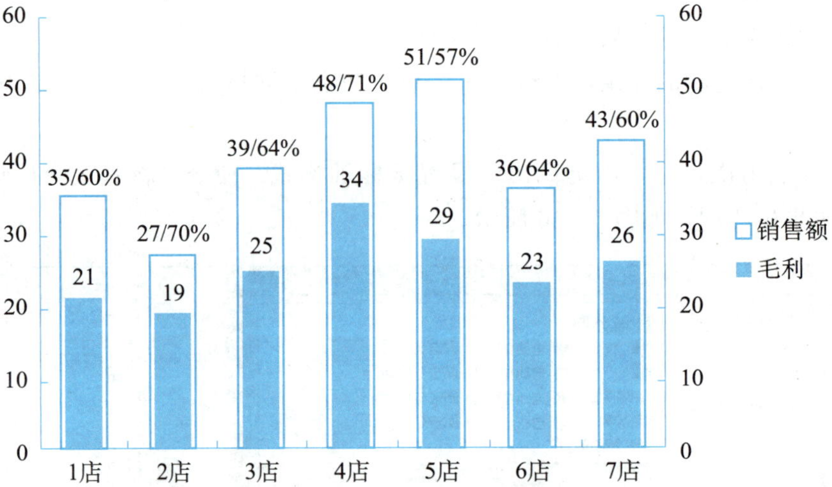

图 3-48 数据标签设置结果

第七步，点击柱条，右键调出“选择数据源”设置命令，进入对话框，点击左边的“编辑”项目，把销售额的名称修改为“销售额/毛利”。添加图表标题，将图例移到图表下方，删除所有纵坐标轴，如图 3-49 所示。最终效果如图 3-50 所示。

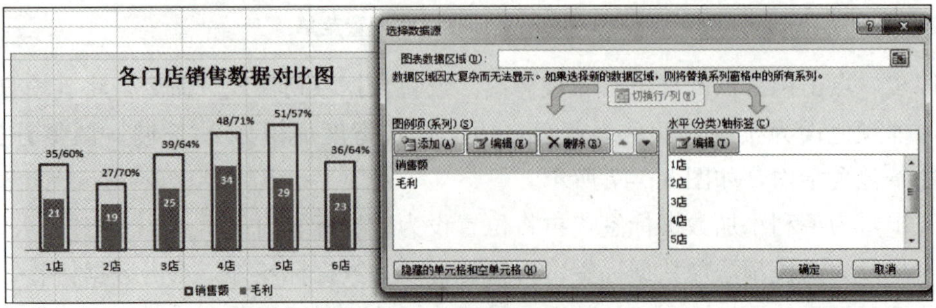

图 3-49 调整图例名称

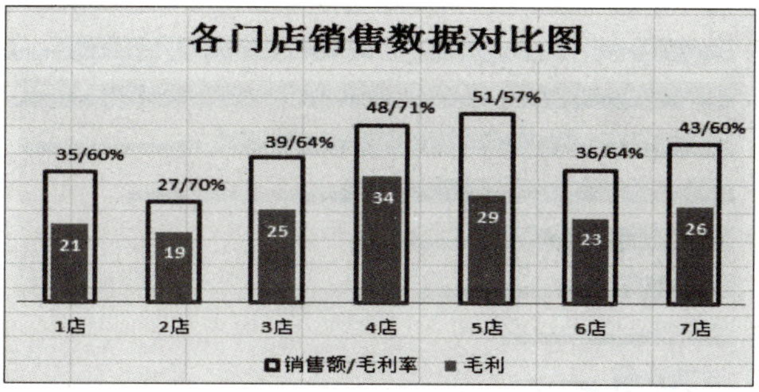

图 3－50　最终效果

知识拓展

两组数据设置对比图形的选择

普通柱形图、普通条形图、蝴蝶图和滑珠图，这 4 种图都能反映两组数据的对比情况，但各自特点明显。下面通过四幅图分别显示在赤手空拳的状态下，美国几十位男女有信心对付的动物的数据情况。

柱形图如图 3－51 所示，条形图如图 3－52 所示，两图同向排开，在数据量比较大的情况下，差异情况的显示不够清晰，但数据量较少时，设置这两种图比较简单实用。

蝴蝶图如图 3－53 所示，是条形图的拓展，它把两组数据左右分开，在彼此不干扰的情况下进行对比，不但能看出两组数据之间的差异，还能显示每组数据各自的趋势状态。既看得见差异，还显示了自我，具有独到之处，但相对而言，绘制蝴蝶图比较麻烦。

滑珠图如图 3－54 所示，也是条形图的拓展，但它最大的特点在于可以显示两组数据的差异情况，把数据差异值的大小程度完美体现，这是前面三种图形所不具备的特色，但相对而言，绘制滑珠图也比较麻烦。

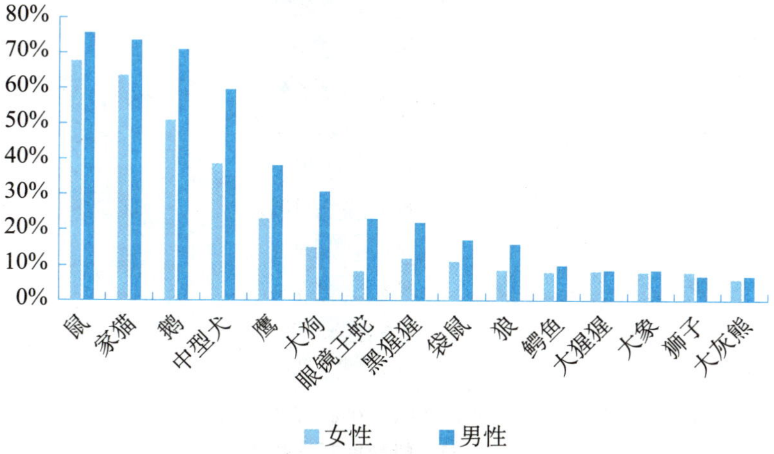

图 3－51　柱形图对比样式

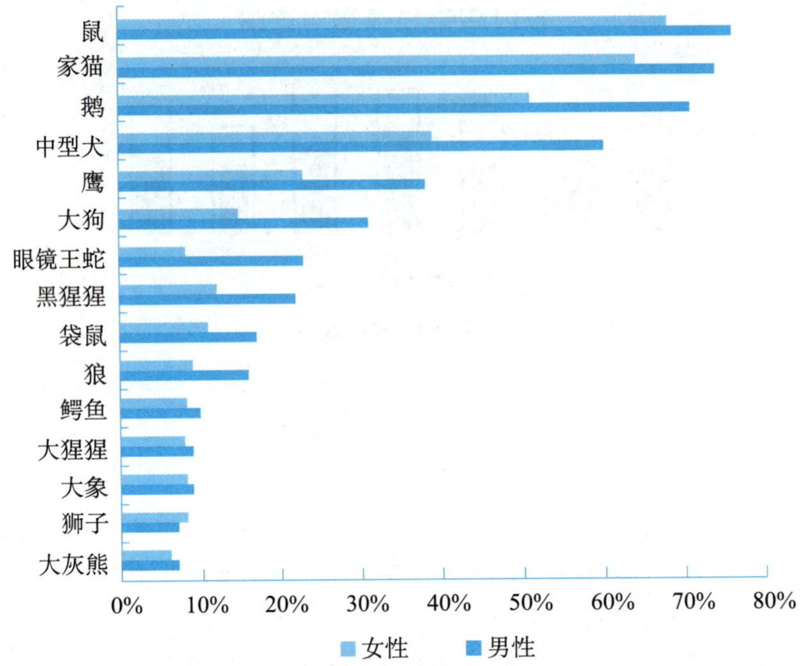

图 3-52　条形图对比样式

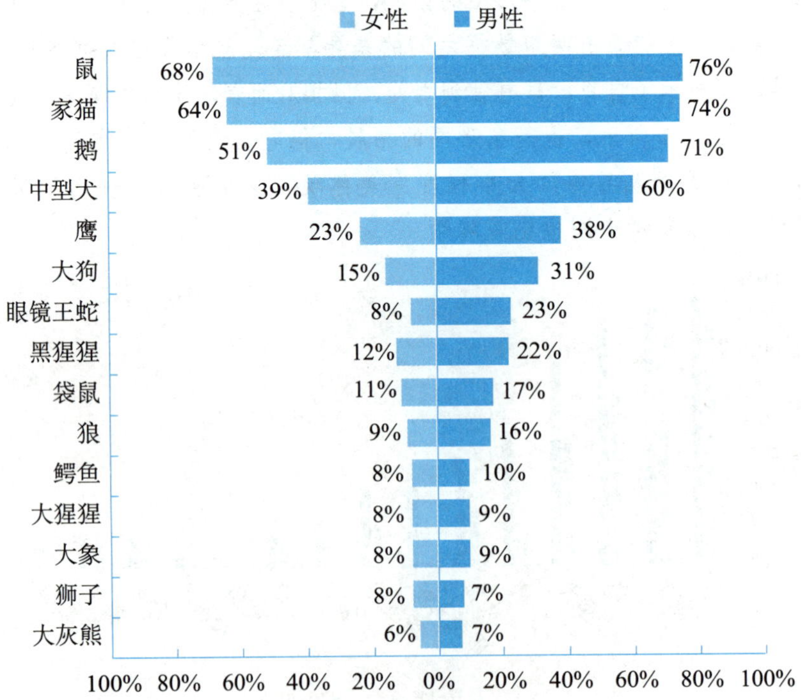

图 3-53　蝴蝶图对比样式

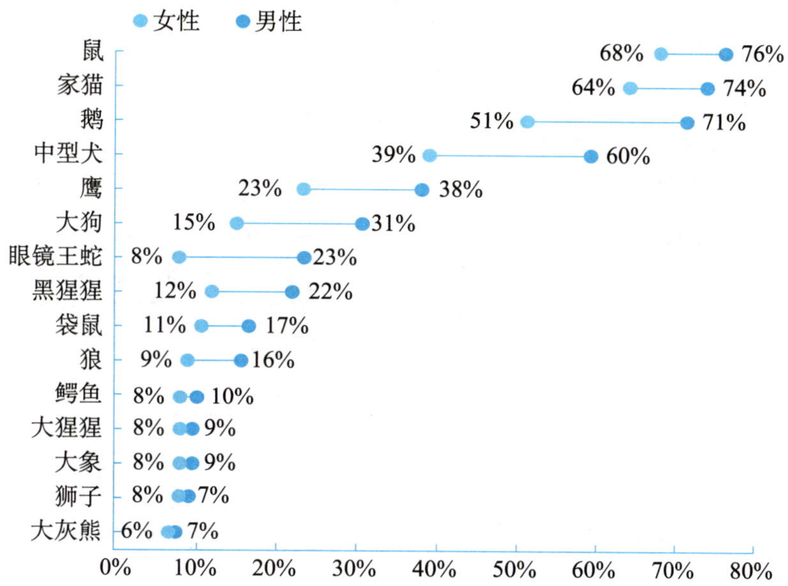

图 3-54 滑珠图对比样式

（二）添加辅助数据作图

很多图形之所以表现力特别好，是因为制作者添加了输助数据作图。

例如：根据表 3-7 的数据设置线上、线下之和与目标销量的对比图，制作一幅和图 3-55 一样的图。

表 3-7 作图数据 5

店铺名	目标销量	线上销量	线下销量
1 店	57	35	18
2 店	69	52	27
3 店	65	43	20
4 店	60	38	17
5 店	70	47	25

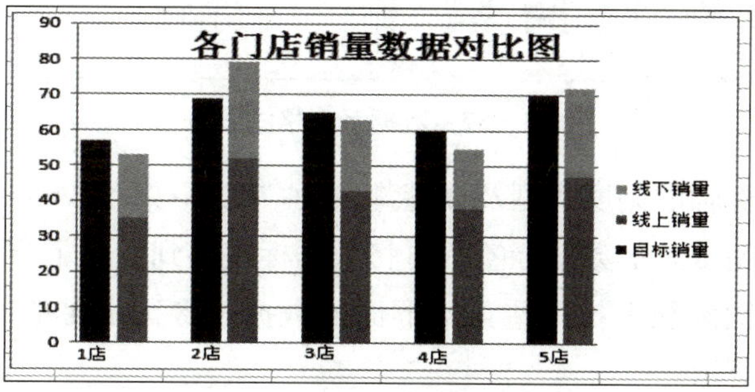

图 3-55 添加辅助数据作图图样

具体作图步骤如下：

第一步，建立辅助表格，如图 3－56 所示，把目标销量与线上、线下销售数据错开一行，再插入一空行。

第二步，选中数据表单元格区域，选择任务栏中的“插入”—“柱形图”—“堆积柱形图”，如图 3－57 所示。

店铺名	目标销量	线上销量	线下销量
1店	57		
		35	18
2店	69		
		52	27
3店	65		
		43	20
4店	60		
		38	17
5店	70		
		47	25

图 3－56 辅助表格

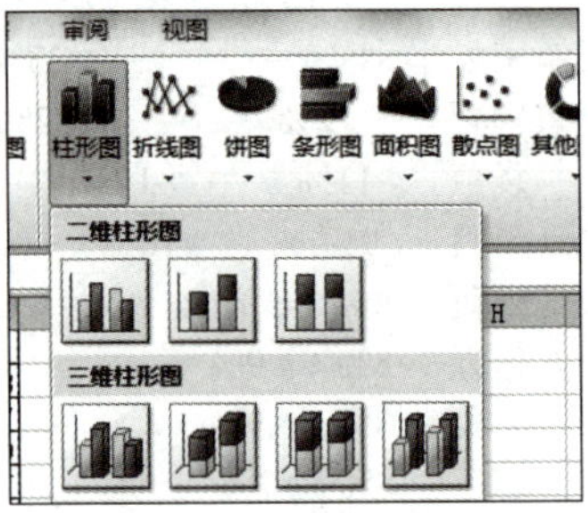

图 3－57 插入堆积柱形图

第三步，系统生成如下堆积柱形图，如图 3－58 所示。

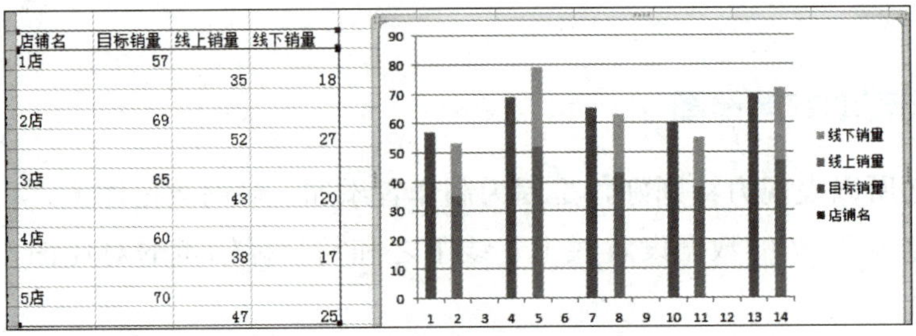

图 3－58 生成初始堆积柱形图

第四步，对图形进行编辑，调整柱形图的间距，调整图形色彩，如图 3－59 所示。

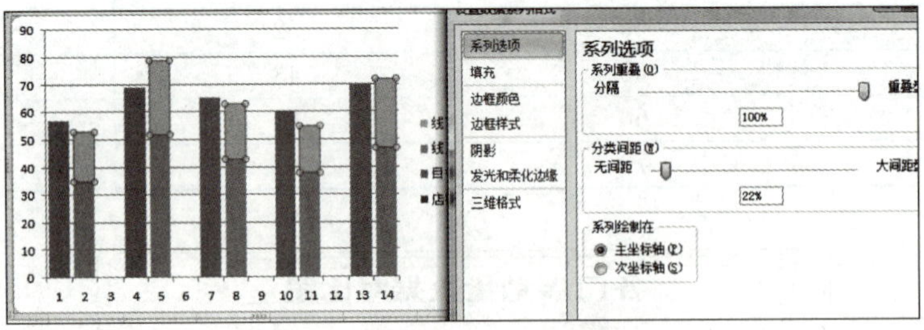

图 3－59 数据系列格式设置

第五步，将横坐标轴的刻度线型及标签都设为“无”，如图 3－60 所示。

第六步，为目标销量添加数据标签，再将数据标签移到柱条下方，将里面的内容修改为店铺名，然后将绘图区往上拉一些，给下面的数据标签留出足够的空间，如图 3－61、图 3－62 和图 3－63 所示。

第七步，删除店名的图例，添加图表标题，如图 3－64 所示。

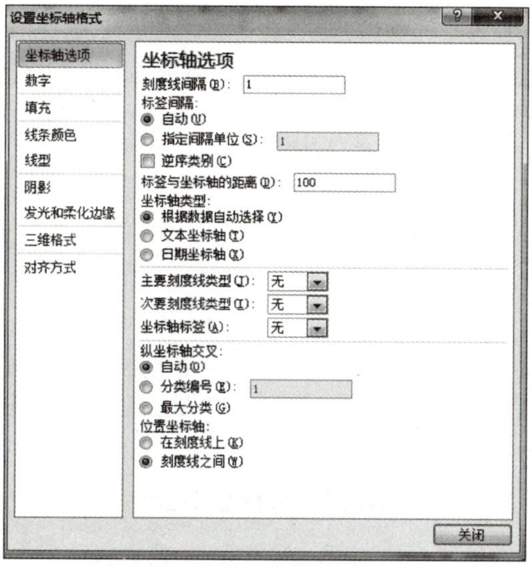

图 3－60　坐标轴格式设置

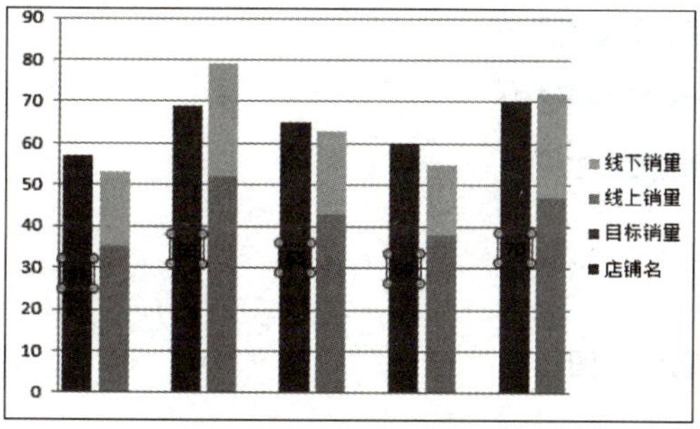

图 3－61　添加数据标签

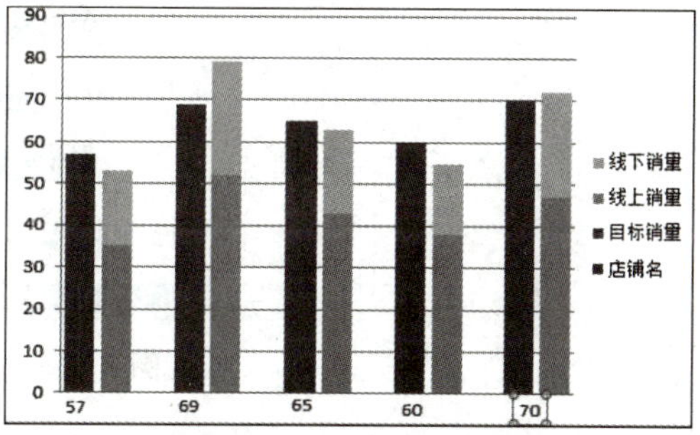

图 3－62　数据标签下移

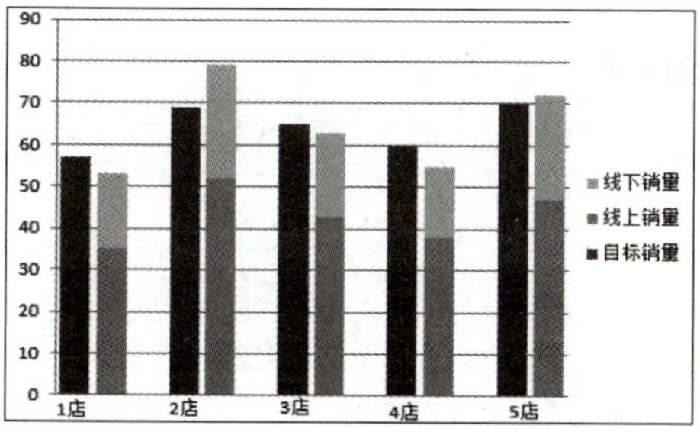

图 3－63　数据标签内容更改

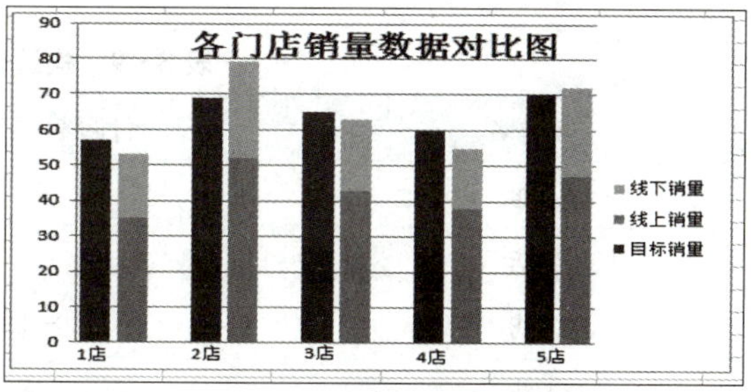

图 3－64　添加图表标题等

二、盈亏利润图作图

表 3－8 为各店铺 2019 年利润分布情况，制作一幅和图 3－65 一样的盈亏利润数据的

对比图。

表 3-8　作图数据 6

店铺名	利润额（万元）
1 店	35
2 店	27
3 店	−18
4 店	48
5 店	−13
6 店	36
7 店	43

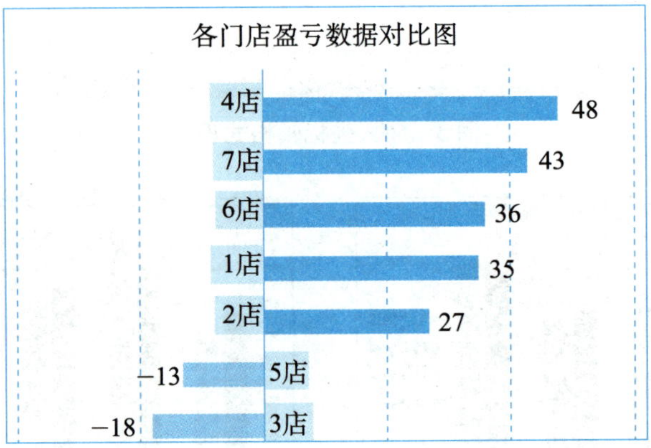

图 3-65　盈亏利润图图样

具体作图步骤如下：

第一步，设置一列辅助数据，为原数据的相反数，如表 3-9 所示。

表 3-9　构造辅助数据表

店铺名	利润额（万元）	辅助数据
1 店	35	−35
2 店	27	−27
3 店	−18	18
4 店	48	−48
5 店	−13	13
6 店	36	−36
7 店	43	−43

第二步，选择数据，插入条形图，设置辅助数据为“无填充”状态，如图 3-66 所示。

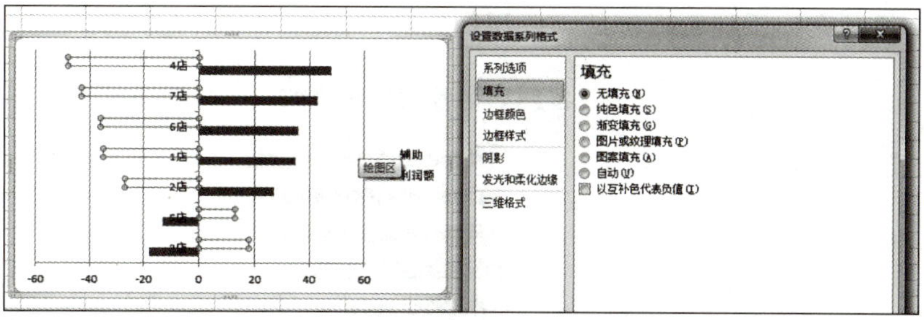

图 3-66　数据系列格式设置

第三步，给辅助数据添加数据标签，再设置标签格式为“类别名称”，如图 3-67 所示。

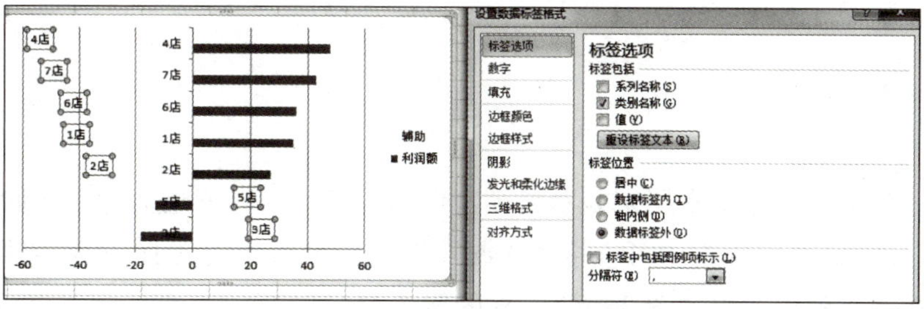

图 3-67　数据标签格式设置

第四步，设置主要刻度线类型为“无”，坐标轴标签为“无”，如图 3-68 所示。

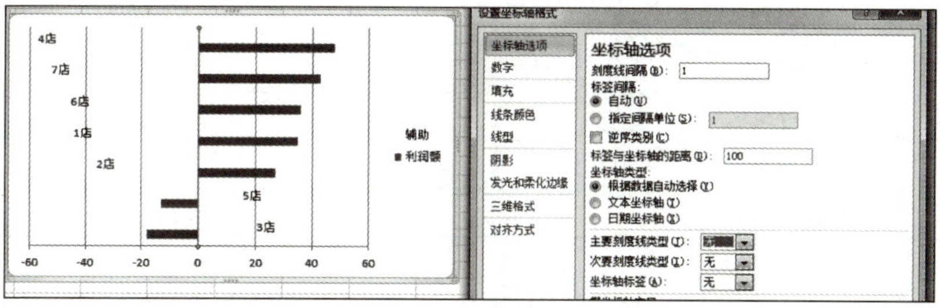

图 3-68　坐标轴格式设置

第五步，把辅助数据列的数据标签手动移至纵坐标轴附近，并与原数据条对应的店铺名称保持左右对称，再把利润数据为负数的两个店铺的数据条设置为红色，以突出其亏损的特征，如图 3-69 所示。

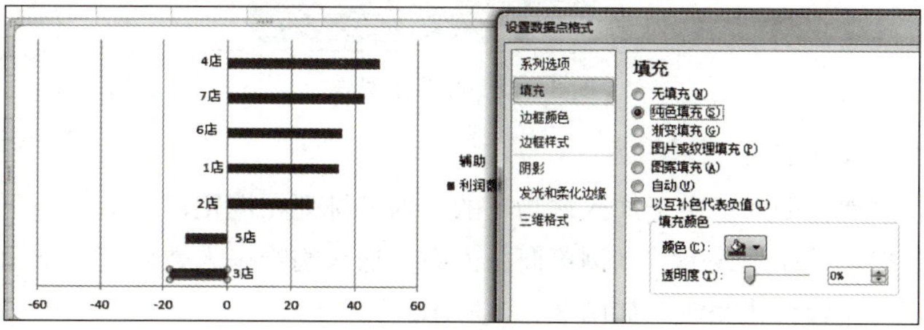

图 3-69　数据系列格式设置

第六步，给源数据添加数据标签，并添加标题，如图 3－70 所示。

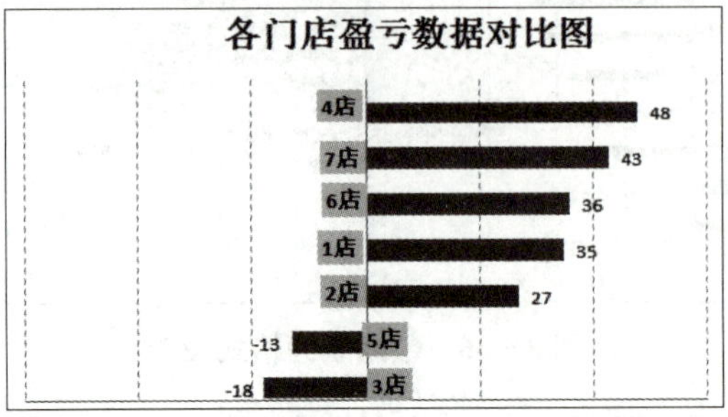

图 3－70　最终效果

三、漏斗图作图

在经营业务中，漏斗图常用来表示路径转化率的情况，以清晰显示不同阶段数据递进的变化过程。Excel 高级版本中可直接插入漏斗图，较低版本可参照下列步骤进行。根据表 3－10 的数据，制作一幅和图 3－71 一样的漏斗图。

表 3－10　作图数据 7（某淘宝店订单转化率表）

业务环节	相关人数
浏览商品	1 000
加入购物车	400
生成订单	300
支付订单	230
达成交易	140

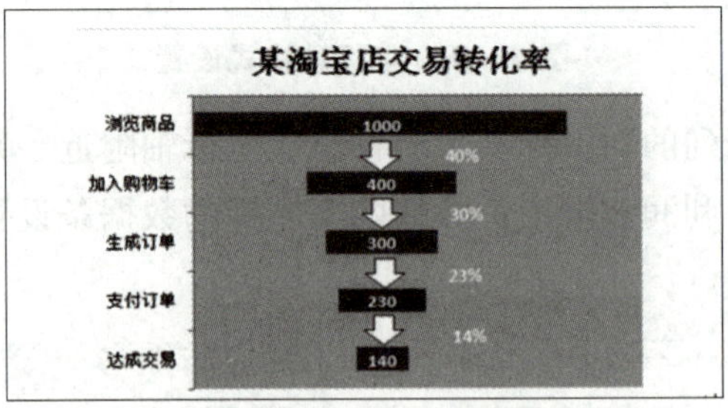

图 3－71　漏斗图图样

具体作图步骤如下：

第一步，添加辅助列。由于加入购物车的数据需排列在浏览商品数据正下方，因此需要构造占位数据，具体公式为“（浏览商品人数－加入购物车人数）/2”，下面的辅助数据也依此类推，可设置公式完成，如图 3－72 所示。

第二步，点击上述表格数据，插入堆积条形图，如图 3－73 所示。

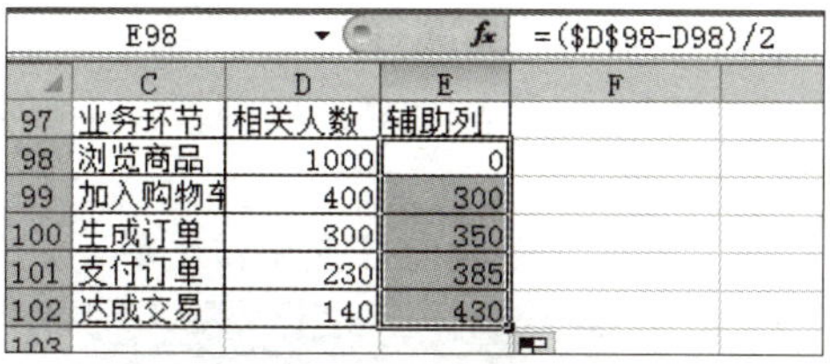

图 3－72　添加辅助数据

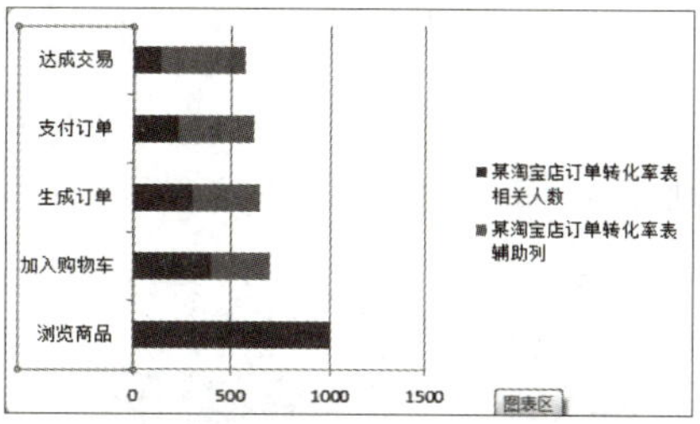

图 3－73　插入堆积条形图

第三步，点击纵坐标，设置坐标轴为“逆序类别”，如图 3－74 所示。

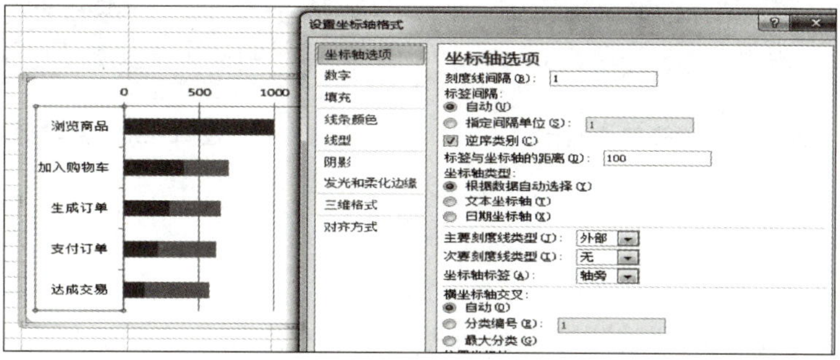

图 3－74　设置坐标轴格式

第四步，点击图表，右击选择“选择数据”命令，如图 3－75 所示。在随后展开的对话框中间有个向上移动的箭头符号，点击这个箭头，把“辅助列”数据与“相关人数”数据位置切换，如图 3－76 所示。结果如图 3－77 所示。

第五步，把辅助数据系列设置为“无填充”，如图 3－78 所示。

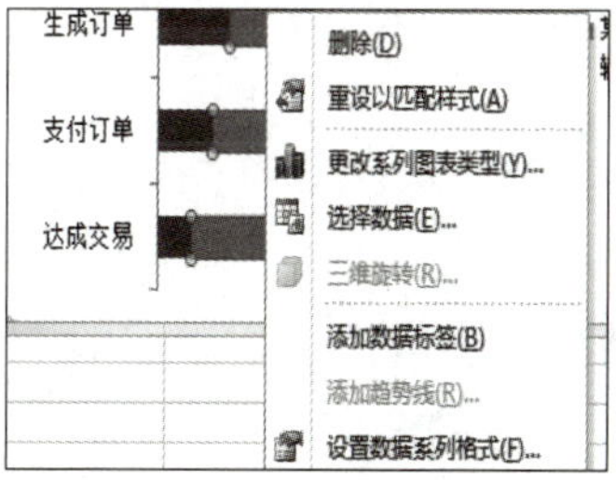

图 3－75　选择数据操作位置

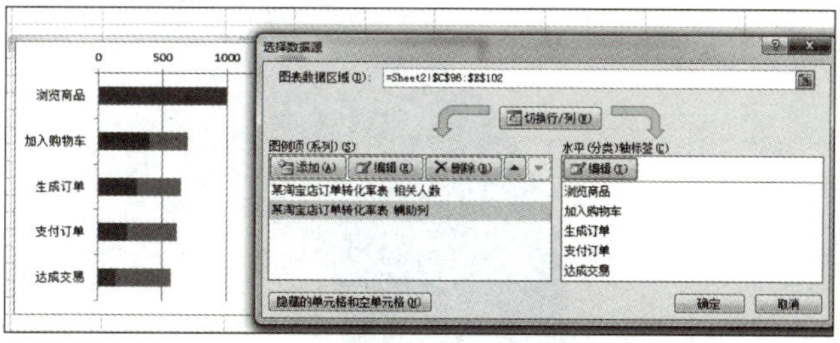

图 3－76　辅助列数据与相关人数数据对调

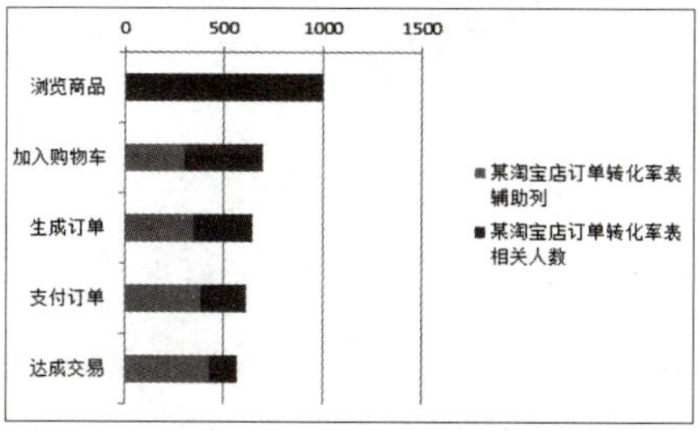

图 3－77　数据对调后效果

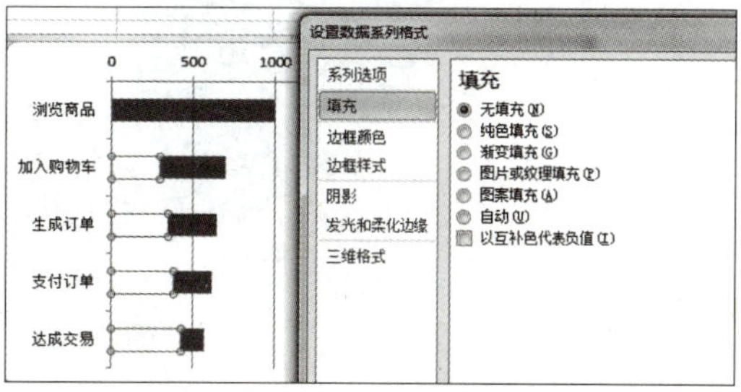

图 3－78　设置数据系列格式

第六步，点击横坐标，选择“设置坐标轴格式”命令，将坐标轴标签隐藏，并添加数据标签，添加标题，去掉网格线，设置背景颜色为淡绿色，如图 3-79 所示。

第七步，插入向下箭头，添加转化率的百分比数据，完成作图，如图 3-80 所示。

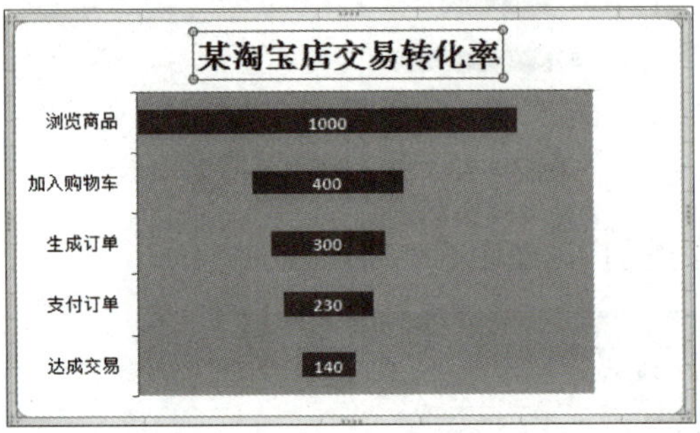

图 3-79 坐标轴隐藏等其他操作

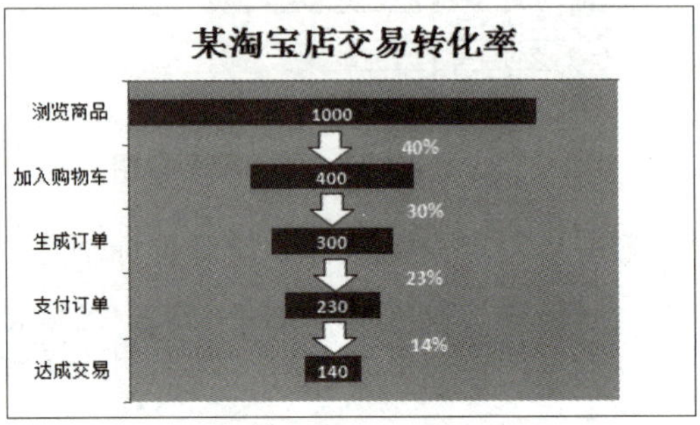

图 3-80 最终效果

知识拓展

旭日图

如果把漏斗图看作一种收敛性质的图表，那么有没有一种展示延展数据的图表呢？那就是旭日图。旭日图用于展示数据之间的层级和占比关系，由内向外，逐渐细分，它可以按照需要，想展示多少层就展示多少层，具体制作过程可以自行学习。旭日图的样式如图 3-81 所示。

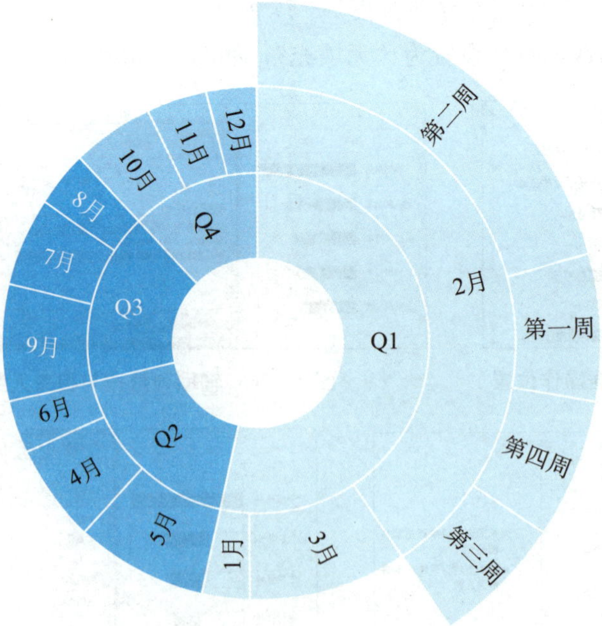

图 3-81 旭日图

四、将图表保存为模板

对常规柱形图、条形图等的元素进行编辑后，如果后续还需要不定期地重复使用，可将其保存为模板，这样就可以直接调用，从而省略了一系列之前的加工环节。具体操作如下：

当理想的图表编辑完毕，选择“图表工具”—“设计”选项卡下的“类型”项目组中的“另存为模板”按钮，在随后打开的对话框中输入保存名称，单击“保存”即可，如图3-82和图3-83所示。当需要再次使用该模板时，单击“插入”选项下“图表”项目组右下角的展开按钮，之后打开“更改图表类型”对话框，点击该界面左上角的“模板”按钮，系统随即载入之前保存的图表模板，再一次单击“确定”就可以应用，如图3-84所示。

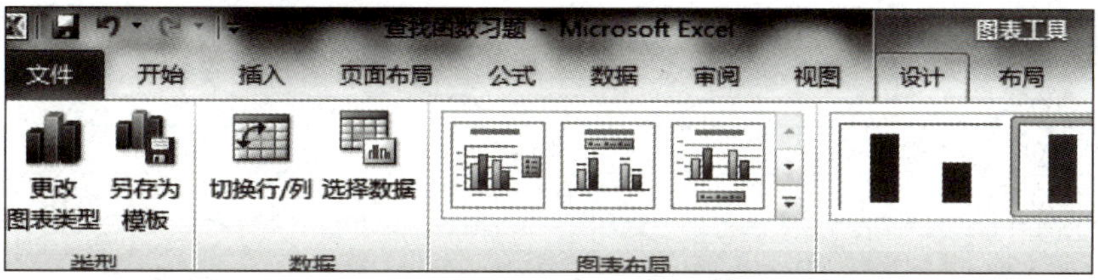

图 3-82　另存为模板初始位置

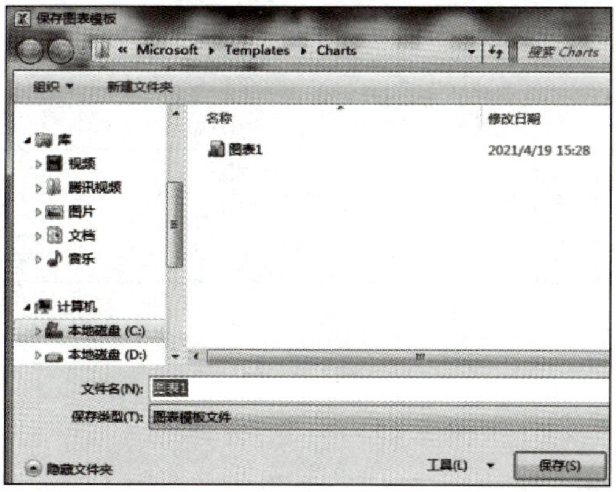

图 3-83　保存图表模板位置

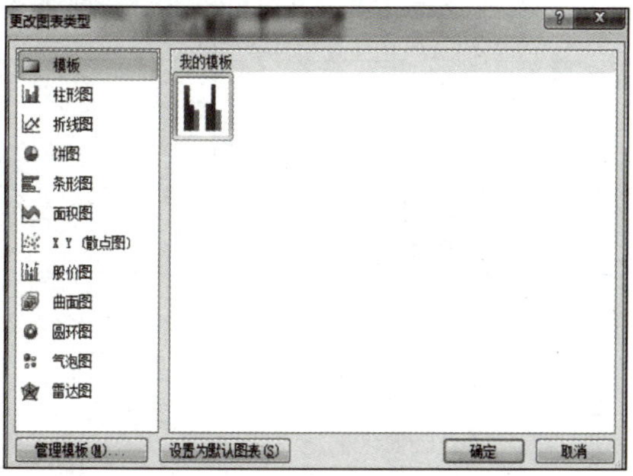

图 3-84　调用模板位置

任务实施

请选择合适的图表展示下列数据：

(1) 某企业7月管理费用明细表（如表3-11所示）。

表 3-11　作图练习数据 1

7 月管理费用项目	金额（元）
工资	19 000
差旅费	14 000
折旧费	8 600
业务招待费	7 950
工会经费	2 800
电话费	2 500
办公用品费	1 000

（2）某企业各类产品计划销量与实际销量的数据对比（如表 3-12 所示）。

表 3-12　作图练习数据 2

产品系列号	计划销量	实际销量
001	157	150
002	269	237
003	185	158
004	160	143
005	270	252
006	240	197
007	100	118

（3）某门店 2019 年下半年销售额及毛利率数据（如表 3-13 所示）。

表 3-13　作图练习数据 3

时间	销售额（万元）	毛利率
7 月	225	18%
8 月	307	24%
9 月	340	20%
10 月	388	25%
11 月	434	22%
12 月	456	28%

二维码 3

项目三　教学用数据表格

项目四　数据的组合——数据透视表

项目导入

如果有一种“神器”，通过拖拖字段，点点鼠标，就把一份杂乱无章的原始数据整理得井然有序，让操作者思路泉涌，那这种“神器”非数据透视表莫属。数据透视表可从多个角度对数据进行分类组合，也可从多个角度构建数据分析平台，把一份原始数据分析透彻，展现了数据背后的规律和秘密。掌握一定的数据透视表技能非常重要，通过不断操练，很多人将会对数据透视表爱不释手。

项目目标

1. 按需求创建数据透视表。
2. 熟练设置值显示方式。
3. 根据需求对数据快速分组。
4. 熟练创建数据透视图。

任务1　数据透视表的创建与布局

任务意义

创建数据透视表不难，明白它的构造规则才是关键。数据透视表是对数据源进行快速分类汇总的一种工具，可按数据分析需求重新构建表格。数据透视表对数据源有严格的要求，只有规范的数据源才能成功实施操作，如果创建过程中出现问题，就需要审核相关数据源是否合理。

任务准备

一、数据透视表的创建

（一）创建数据透视表

数据透视表是一张新表格，它建立在另外一张表格的数据（也称为数据源）基础上。创建数据透视表首先要选中数据源相关区域，可以是整张表格数据，也可以是其中的几列数据，现在根据表 4－1 的数据，在 Excel 主菜单区点击“插入”选项，在展开的表格分类组中单击“数据透视表”命令，即出现“创建数据透视表”的对话框，如图 4－1 所示。

表 4－1 数据透视表练习用数据 1

店铺名	销售员	数量	单价（元）	金额（元）
三分店	张四	1	213	213
三分店	张四	5	201	1 005
一分店	赵二	4	216	864
一分店	李四	6	209	1 254
一分店	李四	9	207	1 863
总店	张三	1	204	204
二分店	周六	2	202	404
总店	赵七	2	215	430
总店	王五	4	203	812
总店	赵七	4	210	840
总店	王五	5	206	1 030
二分店	周六	5	211	1 055
二分店	王五	5	214	1 070
二分店	余一	5	217	1 085
总店	张三	6	200	1 200
二分店	余一	6	208	1 248
二分店	周六	7	219	1 533
二分店	李四	8	205	1 640
总店	王五	8	218	1 744
二分店	王五	8	220	1 760
总店	张三	21	200	4 200

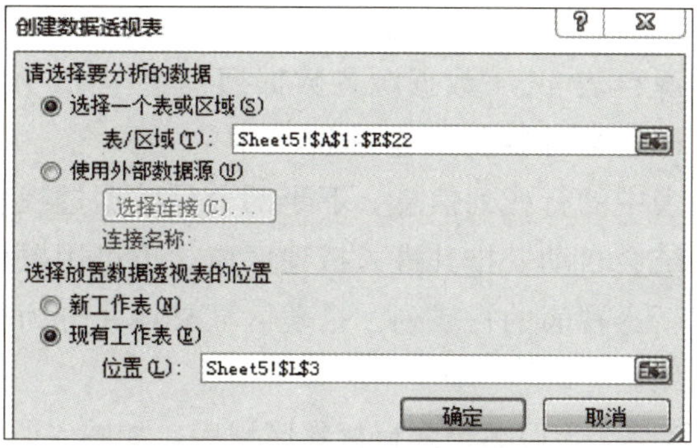

图 4-1　创建数据透视表

这个对话框分成上下两部分内容：上半部分确认数据源的范围，鼠标点击数据源任何一个单元格，在“请选择要分析的数据”栏中，系统将在“表/区域”参数框中自动选中相应的数据源单元格区域，也可以选择“使用外部数据源”。下半部分确认新数据透视表的存放位置，在“选择放置数据透视表的位置”栏中如选中“新工作表”选项，单击“确定”按钮即可，系统将在一张新工作表中创建数据透视表；如选中“现有工作表”，即在本表中进行创建，须为它指定一个存放位置，如点击 Sheet5 的单元格 L3，系统就会在此摆放即将生成的新数据透视表，单击“确定”按钮即完成创建。

（二）数据透视表的生成过程

设置完“创建数据透视表”选项后，点击“确定”按钮，系统即生成如图 4-2 所示的新界面。这个界面分为左右两部分内容，左边是即将生成的数据透视表，当下是空白表格状态。右边可称为数据透视表加工区，在此进行各种数据的重新组合，系统按照这些组合命令创建新的数据透视表，同步显示在左边。

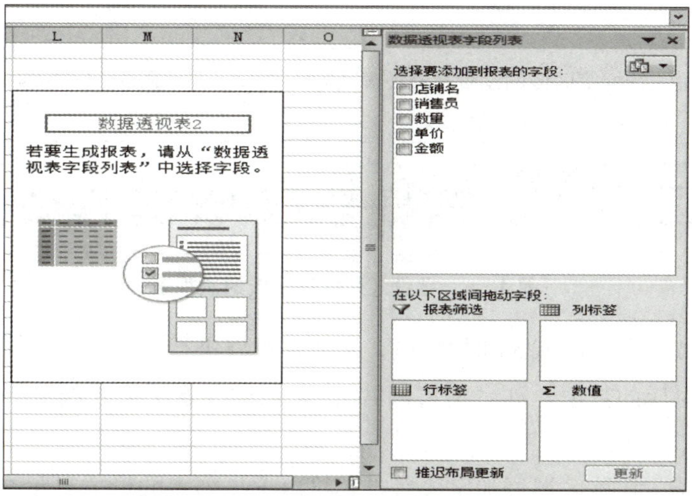

图 4-2　数据透视表初始生成状态

数据透视表加工区由上下两部分组成：上半部分显示数据透视表的信息类别，称为字段区域。这些字段名源自表 4-1 数据源各数据列标题，如“店铺名”“销售员”“数量”等，数据源中的列标题名对接新数据透视表中的字段名，每一个字段代表一类数据，它们将构成新透视表中的行或列信息。下半部分是数据透视表框架搭建区域。勾选上半部分的字段后，系统会自动安排其进入搭建区域，也可用鼠标直接将字段拉入搭建区域，它们将分别组建新透视表的行或列。搭建区域具体又分为行标签区域、列标签区域、数值区域及筛选区域。

(1) 行标签区域。将某个字段名拉入行标签区域后，如图 4-3 所示，“销售员”字段被拉入行标签区域后，即称为行字段。在左边的新透视表中，行字段包含的数据如“张三”“李四”“王五”等，称为项，它们一行一行分布在表中。如果有多个行字段，如“店铺名”“销售员”，系统将根据层次关系上下排列展开。

(2) 列标签区域。在该区域中添加的字段称为列字段，一般在表格中左右排列，如把“销售员”字段拉入列标签区域，如图 4-4 所示，则“张三”“李四”“王五”等会按列显示数据，如图 4-5 所示。

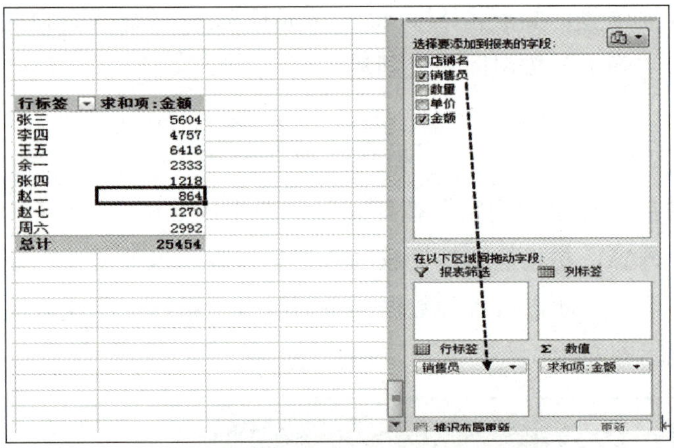

图 4-3 字段入行标签区域的设置及透视表状态

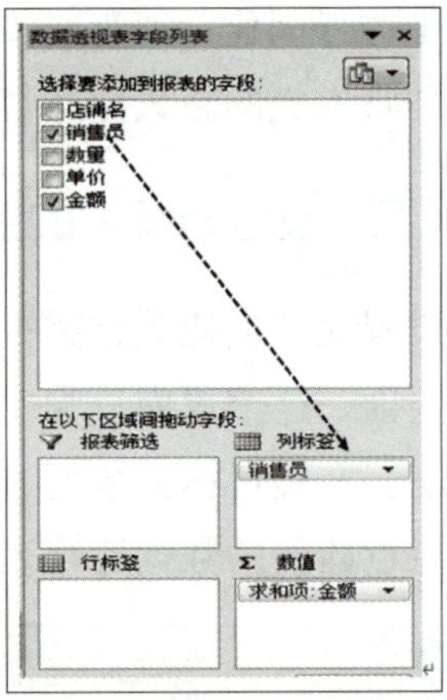

图 4-4 字段入列标签区域设置

	列标签								
	张三	李四	王五	余一	张四	赵二	赵七	周六	总计
求和项:金额	5604	4757	6416	2333	1218	864	1270	2992	25454

图 4-5 字段入列标签区域的透视表

(3) 数值区域。在该区域添加的字段，一般是可以进行计算的字段，是数据透视表中行字段或列字段对应的数值，如“销售额”，该字段被勾选后，系统会自动安排它在数值区域。

(4) 筛选区域。在该区域添加字段后，其将以下拉列表的形式显示在数据透视表的最上方。如果添加多个字段，则将出现多个下拉列表。一般该区域包含数据太多，显示在数据透视表中比较杂乱，所以以筛选的方式局部显示。如图 4－6 所示，把“销售员”字段拉入筛选区域，初始状态显示全部汇总数据。如图 4－7 所示，也可以自行设置显示一个或多个销售员对应的数据，当前只显示“张三”的销售数据。

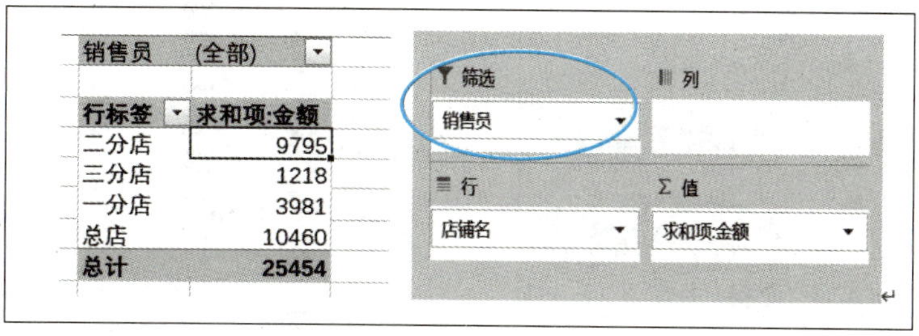

图 4－6　销售员字段入筛选区域及数据透视表状态

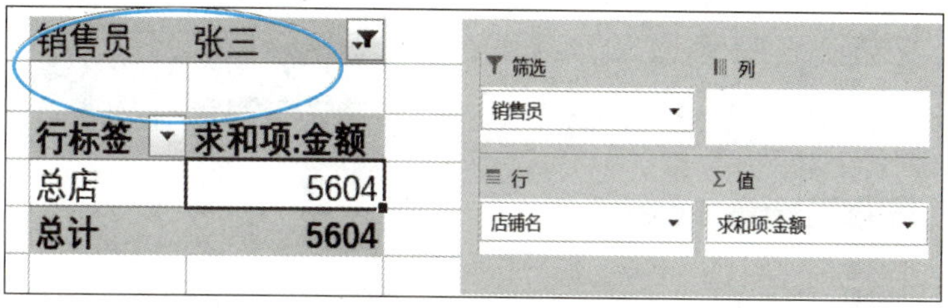

图 4－7　字段入筛选区域后调整显示信息

二、数据透视表的布局

在加工区通过勾选或者直接拖拉相关字段后，即可生成一张数据透视表，如果不满意，还可进行以下调整，生成新的数据透视表。

（一）更改字段调整布局

添加字段后，如果对统计结果不满意，可通过去除勾选状态或增加新字段改变布局。另外，还可做出以下调整，以调整数据透视表的布局：

（1）调整行、列字段内部的上下位置。例如：统计“店铺名”对应的“销售员”的销售金额数据，如图 4－8 所示，更换成统计“销售员”对应的“店铺名”的销售金额数据，如图 4－9 所示，表格传递的信息即发生改变。

（2）调整行、列字段位置，如行字段可入数值区域，值字段也可入行区域等。例如：统计各店铺对应的销售员的成交笔数，如图 4－10 所示，把“销售员”字段拉入数值区域，再进行值汇总方式的设置即可（后续介绍）。又如：统计某个单价区间对应的销售额，如图 4－11 所示，按步长为 5 元的价格区间，显示相应价格段所对应的销售额数据，则把“单价”字段拉入行标签区域，再进行组合设置（后续介绍）。系统默认“单价”字段为值字段。

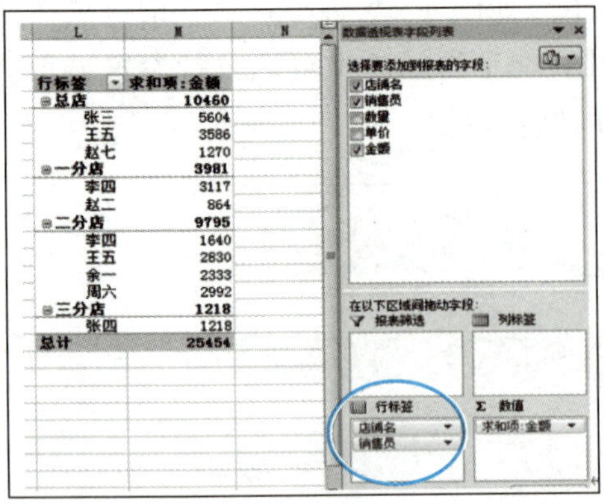

图 4-8　店铺名在上、销售员在下的行标签布局

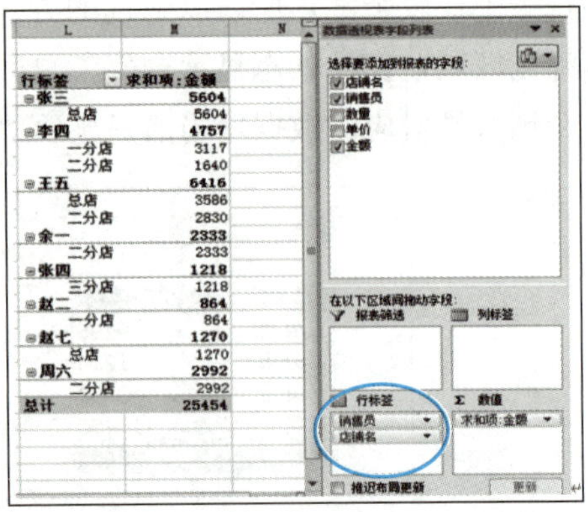

图 4-9　销售员在上、店铺名在下的行标签布局

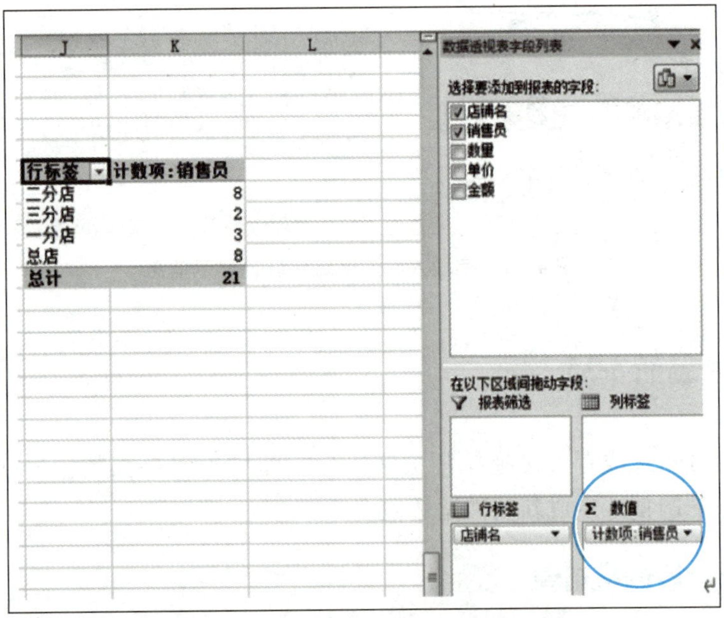

图 4-10　销售员入数值区域的布局

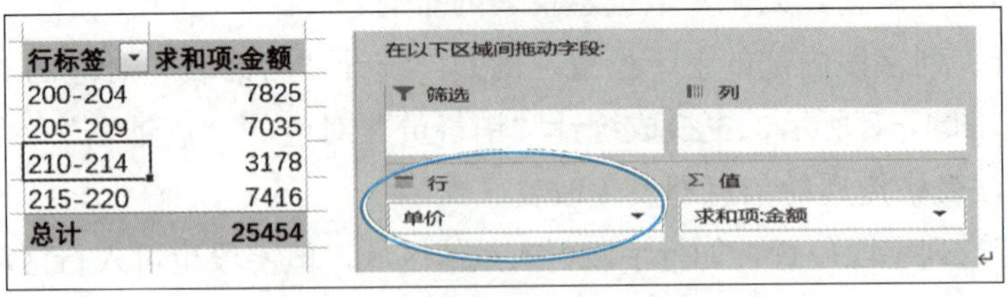

图 4-11　单价入行标签的布局

（二）设置格式调整布局

数据透视表布局样式有压缩形式、大纲形式、表格形式三种形态，可自行选择进行设

置，调用最适合需求的表格形式。点击“数据透视表工具”—“设计”—“报表布局”，即可进入设置，如图 4-12 和图 4-13 所示。

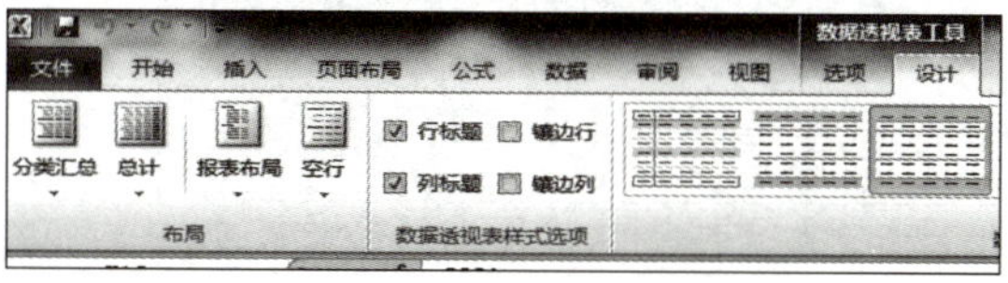

图 4-12　报表布局初始位置

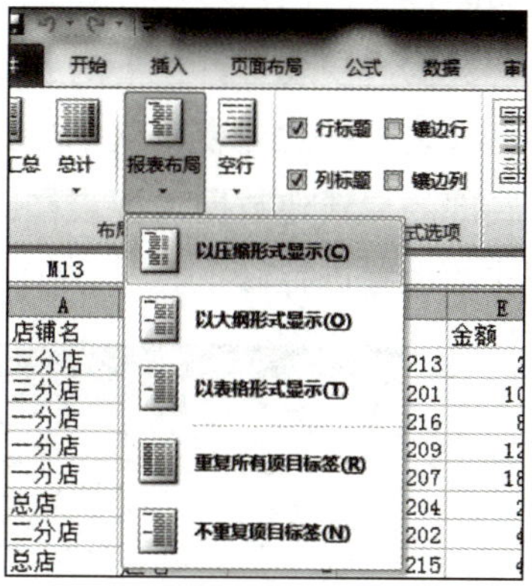

图 4-13　报表布局下的菜单项

（1）以压缩形式显示。在默认情况下，数据透视表的布局方式是压缩形式，如果有多个行字段就会被压缩在一列里显示，如图 4-14 所示。此时“店铺名”“销售员”两个行字段名无法正常显示，被模糊设置为“行标签”的名称，这种压缩布局方式，适合列字段较少的情况，否则会显得杂乱。

（2）以大纲形式显示。该样式将多个行字段分成多列显示，其字段名称不再是系统默认的“行标签”，而是直接标示为“店铺名”“销售员”。第二级行字段的汇总数据显示在上一级字段内，如图 4-15 所示，与压缩形式显示相同。

（3）以表格形式显示。该样式以表格形式显示报表，依然将多个行字段分成多列显示，字段名即原来的名称，但第二级字段的汇总数据单独显示在该字段的底部，如图 4-16 所示。这种布局比大纲形式更显紧凑。注意，表格中的汇总数据还可通过设置不显示。

行标签	求和项:金额
⊟总店	10460
张三	5604
王五	3586
赵七	1270
⊟一分店	3981
李四	3117
赵二	864
⊟二分店	9795
李四	1640
王五	2830
余一	2333
周六	2992
⊟三分店	1218
张四	1218
总计	25454

图 4-14　压缩形式布局

店铺名	销售员	求和项:金额
⊟总店		10460
	张三	5604
	王五	3586
	赵七	1270
⊟一分店		3981
	李四	3117
	赵二	864
⊟二分店		9795
	李四	1640
	王五	2830
	余一	2333
	周六	2992
⊟三分店		1218
	张四	1218
总计		25454

图 4-15　大纲形式布局

店铺名	销售员	求和项:金额
⊟总店	张三	5604
	王五	3586
	赵七	1270
总店 汇总		10460
⊟一分店	李四	3117
	赵二	864
一分店 汇总		3981
⊟二分店	李四	1640
	王五	2830
	余一	2333
	周六	2992
二分店 汇总		9795
⊟三分店	张四	1218
三分店 汇总		1218
总计		25454

图 4-16　表格形式布局

（三）设置外观形式调整布局

最初制作的数据透视表外观样式比较普通，如果进行报送，可通过样式设置进行美化。在“数据透视表工具”下的“设计”选项中，单击右侧的数据透视表样式下拉框，展开数据透视表的样式列表，从中选择一个即可，如图 4－17 所示。如果还不满意，可单击该列表底部的“新建数据透视表样式”按钮，创建个性化的报表样式。另外，还可以通过条件格式的设置进行修正。

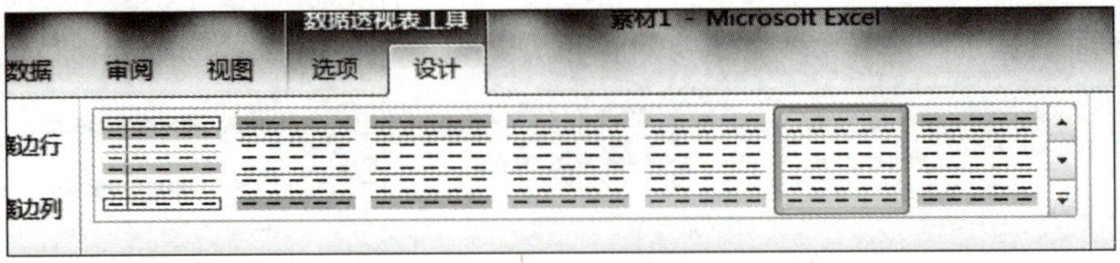

图 4－17　数据透视表样式设置

三、数据透视表的编辑

（一）字段名编辑

在数据透视表的数值区域添加字段后，这些字段名即自动被重命名，如“数量”变成了“求和项：数量”，“销售额”变成了“求和项：金额”。为使得表格更加美观，可根据需要重命名这些字段名，最简单的方法就是点击该单元格，在 Excel 编辑栏中直接输入更正后的名字，按回车键即可，如图 4－18 中的“求和项：金额”，修正为图 4－19 中的“销售额”。注意修改后的字段名称与之前数据透视表的字段名称不能重复，否则会弹出错误提示对话框，需灵活设置，如加个空格。

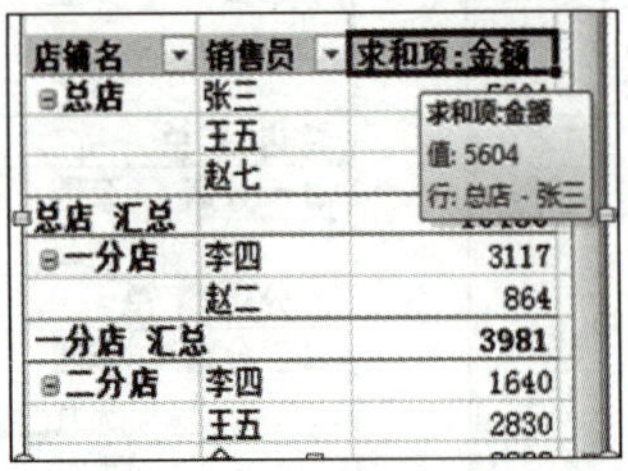

店铺名	销售员	求和项:金额
总店	张三	
	王五	
	赵七	
总店 汇总		
一分店	李四	3117
	赵二	864
一分店 汇总		3981
二分店	李四	1640
	王五	2830

图 4－18　字段名编辑前状态

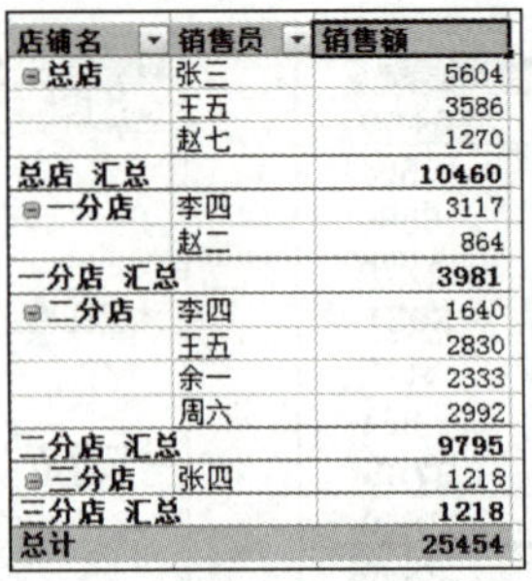

店铺名	销售员	销售额
总店	张三	5604
	王五	3586
	赵七	1270
总店 汇总		10460
一分店	李四	3117
	赵二	864
一分店 汇总		3981
二分店	李四	1640
	王五	2830
	余一	2333
	周六	2992
二分店 汇总		9795
三分店	张四	1218
三分店 汇总		1218
总计		25454

图 4－19　字段名编辑后状态

（二）汇总项、总计数、标签项目重复项的显示与删除

透视表中的数据如果有多个项目时，就会出现汇总项与总计数，如图 4－19 所示，其

中汇总项是一组项目数据的小计，可根据需求显示在项目组的顶部或底部，也可以不显示，具体可点击“数据透视表工具”—“设计”—“分类汇总”选项，根据需要设置即可，如图 4－20 和图 4－21 所示。

总计数则是所有项目的合计数，根据行或列汇总，可以显示，也可以隐藏。具体可点击“数据透视表工具”—“设计”—“总计”选项，根据需要设置即可，如图 4－22 所示。

标签项目的重复项显示命令则在报表布局菜单下面，如图 4－19 所示，标签项“二分店”下面三个空白行就属于重复项未显示，如果需要在三个空白行都显示“二分店”，可点击“数据透视表工具”—“设计”—“报表布局”选项，根据需要设置即可，如图 4－23 所示。

现在把图 4－19 表格中汇总项删除，把重复项都显示出来，结果如图 4－24 所示。注意，该表格中包含的“＋/－”符号在“数据透视表工具”—“选项”中也有相关命令进行删除，最后形态如同普通表格，方便调用。

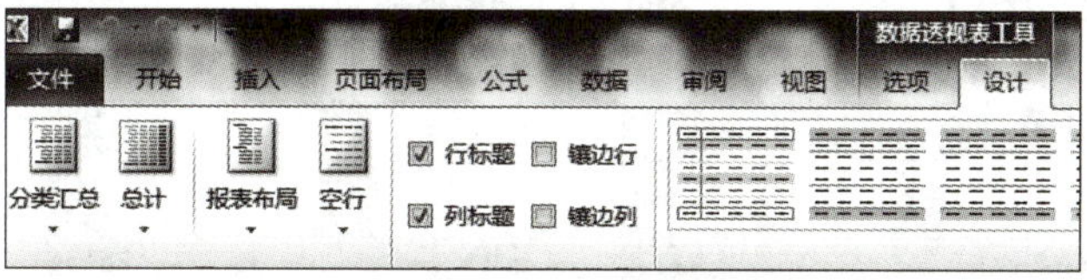

图 4－20　分类汇总初始位置

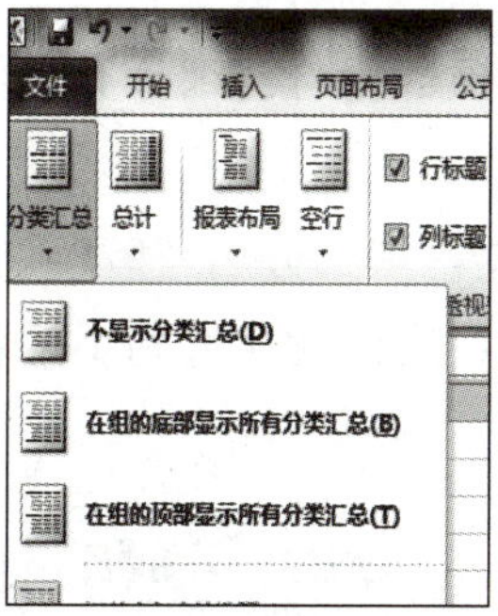

图 4－21　分类汇总菜单项

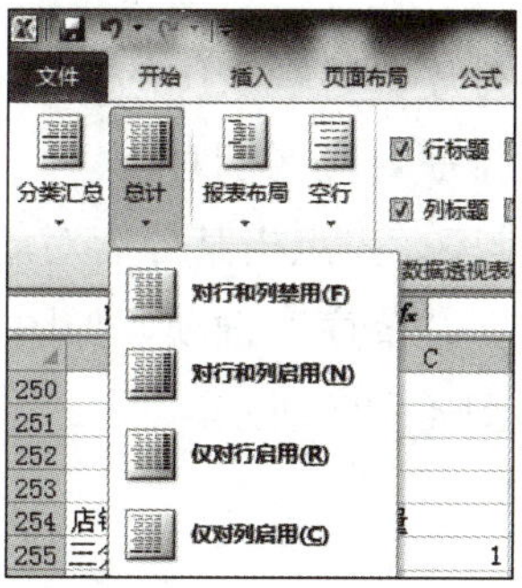

图 4－22　总计菜单项

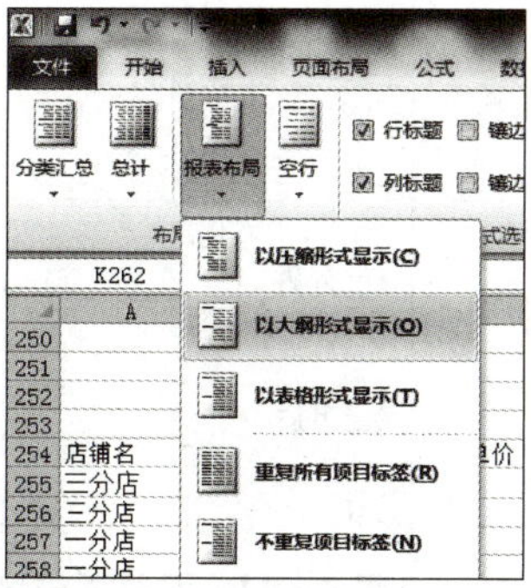

图 4－23　标签重复设置位置

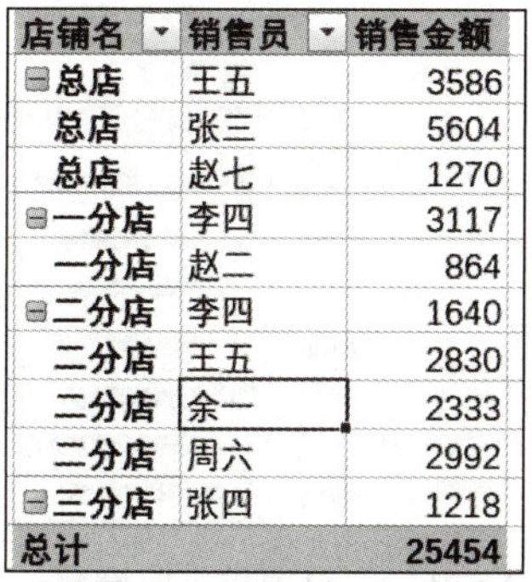

店铺名	销售员	销售金额
⊟总店	王五	3586
总店	张三	5604
总店	赵七	1270
⊟一分店	李四	3117
一分店	赵二	864
⊟二分店	李四	1640
二分店	王五	2830
二分店	余一	2333
二分店	周六	2992
⊟三分店	张四	1218
总计		25454

图 4－24　标签重复设置结果

（三）数据的排序

透视表数据的排序思路大致参照本书项目一所学排序知识，具体如下：

（1）对行字段排序。点击行字段单元格，右键调出排序命令，随机设置升序或降序即可。如图 4－25 所示，左表中店铺名显示的顺序不合常规，点击左图行字段“店铺名”单元格右侧的排序箭头，设置降序，即成右表所显示的样式。但“三分店”还是居于“二分店”的上面，可通过后面介绍的手动排序调整。

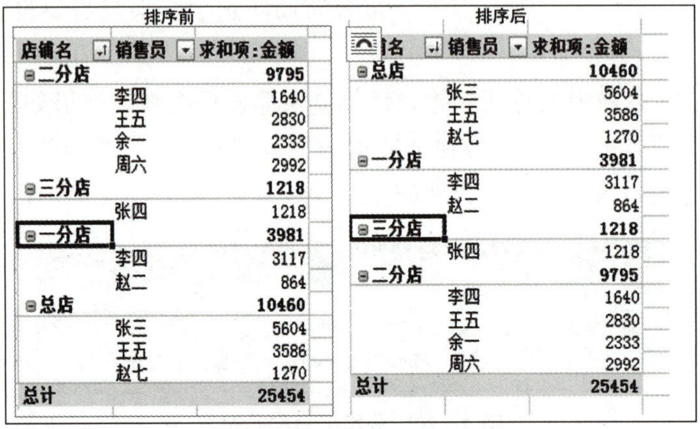

排序前

店铺名	销售员	求和项:金额
二分店		9795
	李四	1640
	王五	2830
	余一	2333
	周六	2992
三分店		1218
	张四	1218
一分店		3981
	李四	3117
	赵二	864
总店		10460
	张三	5604
	王五	3586
	赵七	1270
总计		25454

排序后

店铺名	销售员	求和项:金额
总店		10460
	张三	5604
	王五	3586
	赵七	1270
一分店		3981
	李四	3117
	赵二	864
三分店		1218
	张四	1218
二分店		9795
	李四	1640
	王五	2830
	余一	2333
	周六	2992
总计		25454

图 4－25　行字段店铺名降序排列前后对比

（2）对数值排序。透视表中的数据可分为汇总项数据与明细分类项数据，这些数据需要分层独立进行排序，应区别对待。

1）汇总项排序。先点击某分店对应的金额数据，如二分店“9795”这个数据单元格，再点击“排序”—“降序”选项，如图 4－26 所示，这样就从大到小把各分店的销售数据先排列完毕，如图 4－27 所示。

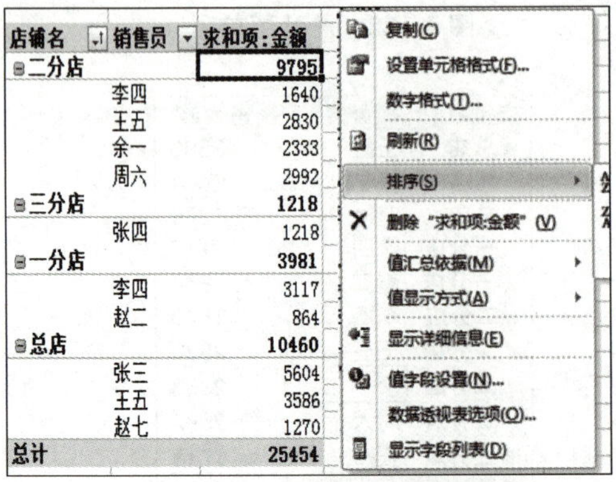

店铺名	销售员	求和项:金额
二分店		9795
	李四	1640
	王五	2830
	余一	2333
	周六	2992
三分店		1218
	张四	1218
一分店		3981
	李四	3117
	赵二	864
总店		10460
	张三	5604
	王五	3586
	赵七	1270
总计		25454

图 4－26　汇总项排序前设置

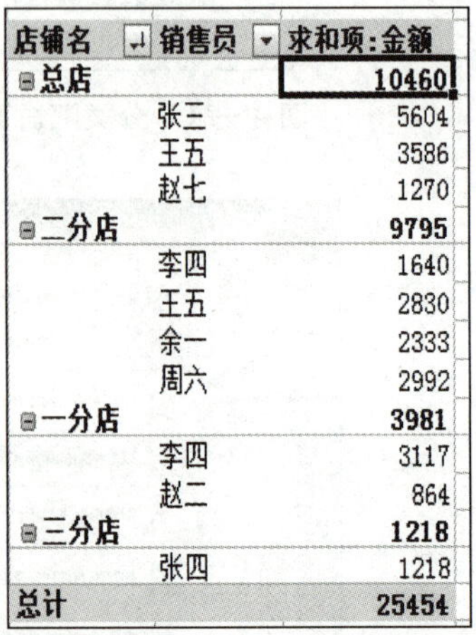

店铺名	销售员	求和项:金额
总店		10460
	张三	5604
	王五	3586
	赵七	1270
二分店		9795
	李四	1640
	王五	2830
	余一	2333
	周六	2992
一分店		3981
	李四	3117
	赵二	864
三分店		1218
	张四	1218
总计		25454

图 4－27　汇总项排序后状态

2）明细分类项排序。点击明细分类项目数据单元格，如王五对应的销售额“3586”所在数据单元格，点击“排序”—“降序”选项，如图 4－28 所示，即对所有分类项数据进行了排序，结果如图 4－29 所示。

店铺名	销售员	求和项:金额
⊟总店		10460
	张三	5604
	王五	3586
	赵七	1270
⊟二分店		9795
	李四	1640
	王五	2830
	余一	2333
	周六	2992
⊟一分店		3981
	李四	3117
	赵二	864
⊟三分店		1218
	张四	1218
总计		25454

图 4－28　分类项排序前状态

店铺名	销售员	求和项:金额
⊟总店		10460
	张三	5604
	王五	3586
	赵七	1270
⊟二分店		9795
	周六	2992
	王五	2830
	余一	2333
	李四	1640
⊟一分店		3981
	李四	3117
	赵二	864
⊟三分店		1218
	张四	1218
总计		25454

图 4－29　分类项排序后状态

（3）手动排序。添加字段后，如果其在数据透视表中的默认顺序不满足实际需要（如图 4－30 所示，总店排在最下面，不符合生活习惯），就可用鼠标拖动行数据进行手动排序。在具体操作时，将鼠标指针移至总店单元格的边框外，待指针变成“四向箭头”时，按住鼠标左键拖动目标至指定位置（此时表格会出现一根链条线，提醒数据可以移动），然后把它拖至第一行，如图 4－31 所示。同理，列数据也照此移动。

店铺名	求和项:金额
一分店	3981
二分店	9795
三分店	1218
总店	10460
总计	25454

图 4－30　手动排序前状态

店铺名	求和项:金额
总店	10460
一分店	3981
二分店	9795
三分店	1218
总计	25454

图 4－31　手动排序后状态

（四）筛选、切片器的使用及退出

如果透视表只需保留部分数据，就可以运用筛选功能来完成任务。

如果添加了多个行标签字段，系统默认以压缩形式对报表进行布局，如图 4－32 所示，这不便于数据筛选，可将报表布局设置为大纲或表格形式，在单元格中完整显示字段名，单元格的右侧会自动显现下拉菜单，运用之前所学的筛选方法对文本或数据进行筛选，如图 4－33 所示，点击“店铺名”右侧的下拉菜单，出现图 4－34 的对话框，按照之前所学的勾选法，筛选出“总店”对应的数据，如图 4－35 所示。还可通过对“销售员”的筛选，选出“总店”—“张三”的数据，如图 4－36 所示。

图 4-32 压缩形式下的筛选

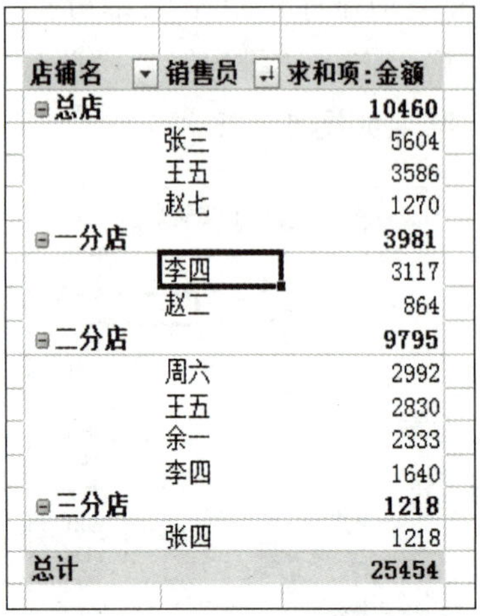

图 4-33 大纲形式下的筛选

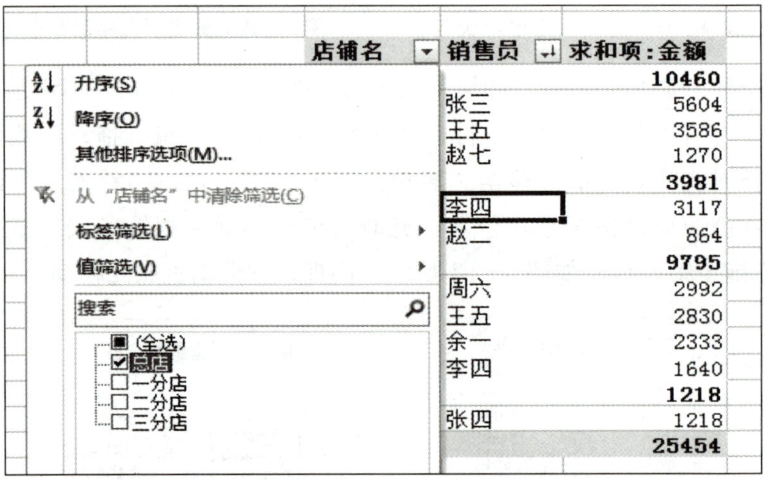

图 4-34 大纲形式下的店铺名筛选

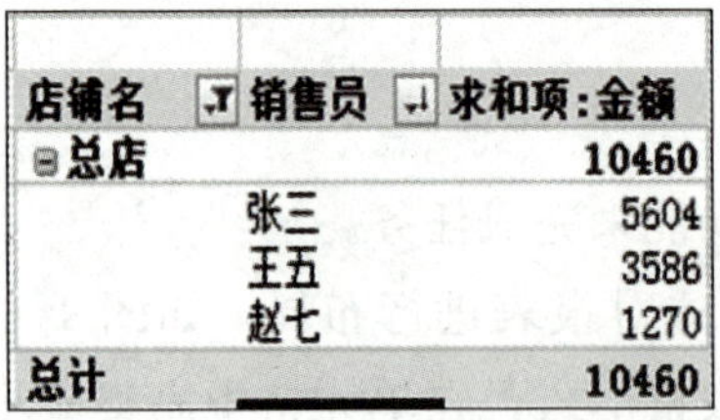

图 4-35 筛选出总店销售数据

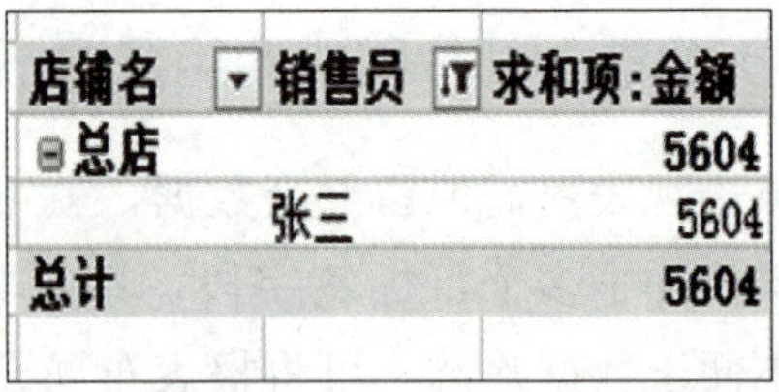

图 4-36 筛选出总店下张三的销售数据

当完成筛选任务，需要回到初始状态时，点击表格，右击鼠标，在随后出现的快捷菜单中点击“从‘销售员’中清除筛选”命令，如图 4-37 所示，透视表即恢复到筛选前的状态。

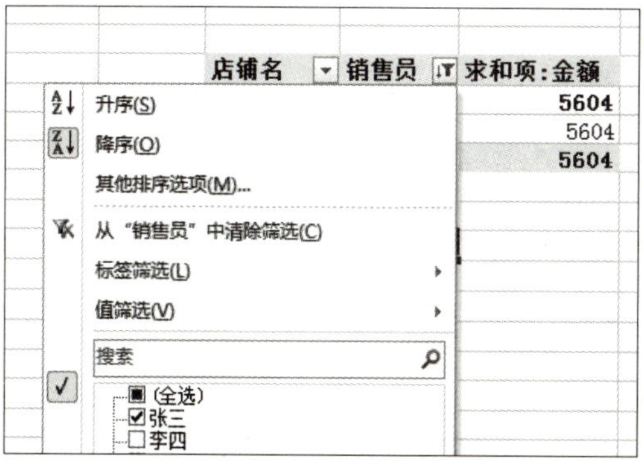

图 4-37　清除筛选位置

还可通过插入切片器对数据透视表进行单个字段的筛选。使用这个筛选方法无须打开下拉列表，切片器本身包含一组按钮，能够快速筛选出所需结果，而且整个过程保留筛选界面，随时可更换筛选对象，操作非常方便。具体操作过程如下：

在数据透视表中选中任意单元格，然后点击“数据透视表工具”—“选项”，在“排序和筛选”组中，单击“插入切片器”按钮，如图 4-38 所示，在弹出的“插入切片器”对话框中选中需要添加的筛选字段，如图 4-39 所示，随后按需进行筛选即可。

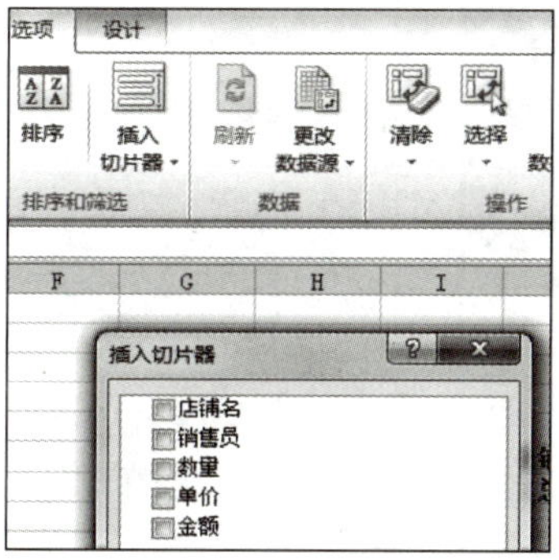

图 4-38　“插入切片器”位置

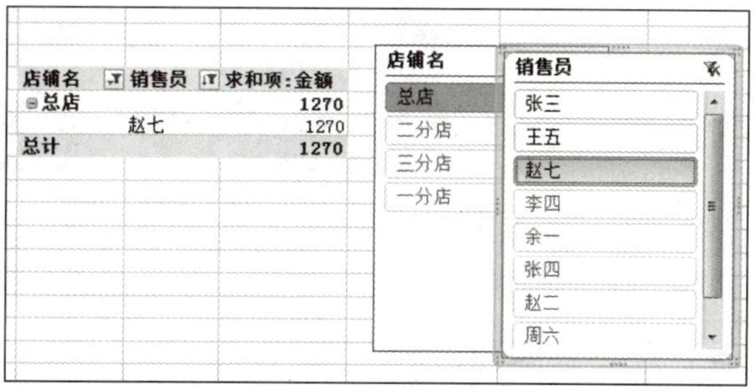

图 4-39　利用切片器筛选

如果要停止当前切片器，点击切片器右上角的清除筛选符号即可。也可点击切片器，右击鼠标，在弹出的快捷菜单上选择“删除‘销售员’”，如图 4-40 所示。

如果对切片器的摆放位置不满意，可用鼠标随意拖动，外框的大小也可用鼠标调整。切片器初始状态是单列分布，如果需要调整为按行多列分布，可点击当前切片器任意地方，右击鼠标，调出“大小和属性”命令，如图 4-41 所示，进入“位置和版式”菜单即可设置，如

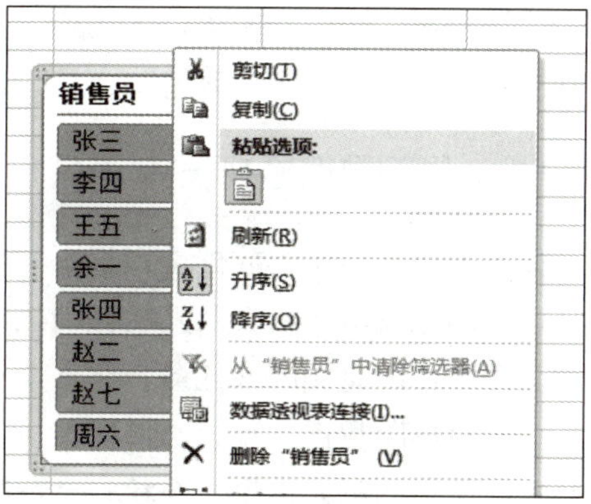

图 4-40　快捷菜单删除

图 4－42 所示。

图 4－41　切片器布局调整位置

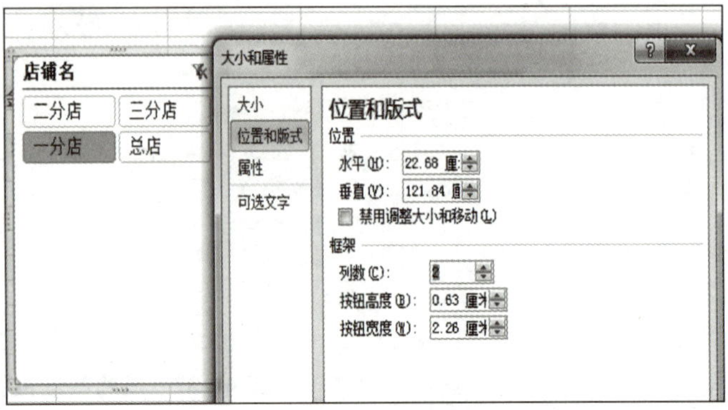

图 4－42　切片器布局调整对话框

数据透视表的统计结果是对多项数据汇总的结果，如果想查看相关的明细数据，双击汇总项的任意单元格，系统即新建一张工作表且显示出相应的明细数据。图 4－43 显示的是总店的所有明细数据。

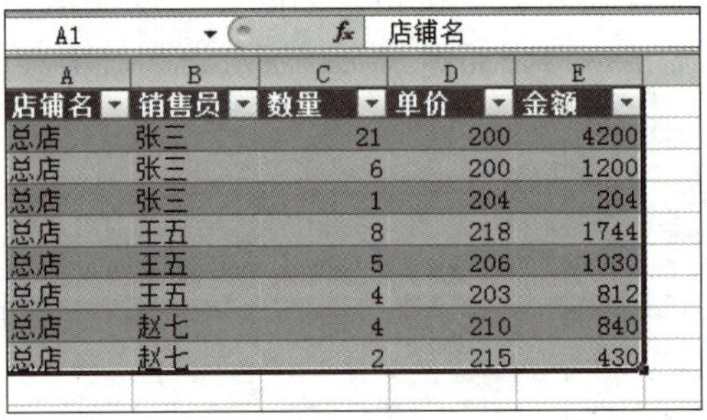

店铺名	销售员	数量	单价	金额
总店	张三	21	200	4200
总店	张三	6	200	1200
总店	张三	1	204	204
总店	王五	8	218	1744
总店	王五	5	206	1030
总店	王五	4	203	812
总店	赵七	4	210	840
总店	赵七	2	215	430

图 4－43　透视表明细数据

（五）复制数据透视表

选中整个数据透视表，然后按下“Ctrl＋C”组合键，选择恰当的位置，按下“Ctrl＋V”组合键粘贴即可复制数据透视表。注意，复制数据透视表后，选择合适的位置，右键打开“选择性粘贴”—“数值”命令，还可以把数据透视表保存为普通表格。

（六）删除数据透视表

如果不需要创建的数据透视表了，可将其删除，方法有两种：

（1）删除数据透视表及其所在的工作表。点击该工作表标签，在弹出的快捷菜单中单击删除命令，即完成的该任务。

（2）只删除数据透视表，但保留所在的工作表。可以选中需要删除的数据透视表，在开始选项卡中的单元格组命令执行“删除”—“删除单元格”命令即可，然后在弹出的对话框中进行相关选择。

（七）清除布局，恢复空白数据透视表

如果遇到太多字段需要调整的数据透视表，可以清除其中的数据，恢复为一张空白的数据透视表，以便重新进行布局。方法为：单击数据透视表的任意单元格，选择“数据透视表工具”—“分析”选项，在“操作”组中执行“清除”—“全部清除”命令即可。也可以把所有字段名的勾选状态去除，恢复为空白数据透视表。

四、数据透视表创建注意事项

创建一份数据透视表操作简单，但数据源如果不规范，可能导致建表出错，甚至数据分析出错，以下这些事项要特别注意：

（1）数据源是一维表格（如图 4－44 所示），不是二维表格（如图 4－45 所示）。一维表的第一行是字段名，下面是该字段对应的数据。如果数据源是二维表格，则无法顺利建立数据透视表。

F	G	H
姓名	学科	成绩
于予菊	语文	55
于予菊	数学	69
于予菊	英语	59
詹姆斯下士	语文	100
詹姆斯下士	数学	64
詹姆斯下士	英语	61
马凤英	语文	50
马凤英	数学	79
马凤英	英语	48

图 4－44　一维表格

	A	B	C	D
1	姓名	语文	数学	英语
2	于予菊	55	69	59
3	詹姆斯下士	100	64	61
4	马凤英	50	79	48
5	赵铁锤	60	81	92
6	诸葛钢铁	98	100	83
7	郑德勇	98	81	47
8	王钢蛋	44	62	64
9	宋大莲	92	50	69
10				

图 4－45　二维表格

（2）表中不要有空值。数据源不要出现空行或空列，数据源的第一行为空白，会导致透视表字段出错。如果没有数据，或者值为 0，建议输入“0”。

（3）表中不要有合并单元格。数据源中不要有合并单元格存在，否则容易导致透视分析错误。

（4）数据格式要正确。数据源的数据格式要正确设置，尤其是日期数据，如果系统认定为文本格式，后面的汇总统计功能将不能正常执行。

任务实施

某电器连锁店一个时间周期内的空调销售数据如表 4－2 所示，利用数据透视表的知识，试分析该店空调的销售状况（可从人员、门店及品牌等角度分析）。

表 4-2 数据透视表练习用数据 2

订单号	销售人员	地区	家电品牌	单价	销量（台）	销售额
10240	张三	A 店	奥克斯	1 200	4	4 800
10241	李四	A 店	格力	1 300	5	6 500
10242	钱五	A 店	美的	1 250	6	7 500
10243	赵六	A 店	春兰	1 500	3	4 500
10244	刘琦	A 店	海尔	1 500	5	7 500
10245	张锋	A 店	美的	1 400	2	2 800
10246	罗伊	B 店	格力	1 200	3	3 600
10247	罗伦	B 店	美的	2 000	2	4 000
10248	汤红	B 店	松下	2 100	4	8 400
10249	王维	B 店	奥克斯	1 200	2	2 400
10250	小花	B 店	格力	1 200	2	2 400
10251	小米	B 店	美的	1 400	4	5 600
10252	李明	B 店	格力	1 200	11	13 200
10253	张虹	B 店	美的	2 000	8	16 000
10254	王娜	C 店	松下	2 100	2	4 200
10255	刘宇	C 店	奥克斯	1 200	8	9 600
10256	陈笑	C 店	格力	1 200	4	4 800
10257	章晓	C 店	松下	1 600	9	14 400
10258	齐易	C 店	奥克斯	1 300	7	9 100

任务 2 数据透视表内值字段的设置与处理

任务意义

数据透视表中的值字段是重要数据，其不同的表现形态可以传达不同层面的信息，如设置为求和状态还是计数状态，显示为普通数据还是百分比数据。通过对值字段设置方法的学习，可大大提高数据分析的深度。

任务准备

一、值字段不同显示方式设置

（一）设置值汇总方式显示数据

进入透视表数值区域的数据通常以两种方式显示出来：

一种是直接显示原来的数值大小，如销量、单价、销售额。汇总时，系统自动把这些数据直接加起来，并称这种数据汇总模式为“求和方式”，也默认数值字段的汇总方式为求和状态。

另一种以记录数据条数的方法显示。一般表格中一行数据就算一条，汇总时，系统把这些条数加起来，称为“计数方式”，与之前所学 COUNT 函数的值类似。如果将文本字段拖进数值区域，默认其为计数方式显示。

系统还可以对数据进行计算，最后以平均数、最大值、最小值等形态显示，用户可分别通过相关命令进行设置。具体操作是：先点击透视表中需设置的数据单元格，右击鼠标调出快捷菜单，如图 4 - 46 所示。再点击“值汇总依据”选项，选择后续出现的所需命令即可。图 4 - 47 显示透视表拉了 3 次“销售额”字段进入值字段区域，图 4 - 48 显示分别对它们进行求和、计数、平均值三种汇总方式的设置结果（数据源为表 4 - 1）。

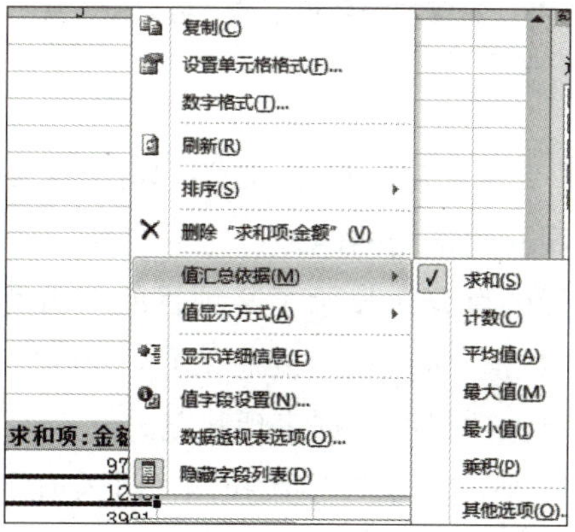

图 4 - 46　快捷菜单设置值汇总数据

行标签	求和项:金额3	求和项:金额	求和项:金额2
二分店	9795	9795	9795
三分店	1218	1218	1218
一分店	3981	3981	3981
总店	10460	10460	10460
总计	**25454**	**25454**	**25454**

图 4 - 47　值汇总设置初始数据表格

行标签	求和项:金额3	计数项:金额	平均值项:金额2
二分店	9795	8	1224.375
三分店	1218	2	609
一分店	3981	3	1327
总店	10460	8	1307.5
总计	**25454**	**21**	**1212.095238**

图 4 - 48　三种值汇总数据设置结果

值汇总方式还可以通过图 4 - 46 中的“值字段设置”命令进行操作，或者在值字段区域内点击字段名右侧的下拉菜单箭头进行设置。

（二）设置值字段显示方式显示数据

在默认情况下，数据透视表以求和或计数的方式显示数据，如果需要以比例或其他方式显示数据，则需要调用新命令。这个命令叫“值显示方式”，它主要设置四类数据，分别是以占比方式显示数据、以累计数据及占比方式显示数据、以差异数据及占比方式显示数据、对数据排序。

“值显示方式”的设置方法与“值汇总依据”的设置方法相同，如图 4－49 所示。下面对四类数据的具体设置过程进行介绍。

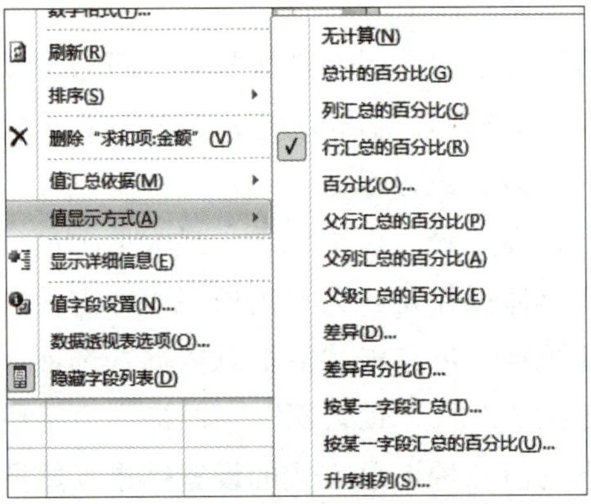

图 4－49　右键快捷菜单下的“值显示方式”设置

1. 占比分析数据设置

Excel 数据透视表提供了 7 种百分比显示方式，如图 4－49 右侧菜单所示，这些项目从名称上理解，十分抽象，现介绍常用的四种：

（1）总计的百分比。总计的百分比显示了某项目的值占所有项目总值的百分比数据。其计算原理是“(单独项目的数值/所有项目的总值)×100%”，总计的百分比显示方式以所有项目总值为标准，衡量单独项目的数据表现状况。

继续使用表 4－1 的数据，把“金额”字段拉两次进入值字段区域（如图 4－50 所示），把第二列金额数据设置为“总计的百分比”（如图 4－51 所示），以此显示各分店销售数据占总量的对比情况。

行标签	求和项:金额3	求和项:金额
二分店	9795	9795
三分店	1218	1218
一分店	3981	3981
总店	10460	10460
总计	25454	25454

图 4－50　值显示方式设置初始数据表

行标签	求和项:金额3	求和项:金额
二分店	9795	38.48%
三分店	1218	4.79%
一分店	3981	15.64%
总店	10460	41.09%
总计	25454	100.00%

图 4－51　总计的百分比设置展示

（2）列汇总的百分比。列汇总的百分比方式显示了每项数据占该列所有数据总和的百分比。其计算原理是“(单独项目的数值/项目所在列的总值)×100%”。图 4－52 显示的是 2020 年 12 月前三天的销售数据。现需要分析每个分店的销售额与当日总销售额的对比情况，以观察各分店在一天内的销售额差异，设置值显示方式为列汇总的百分比即可，如图 4－53 所示。

求和项:金额	列标签			
行标签	2020/12/1	2020/12/2	2020/12/3	总计
二分店	1863	812	1070	3745
三分店	1005	204	840	2049
一分店	864	404	1030	2298
总店	1254	430	1055	2739
总计	4986	1850	3995	10831

图 4－52　列汇总百分比设置初始数据

求和项:金额	列标签			
行标签	2020/12/1	2020/12/2	2020/12/3	总计
二分店	37.36%	43.89%	26.78%	34.58%
三分店	20.16%	11.03%	21.03%	18.92%
一分店	17.33%	21.84%	25.78%	21.22%
总店	25.15%	23.24%	26.41%	25.29%
总计	100.00%	100.00%	100.00%	100.00%

图 4－53　列汇总的百分比设置后展示

（3）行汇总的百分比。行汇总的百分比方式显示了每项数据占该行所有数据总和的百分比。其计算原理是“(单独项目的数值/项目所在行的总值)×100%”。

如图 4－52 所示，现在分析每个分店前三天内，每天销售额占三天总销售额的对比数据，以此来衡量商品销量随着日期变化的波动情况。设置值显示方式为行汇总的百分比即可，如图 4－54 所示。

求和项:金额	列标签			
行标签	2020/12/1	2020/12/2	2020/12/3	总计
二分店	49.75%	21.68%	28.57%	100.00%
三分店	49.05%	9.96%	41.00%	100.00%
一分店	37.60%	17.58%	44.82%	100.00%
总店	45.78%	15.70%	38.52%	100.00%
总计	46.03%	17.08%	36.88%	100.00%

图 4－54　行汇总的百分比设置后展示

（4）百分比。百分比的显示方式是以某项目为标准，显示其他项目与该项目的比例。这种汇总方式需要选择某项目为参照标准。其计算原理是“(其他项目数据/参照项目数值)×100%”。

继续使用表 4－1 的数据，图 4－55 为各销售员的销售数据（拉两次进入值字段区域），现以最大值“王五”的数据为参照项目，计算其他人员对比王五的情况。如图 4－56 所示，把第二列金额数据设置值显示方式为“百分比”，立即出现了相应的占比情况。

行标签	求和项:金额3	求和项:金额
张三	5604	5604
李四	4757	4757
王五	6416	6416
余一	2333	2333
张四	1218	1218
赵二	864	864
赵七	1270	1270
周六	2992	2992
总计	25454	25454

图 4－55　百分比设置前初始数据表

行标签	求和项:金额3	求和项:金额
张三	5604	87.34%
李四	4757	74.14%
王五	6416	100.00%
余一	2333	36.36%
张四	1218	18.98%
赵二	864	13.47%
赵七	1270	19.79%
周六	2992	46.63%
总计	25454	

图 4－56　百分比设置后展示

2. 累计分析数据设置

在数据分析中，经常要用到累计值，如按月计算销售额累计值、按照品牌计算销售额累计值、快速找到占销售额 60%的品牌等，这些都可通过“值显示方式”的设置来实现。计算累计值的方式有两个：一是按某一字段汇总，计算累计值；二是按某一字段汇总百分比，计算累计值占比。

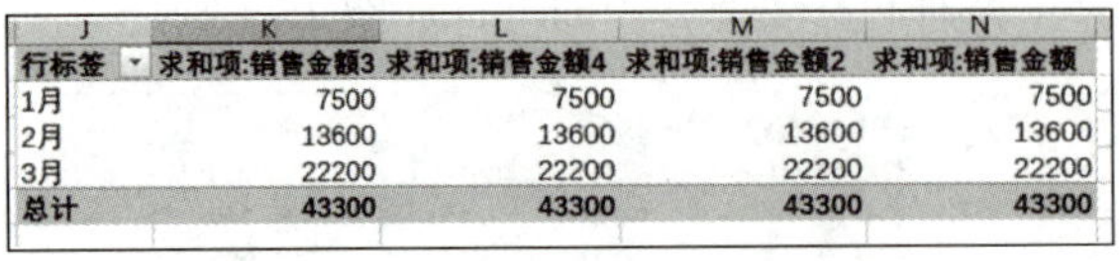

行标签	求和项:销售金额3	求和项:销售金额4	求和项:销售金额2	求和项:销售金额
1月	7500	7500	7500	7500
2月	13600	13600	13600	13600
3月	22200	22200	22200	22200
总计	43300	43300	43300	43300

图 4-57　累计值设置前初始数据表

图 4-57 为按月汇总金额的数据透视表，其中连续拉 4 次金额入值字段区域，为后期数据设置做准备。图 4-58 为按月显示当月销售额、累计销售额、销售额百分比、销售额累计占比的表格，其中第二列数据为当月销售额基本值，第三列为销售额累计值，第四列为销售额总计百分比数据，第五列为按月汇总的销售额累计数据占总数的百分比，这个百分比逐渐增加，到最后一个项目时，累计百分比为 100%。这几个项目的名称，都按照实际状态进行了编辑。如图 4-59 所示，在“值显示方式”设置对话框中，基本字段为“日期”。

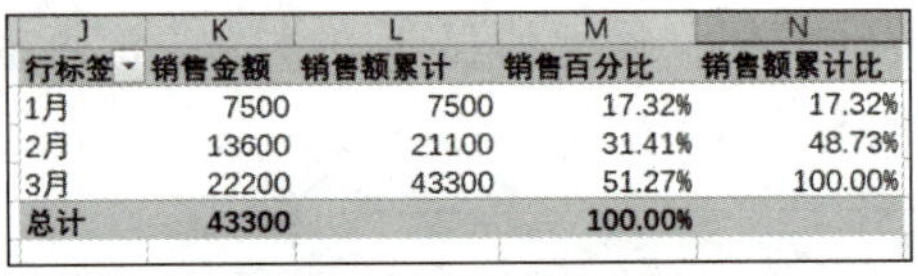

行标签	销售金额	销售额累计	销售百分比	销售额累计比
1月	7500	7500	17.32%	17.32%
2月	13600	21100	31.41%	48.73%
3月	22200	43300	51.27%	100.00%
总计	43300		100.00%	

图 4-58　累计值设置展示

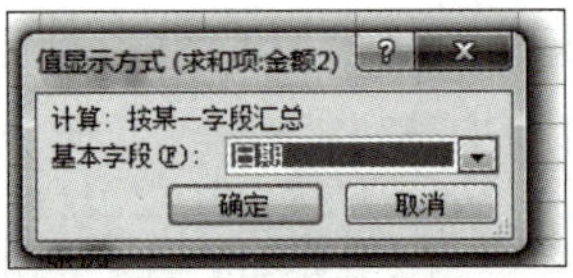

图 4-59　累计字段设置对话框

小贴士

设置累计值时，数据一般按降序排列，这样就可以快速找到占累计值最大的分类项目。

3. 差异分析数据设置

差异分析就是以某个项目为基准，计算其他项目与该基准项目的差异值、差异百分比值。这个基准项目可以是某一值、最大值、最小值，还可以是上一个项目或下一个项目（实际运用中可计算环比数据）。

继续利用图 4-55 的数据，调出“值显示方式”命令，其中基本字段为“销售员”，基本项为“王五”（如图 4-60 所示），执行结果如图 4-61 所示，第三列数据为差异值，第四列数据为差异百分比。

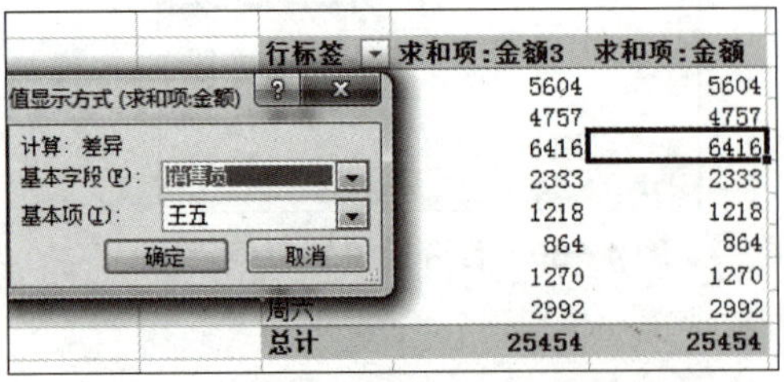

行标签	求和项:金额3	求和项:金额
	5604	5604
	4757	4757
	6416	6416
	2333	2333
	1218	1218
	864	864
	1270	1270
周六	2992	2992
总计	25454	25454

图 4-60　差异值设置前初始数据

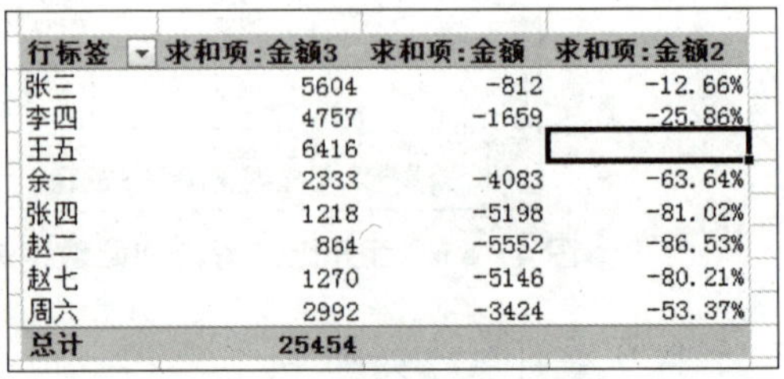

行标签	求和项:金额3	求和项:金额	求和项:金额2
张三	5604	-812	-12.66%
李四	4757	-1659	-25.86%
王五	6416		
余一	2333	-4083	-63.64%
张四	1218	-5198	-81.02%
赵二	864	-5552	-86.53%
赵七	1270	-5146	-80.21%
周六	2992	-3424	-53.37%
总计	25454		

图 4-61　差异值设置后展示

4. 排名分析数据设置

在字段的显示方式中，还可设置数据的排序名次，有降序与升序两种，其中降序方式是把最大的放第一名，升序方式则把最小的放第一名。这里重在排名，而不是传统意义的排序，并不改变数据的摆放位置。如图 4－62 所示，左图为数据准备表，对其第三列数据设置降序排名，结果如右图所示。

行标签	求和项:金额	求和项:金额2
张三	5604	5604
李四	4757	4757
王五	6416	6416
余一	2333	2333
张四	1218	1218
赵二	864	864
赵七	1270	1270
周六	2992	2992
总计	25454	25454

行标签	求和项:金额	求和项:金额2
张三	5604	2
李四	4757	3
王五	6416	1
余一	2333	5
张四	1218	7
赵二	864	8
赵七	1270	6
周六	2992	4
总计	25454	

图 4－62　排名设置前初始数据表及设置后展示

二、计算字段与计算项的设置

（一）自定义计算字段

计算字段就是在透视表命令中使用函数公式，调用其他字段数据，创建新的字段，以完成新的计算分析任务。这种字段在原始数据中不存在，是新字段。

（二）添加计算字段

点击“数据透视表工具”—“分析”—“计算”组下的“域、项目和集”项目，调出“计算字段”命令，如图 4－63 所示。

随后打开“插入计算字段”对话框，如图 4－64 所示，根据销售金额、销售成本核算门店的毛利数据。在“名称”框中输入新字段名“毛利”（不能与现有的字段重名），在“公式”框中输入计算公式“＝销售金额－销售成本”（可从字段列表中选择需要计算的字段名，双击添加到公式框中），注意，透视表不允许在自定义计算字段中设置单元格引用。设置完成后，新的字段名同步添加在字段列表中，如图 4－65 所示。

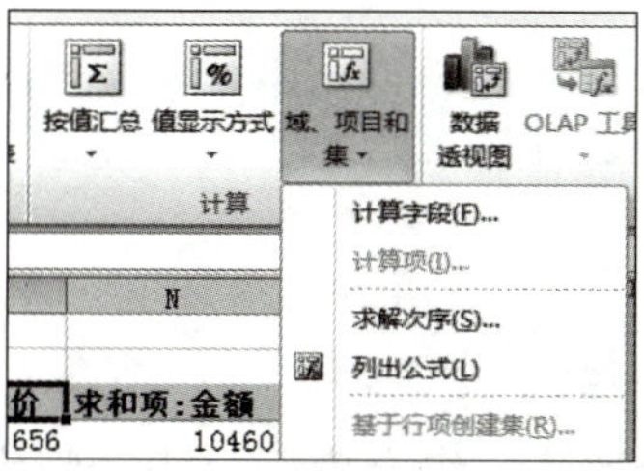

图 4－63　计算字段初始位置

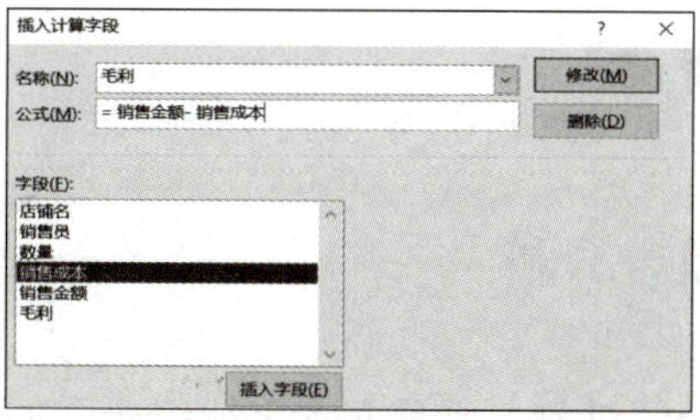

图 4－64　插入计算字段对话框

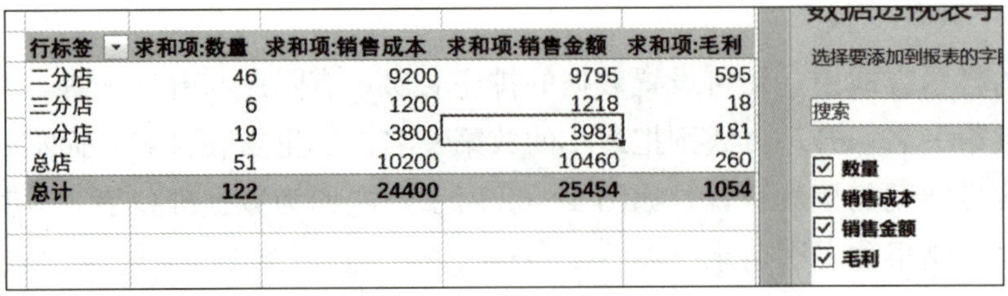

行标签	求和项:数量	求和项:销售成本	求和项:销售金额	求和项:毛利
二分店	46	9200	9795	595
三分店	6	1200	1218	18
一分店	19	3800	3981	181
总店	51	10200	10460	260
总计	122	24400	25454	1054

图 4-65　计算字段设置后展示

公式中也可以使用函数，如在设置除法公式时，可使用 ROUND 函数对结果保留两位小数。同理，在数据源中，某个字段下面没有某个项目，也可以通过自定义计算项来设置新的项。字段与项是两个完全不同的概念，要清楚两者的区别才能添加正确。

任务实施

利用本任务所学值字段设置的相关技能，加强对比值与累计值在数据分析中的应用的认识，进一步分析表 4-2 空调销售数据的特点。

任务 3　通过组合字段分析数据

任务意义

在数据分析过程中，对现有的字段进行组合，生成新的字段，从而生成新的分类，可以为数据分析打开新视角，拓展数据分析思维或分析深度。无论是文本字段还是数值字段，都可以通过快捷菜单里的创建组命令进行组合，如果不需要该设置了，执行取消组合命令即可。

任务准备

一、手动组合分析

手动组合的对象主要是文本字段组合，如组合地区、组合商品、组合特定日期。数值也可以进行组合，如价格带、工龄段。具体方法分为标签筛选数据组合与鼠标选定目标数据组合两种。

（一）标签筛选数据组合

图 4－66 为某服装店销售数据透视表，如需了解其中男式西裤、女式套裙、女式连衣裙的总体销售情况，则可调用数据的组合功能。

（1）点击“行标签”单元格右侧的下拉箭头，在打开的下拉菜单中选择“标签筛选”，再选择“开头是”，如图 4－67 所示。

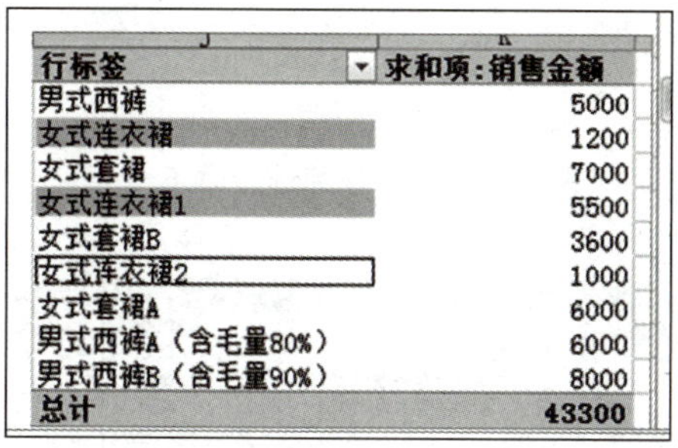

行标签	求和项：销售金额
男式西裤	5000
女式连衣裙	1200
女式套裙	7000
女式连衣裙1	5500
女式套裙B	3600
女式连衣裙2	1000
女式套裙A	6000
男式西裤A（含毛量80%）	6000
男式西裤B（含毛量90%）	8000
总计	43300

图 4－66　标签筛选前初始数据

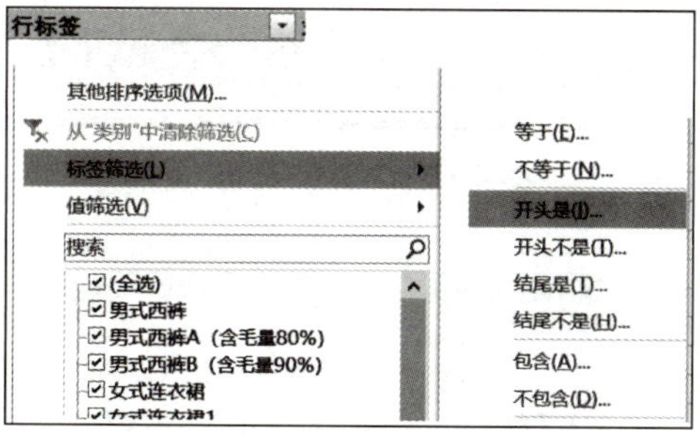

图 4－67　标签筛选下的菜单项

（2）在标签筛选对话框中，根据数据特点，输入“男式”二字（如图 4－68 所示），即出现所需数据（如图 4－69 左表所示）。然后选定这三行数据，右键调出快捷菜单，选择“组合”，即出现图 4－70 的结果（可把该报表布局设置为大纲状态，方便后面操作）。如果执行组合命令后，透视表没有数据显现，则需点击“数据透视表工具”—“分析”—“操作”模块内的“选择”命令，在随后的下拉菜单中，点击“启用选定内容”命令（如图 4－71 所示），再重复刚才的步骤即可（版本较高的 Excel 可忽略此步）。

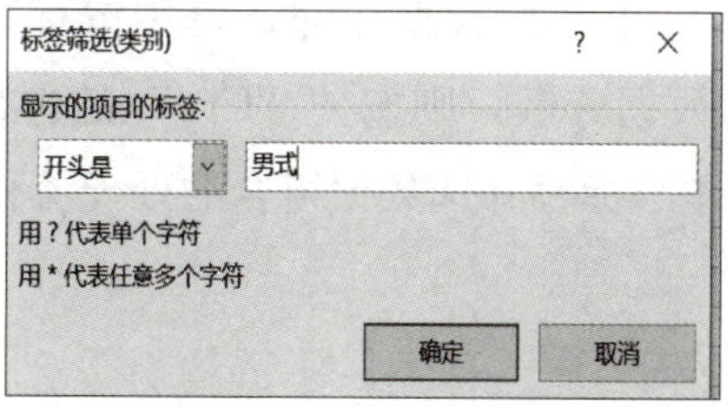

图 4－68　标签筛选步骤 1

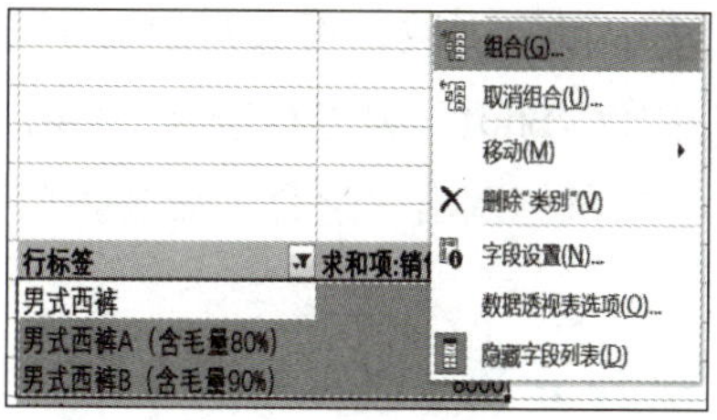

图 4－69　标签筛选步骤 2

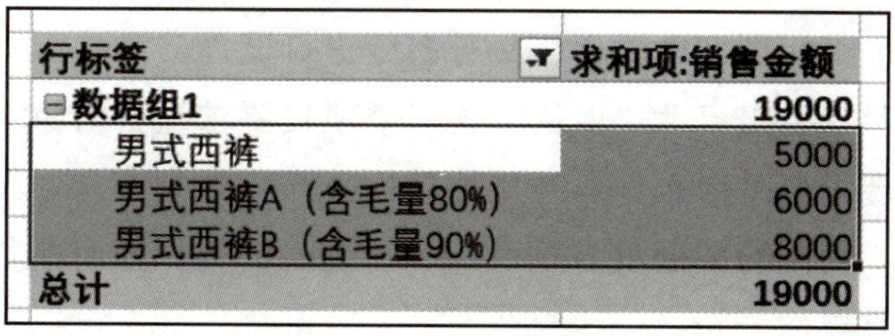

行标签	求和项：销售金额
⊟数据组1	19000
男式西裤	5000
男式西裤A（含毛量80%）	6000
男式西裤B（含毛量90%）	8000
总计	19000

图 4－70　标签筛选步骤 3

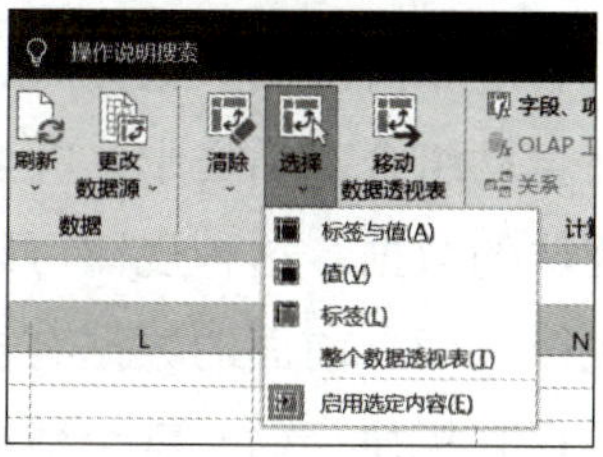

图 4－71　标签筛选步骤 4

（3）重复上一步的操作，把女式连衣裙和女式套裙筛选出来，并进行组合（如图 4－72 所示）。然后点击表格，右击鼠标，选择“从‘类别 2’中清除筛选”这条命令（如图 4－73 所示），系统即呈现如图 4－74 所示的表格，再根据数据特点，对表内字段名进行编辑，结果如图 4－75 所示。

类别2	类别	求和项:销售金额
总计		

图 4－72　标签筛选步骤 5

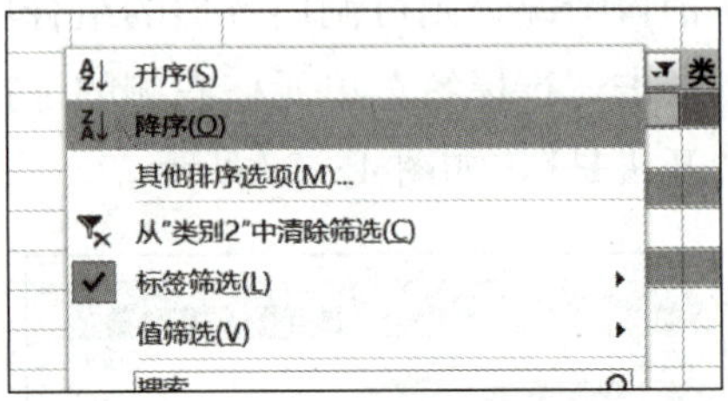

图 4－73　标签筛选步骤 6

类别2	类别	求和项:销售金额
数据组1		19000
	男式西裤	5000
	男式西裤A（含毛量80%）	6000
	男式西裤B（含毛量90%）	8000
数据组2		7700
	女式连衣裙	1200
	女式连衣裙1	5500
	女式连衣裙2	1000
数据组3		16600
	女式套裙	7000
	女式套裙A	6000
	女式套裙B	3600
总计		43300

图 4－74　标签筛选步骤 7

品类	明细	销售金额
男士西裤		19000
	男式西裤	5000
	男式西裤A（含毛量80%）	6000
	男式西裤B（含毛量90%）	8000
女士连衣裙		7700
	女式连衣裙	1200
	女式连衣裙1	5500
	女式连衣裙2	1000
女士套裙		16600
	女式套裙	7000
	女式套裙A	6000
	女式套裙B	3600
总计		43300

图 4－75　标签筛选步骤 8

（二）鼠标选定目标数据组合

标签筛选数据组合一般适用于透视表项目较多的情况。上述服装销售数据相对简单，运用鼠标先选定目标区域，再进行组合更方便。如果目标数据相邻，可用鼠标直接拖拉选定，也可以按住“Shift”键进行选定。如果目标数据分散，则按住“Ctrl”键进行选定。选好数据后，右击鼠标调出“组合”命令，后续操作与标签筛选数据组合的处理流程类似。

二、自动组合分析

自动组合主要是针对存在一定步长规律的数值进行组合，如对一定价格区间的销售额分布、一定年龄段的人数分布、某个时间周期内的销售额分布等进行设置。

在自动组合对话框中，“起始于”“终止于”“步长”这三个项目要求组合对象必须包含有规律的数据，这种规律可以表现为多种形态：（1）规律数据分布在数列中间，头尾都没有规律。（2）前面的数据有规律，后面的数据没有规律。（3）前面的数据没有规律，后面的数据有规律。（4）整个数据都有规律分布。

透视表只能对数值数据设置自动组合，如果组合数据列中有文本型数据，就不能进行自动组合，这时系统会弹出一个“选定区域不能分组”的警告框。这时，一定要在数据源中把文本型数据找出来，并转换为数值型数据。

现对某门店 2018 年前三个月的销售数据透视表以月为单位进行组合。首先点击日期数据，右击鼠标，调出“创建组”命令，如图 4 - 76 所示。打开分组对话框后，设置起始值、终止值两个日期，步长选择“月”，如图 4 - 77 所示，点击“确定”，随后出现分组后的结果，如图 4 - 78 所示。

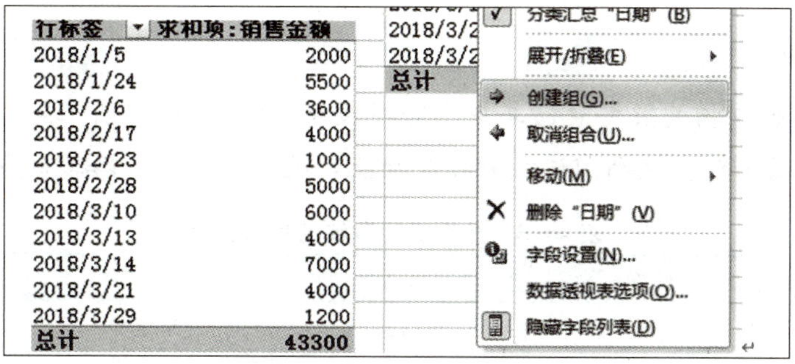

图 4 - 76　自动组合设置前初始数据表及操作位置

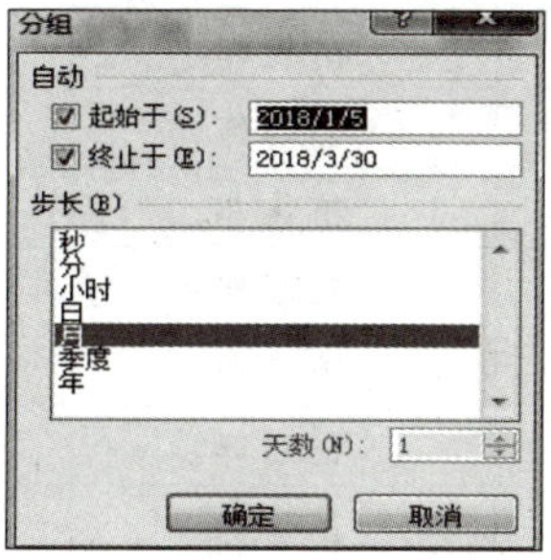

图 4 - 77　日期组合设置对话框

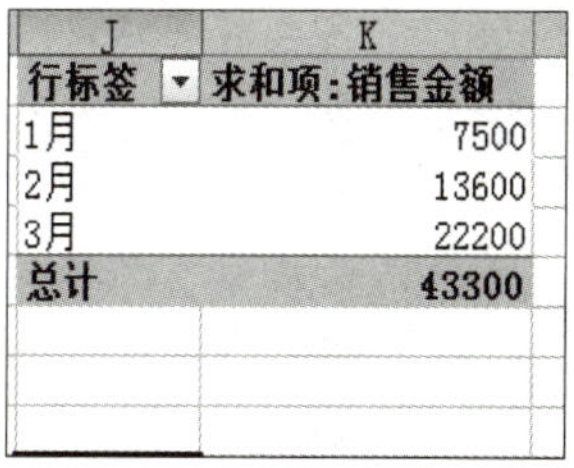

图 4 - 78　日期组合后效果展示

现对某门店商品价格数据进行组合分析。注意创建相关数据透视表时，单价须拉入行标签区域，如图 4 - 79 所示。然后点击单价数据，调出“组合”命令，在分组对话框中，步长设置为“5”，点击“确定”，即得出所需结果，如图 4 - 80 所示。

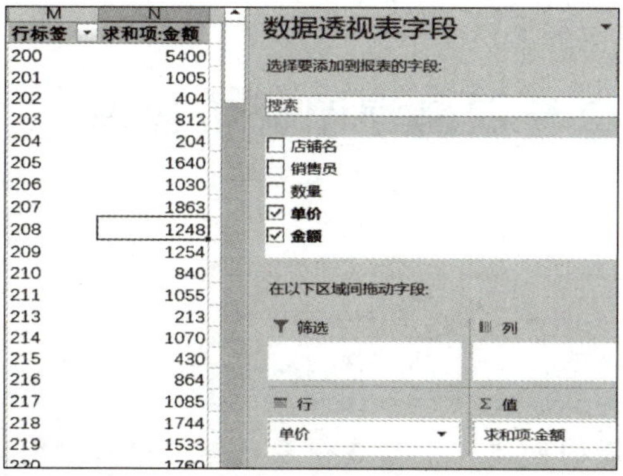

图 4 - 79　价格组合设置前初始数据透视表

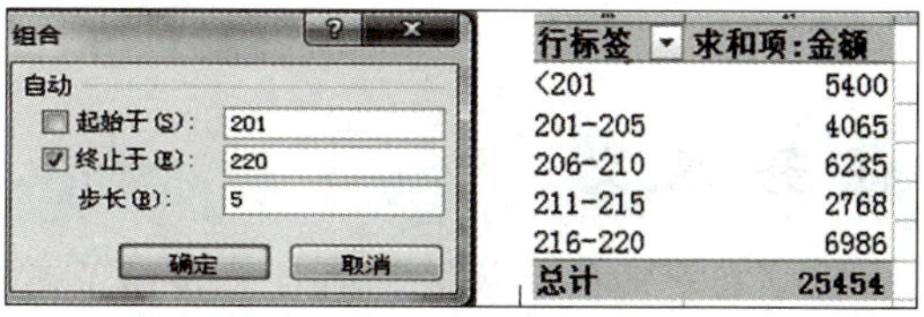

图 4 - 80　价格组合对话框及效果展示

思考

如果只需分析单价高于210元、步长为5价格带的数据，或者只需分析单价低于215元、步长为3价格带的数据，或者只需分析单价小于215元且大于210元、步长为2的价格带数据，应如何在组合框中进行相应设置（注意各个透视表的数据布局差异）？

任务实施

表4-3为某企业相关数据表，其中工龄字段下：0～5年为低工龄，6～10年为中工龄，10年以上为高工龄。试利用透视表组合功能，统计这三个工龄段的相关人数。

表4-3　数据透视表练习用数据3

职工姓名	性别	工龄	部门	工资
王敏	女	10	销售部	1 000
胡月	女	2	企划部	2 000
李鹏	男	15	人事部	3 000
江洋	男	8	销售部	1 000
夏玲	女	3	企划部	2 000
黄涛	男	4	销售部	3 000
刘丽	女	7	人事部	2 000
杨柳	女	1	销售部	1 000
叶伟	男	9	企划部	2 000
王二	女	10	销售部	1 000
王三	女	5	企划部	2 000
王四	男	8	人事部	3 000
王五	男	14	销售部	1 000

任务4　创建数据透视图分析数据

任务意义

为了直观地显示数据，项目三介绍了普通图表的创建。根据透视表数据，也可以创建图表，这称为数据透视图。这种图表因其数据来源的特殊性，在功能表现上有独到之处，但添加数据标签、添加标题、设置图例等编辑、修改技能可继续沿用普通图表所学知识。

任务准备

一、数据透视图的创建

数据透视图有两种创建方式：第一种是根据数据透视表创建数据透视图；第二种是根据数据源创建数据透视图。第一种只需在“数据透视表工具”—“分析”中点击“数据透视图”命令即可，如图 4－81 所示。第二种则类似于创建数据透视表的过程。

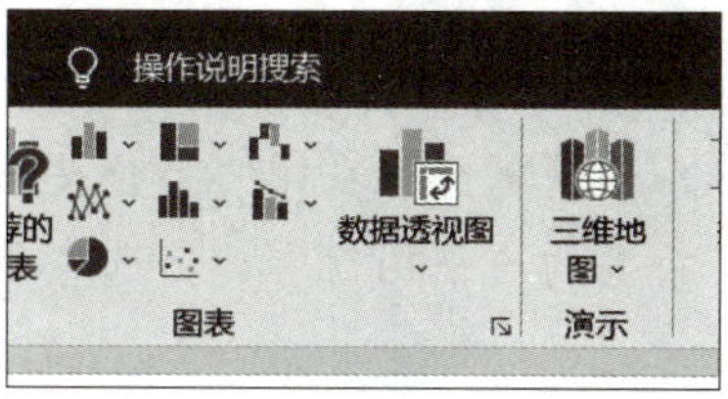

图 4－81　数据透视图设置位置

二、数据透视图的编辑

数据透视图和普通图表的结构相似，之前所学的更改图表类型、添加数据标签、调整坐标轴数据等功能依然适用，但它又受数据透视表的制约，当数据透视表的设置发生改变时，数据透视图也会同步变化。数据透视图有专门的设置功能区，称为数据透视图工具，包含所有字段名及行列值等位置，如图 4－82 所示，这些设置可以在图表中显现，也可以点击全部隐藏。

调整数据透视图的结构布局离不开数据透视图字段窗格，数据透视表字段中的行列数据会在数据透视图中相应地转换为图例系列和轴系列，如果调整行列字段，相应的透视图也发生改变。例如：为图 4－83 中的透视表数据插入相应透视图 4－84，但图面上堆积的项目太多，可以把不需要的项目隐藏，如图 4－85 所示。

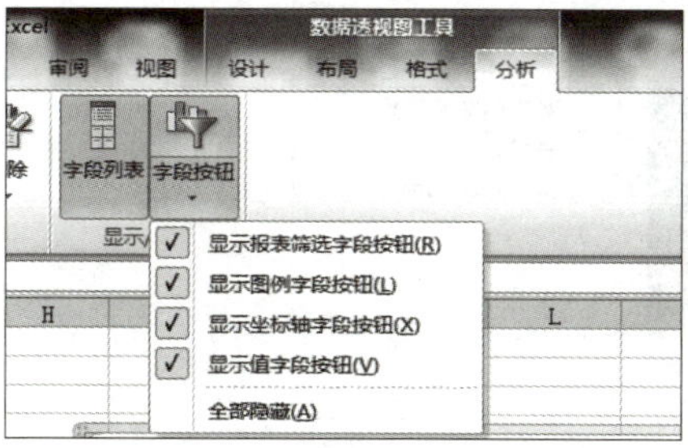

图 4－82　数据透视图功能区

行标签	求和项:成本价	求和项:售价	求和项:毛利
张三	600	604	4
李四	600	621	21
王五	1000	1061	61
余一	400	425	25
张四	400	414	14
赵二	200	216	16
赵七	400	425	25
周六	600	632	32
总计	4200	4398	198

图 4－83　插图前的初始数据表

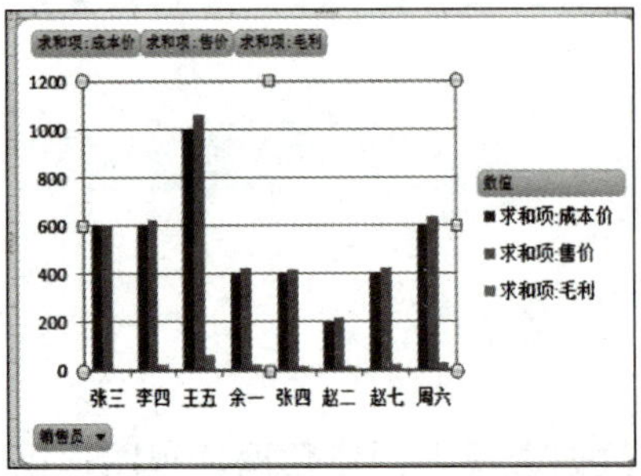

图 4-84　插入透视图后的初始状态

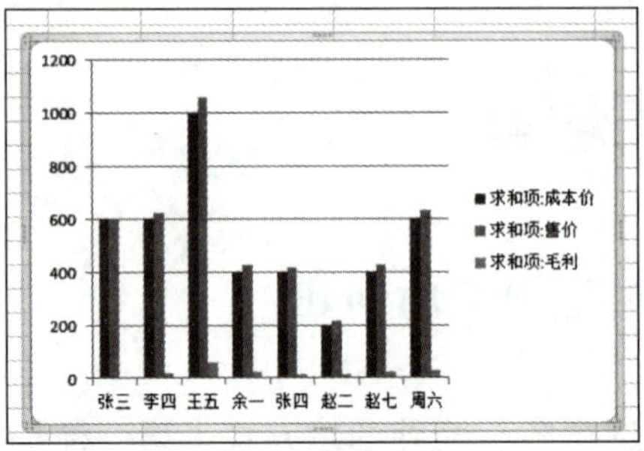

图 4-85　插入透视图后调整状态

小贴士

在图 4-84 的左下角，单击“销售员”右侧的下拉按钮，选中需要的人员，不需要的人员可隐藏。对于包含较多数据的透视图而言，筛选查看可简化图面信息，便于特定数据之间的比较。

三、数据透视图与切片器的组合

通过透视图中的筛选按钮，可以进行筛选查看，在实际运用中，数据透视图与切片器组合，能实现快速切换数据，按照筛选后的项目显示图表。

图 4-86 的数据透视图显示了各门店所属销售员的销售数据，它在插入销售员的数据透视图时，同步插入了店铺的切片器，这样可随意展示各门店销售员的数据状况。切片器的显示位置可按需调整，以更和谐的窗口界面提升切换的便利程度，或者以更美观的切片器样式显示出来。

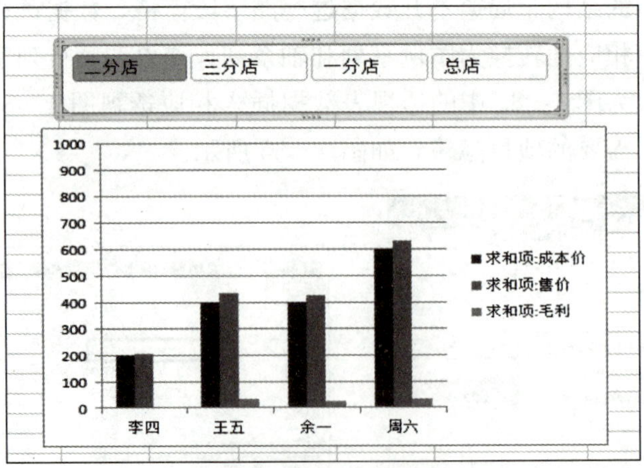

图 4-86　透视图与切片器组合运用

具体操作如下：

（1）在销售员透视图上插入切片器，字段选择“店铺名”，如图 4－87 所示。

（2）分别选择“总店”与“二分店”的数据，观察图表的变化，如图 4－88 所示。

（3）点击“店铺名”，右击鼠标，在随后的快捷菜单中选择“大小和属性”命令，在“大小和属性”对话框中，设置列数为“4”，把竖排的切片器窗口调整为横排模式，如图 4－89 所示。结果如图 4－90 所示。

（4）用鼠标将切片器窗口拖到数据透视图上方，再点击切片器，右击鼠标，在快捷菜单名调出“切片器设置”命令，隐藏“店铺名”这个数据，并设置切片器样式，如图 4－91 和图 4－92 所示。结果如图 4－93 所示。

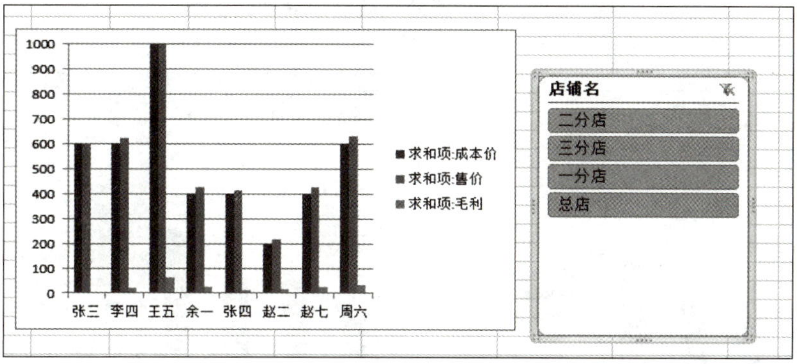

图 4－87　在透视图侧插入切片器

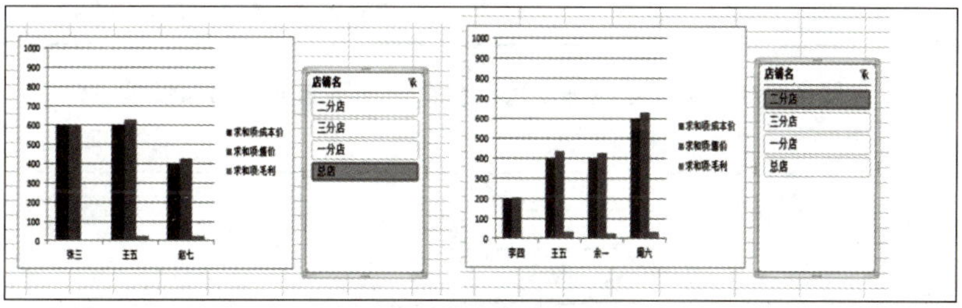

图 4－88　切片器筛选更换透视图显示效果

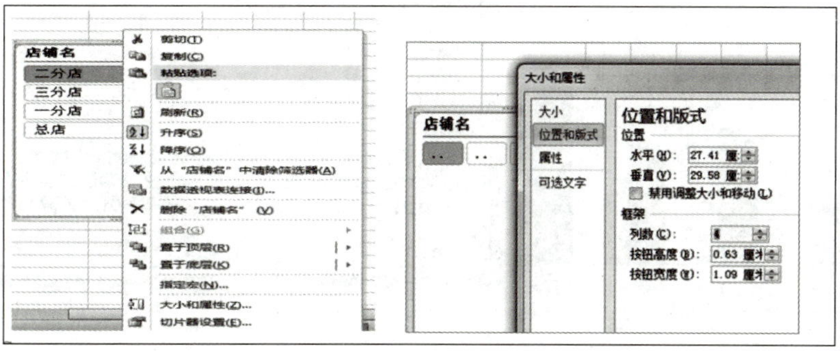

图 4－89　切片器列排调整成横排设置

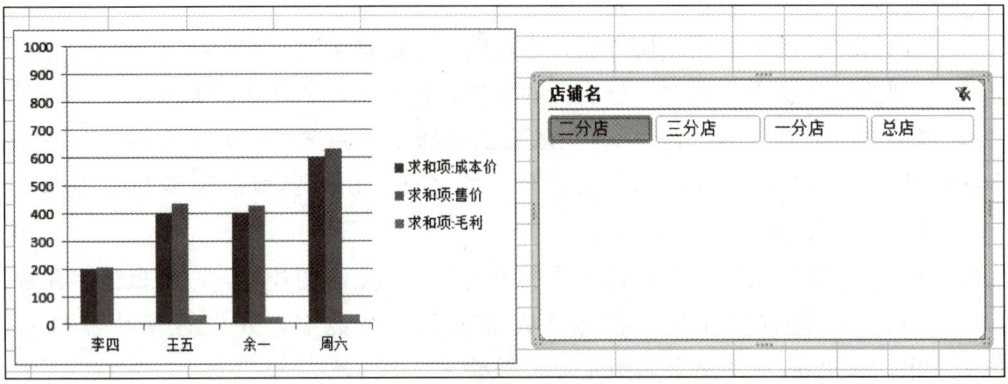

图 4-90　切片器外观转横排后初始状态

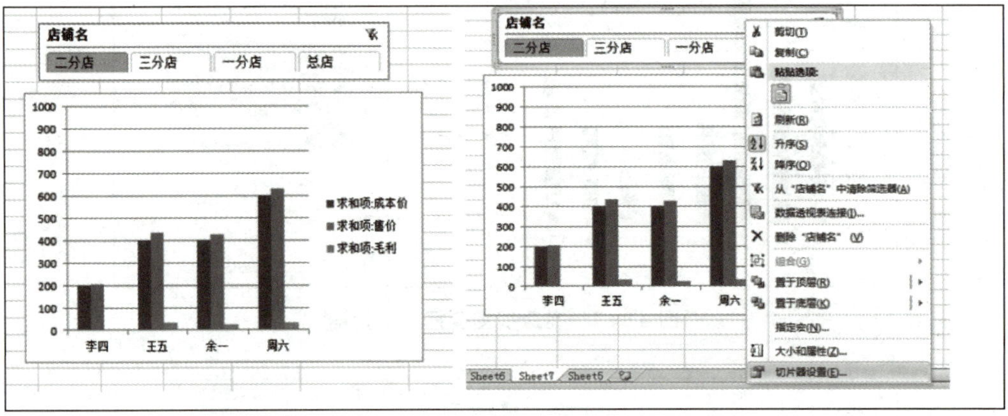

图 4-91　切片器横排位置调整至透视图上方及后续设置

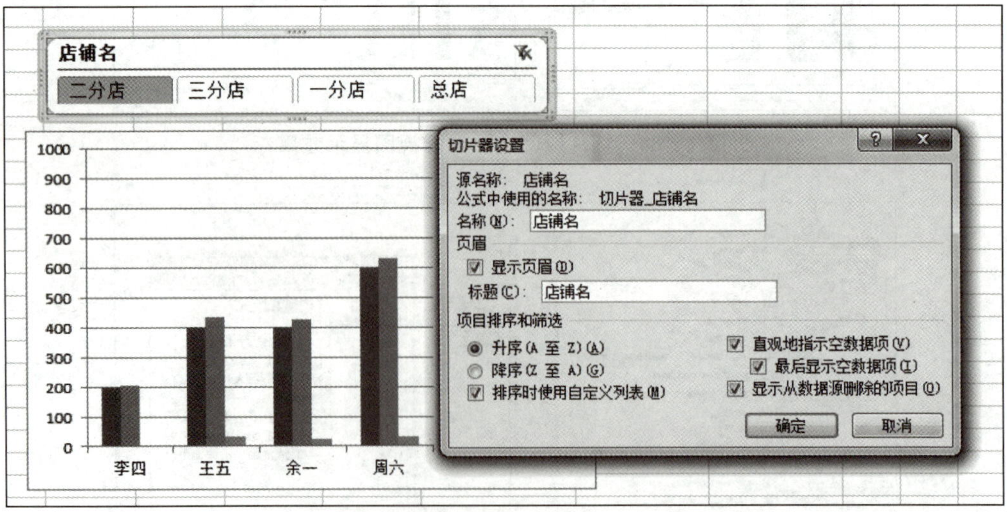

图 4-92　切片器横排后“店铺名”数据隐藏设置

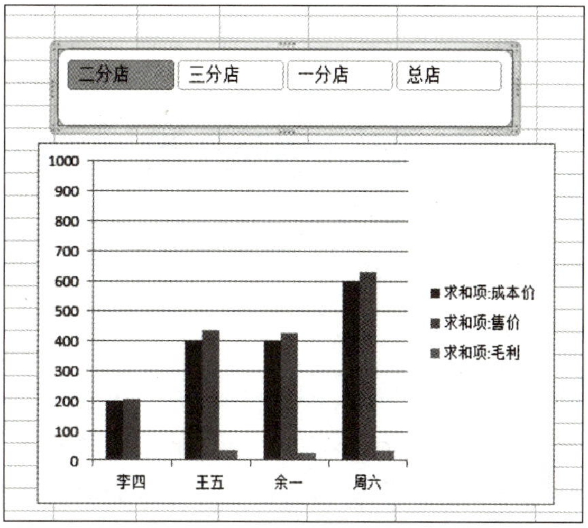

图 4-93　切片器“店铺名”数据隐藏后效果

（5）如果对切片器外形还不满意，可设置切片器样式，如图 4-94 所示。

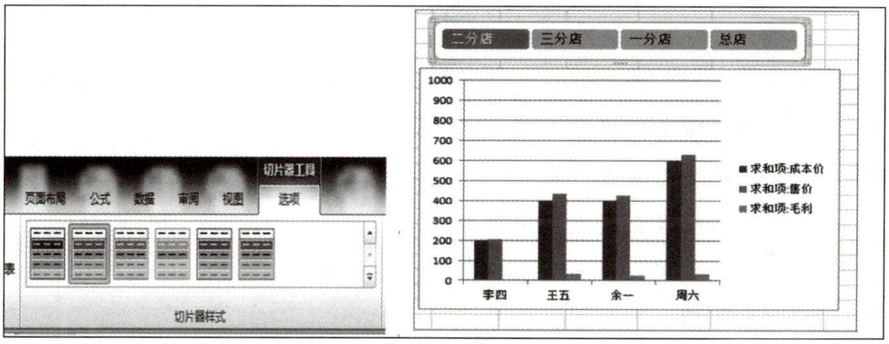

图 4-94　切片器数据显示样式设置

任务实施

利用透视图与切片器的组合功能，展示表 4-2 中各门店下各个品牌的销售状况。

二维码 4

项目四　教学用数据表格

项目五 数据分析实践——综合训练

项目导入

数据分析过程中常用的 Excel 操作技能已介绍完毕，下面就要综合运用它们来解决实际问题。在实际工作中，可能需要对数据进行填充、排序，调用各类函数整理初始数据，筛选部分数据，运用数据透视表汇总数据，按需插入图表显示数据等，无论是哪种情况，根据当时的数据状态随机、灵活地调整操作节奏即可。

项目目标

1. 熟练填充数据。
2. 熟练对数据进行各种排序或筛选。
3. 熟练设置公式或调用常见函数。
4. 熟练运用数据透视表整理、汇总数据。
5. 熟练插入合适图表展示数据。

任务 数据分析框架构建

任务意义

检验前述各项目知识与技能的学习效果，寻找各项知识技能的欠缺与不足，及时调整学习方向或节奏，进一步提升数据分析水平。

任务准备

一、数据分析框架模式

数据分析框架就是面对一个经营主题如何全面构建分析角度，形成一个完整的数据分析蓝图。常用的分析框架有 5W2H 分析法、SWOT 模型、4P 营销模型、逻辑树模型等。

（一）5W2H 分析法

5W2H 分析法是指用以 5 个“W”开头的英语单词和 2 个“H”开头的英语单词进行提问，从回答中发现解决问题的线索，常用于项目的运作，以及问题探讨的数据分析。

其中，Why 代表“何因：为什么造成这种结果?”，What 代表“何事：目标是什么?”，Who 代表“何人：什么人参与?”，When 代表“何时：什么时间发生或完成?”，Where 代表“何地：什么地点开展活动?”，How 代表“如何做：怎样实现目标?”，How much 代表“何价：涉及的成本、收入、利润、销量金额等是多少?”。

（二）SWOT 模型

SWOT 模型是一个客观分析内外因素对公司竞争力的影响，从而找到公司优、劣势的模型。其中 S 指 Strengths（优势），W 指 Weaknesses（劣势），O 指 Opportunities（机会），T 指 Threats（威胁）。

（三）4P 营销模型

4P 营销模型是一个全面了解公司整体运营情况的模型，4P 分别指 Product（产品）、Price（价格）、Place（渠道）、Promotion（促销），通过对这些因素的分析，可全面构建业务分析框架。

（四）逻辑树模型

逻辑树模型通过对问题的产生因素层层分解，顺藤摸瓜，找出问题的症结所在。每一层因素自动形成一个节点，又顺势形成下一层的问题所在，然后产生一组新的因素分解，这样慢慢形成一个树形框架，称为逻辑树。

在具体的场景中，还可以进行下钻查询，例如：一个门店业绩由哪几部分组成，门店业绩的下滑受哪些方面、哪些特定的人或者特定的物的影响，而这个影响哪些是临时的、哪些是长期的，等等，从而不断养成对数据层级探索的习惯，完善数据分析思维。

二、数据分析方法论

框架的搭建为数据的分析打下了基础。面对一份真实的数据，要考虑如何发挥每一个数据的作用、如何重新组织数据、如何拓展数据的信息宽度与深度，这类操作称为数据分析方法。现实中常把一列普通数据进行排序，从大到小展示数据，形成一个直观的印象，相比之前的无序状态，明显拓展了该组信息的深度。另外，可以运用下列方法分析数据：

（一）比对分析法

比对的对象可以是历史数据，如与上个月、去年的数据对比；可以是外部数据，如行业平均数、行业优秀业绩等；可以是一定期间的平均数，如月平均数、周平均数等；还可以与最大值、最小值或者同类型的经营对象进行比较等。通过比较某指标的大小，可以很快了解经营状态，但要注意，进行比较的指标计算口径必须一致才有现实意义。

表 5-1 为某门店销售指标的完成情况，对其进行数据分析时，必须重视不同门店、不同指标数据之间的比对，通过比对找出优势和劣势，后续还要与同行企业数据进行比对才更全面。

表 5-1　某门店销售指标

门店	销售目标（万元）	完成率	同比增长	利润目标（万元）	完成率	同比增长
门店 1	456	95%	12%	105	85%	6%
门店 2	678	116%	15%	156	96%	10%
门店 3	890	89%	79%	205	109%	11%
门店 4	578	104%	18%	133	114%	9%
门店 5	379	93%	9%	87	94%	16%
门店 6	846	106%	8%	195	96%	7%
门店 7	734	94%	12%	169	87%	12%

（二）组合分析法

每个明细数据代表一件事物。当这种单项数据多达几千条、上万条时，就需要按照一定的特性或关联度，把多个数据汇总起来，形成一个个局部整体。几千条数据瞬间集成为几大块数据，不但简化了分析样本，还清晰地显示出局部数据的重要性或其他特征。例如：将每天的服装明细数据按周、月、季度或者其他固定的天数进行汇总，或者按季节、按性别、按款式等进行组合，就可以开辟各种各样的分析视角，提供多重分析思路。

表 5-2 为某企业的客户信息，这里的数据相对细腻，但在进行分析时，组合思维不可或缺，针对所属地区、性别、年龄、销售单价和销售总额，可分别聚合出多个层次的信息，不断扩大分析视野。

表 5-2　客户信息表

代号	所属地区	性别	年龄	销售单价	销售总额
1001	华东	女	45	46	178
1002	华北	男	26	57	365
1003	华南	男	43	43	278
1004	华东	女	37	53	365
1005	华中	女	42	49	437
1006	华东	男	38	37	379
1007	华北	男	34	61	276
1008	华东	女	46	52	461

（三）结构分析法

任何一个数据都不是独立的存在，它通常属于某个系列，在实践中常常需要全盘观察各个组成部分在总体中所处的状况，因此需要设置结构数据。这类数据通常使用百分比数据，即单个系列占总系列的比重。这部分内容在前面的透视表值显示方式中已经介绍过，有总计百分比、标准百分比、累计百分比等。这类数据方便构建，使用广泛。

表 5-3 为某企业产品退货数据，对其分析时，结构占比数据是一个重要的入手点。

表 5-3　某产品退货数据

退货原因	拍错	不喜欢	效果不好	发错货
数量	61	156	164	16

（四）趋势分析法

趋势通常与时间关联，数据分布在一段周期内，必然会呈现起起落落的特征，通过观察它的动态波动，可以挖掘业务发展规律或者运行节奏，从而对过去进行总结。趋势分析不是要看到变化，而是要分析这种变化的力量，研究到底是什么造成了这种变化。进行数据分析务必养成关注趋势的习惯，而趋势的展示一般借用图表进行，其中折线图的使用为首选，柱形图、条形图也具有一定的效果。可对趋势进行预测，当下趋势是否会在未来几年内持续，如果回答肯定，就需要考虑一下该趋势会对相关经营的影响。

图 5-1 为某产品上市 3 周共 21 天的销售额趋势图，由于时间跨度比较长，一个必须想到的分析思路就是展示其趋势状况，观察总体走势及重要波动点，对相关影响因素进行探讨，并合理预测将来的销售情况。

（五）下钻分析法

下钻就是对于某数据不断细分，以探究在各种细分的场景下，数据发生变化的原因，

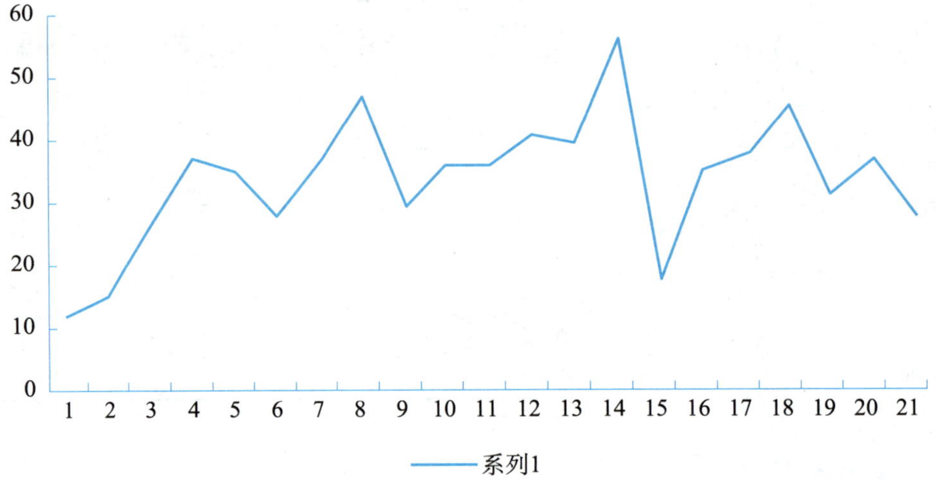

图 5-1 A 产品日销售额趋势图

使数据得以被深入查看，让数据的形成过程一目了然。例如：在某连锁门店上半年的销售数据中，3 月的销售数据占比最大，通过品类下钻，发现是小百货销售额剧增导致，进一步细分，则发现是小百货品类中某品牌的内衣和床上用品大力促销导致，由此得出结论，如果没有大力促销活动，则该连锁门店销售数据的这种增长势头没有可持续性。

（六）其他分析法

除上述介绍的方法外，在数据分析中，还有矩阵关联法，统计学意义上的相关、回归、聚类等方法，这里就不详细介绍了。

上述方法都不是孤立存在的，在实际运用过程中，这些方法都是通过组合模式进行数据分析，以便尽可能多角度对企业经营状况做出探讨。

任务实施

如果没有其他条件信息提供，只有如图 5-2 所示提供的数据（具体数据见二维码），试对该数据进行多角度理解，找出各个层面的数据特征，展开合理分析，并对其销售状况做出一定评价。

图 5-2 的数据反映的是一家连锁门店几十位客户一年内的销售数据，由于经营环境、经营目标、经营成本等数据未知，这些相关内容的探讨忽略，本任务只对数据表本身进行分析。

首先构建分析框架。综合前面讲的 4P 营销模型及表格中涉及的类别信息，按照时间、客户、产品品类、价格、品牌、购物渠道等维度进行分析，如通过了解销售数据的时间分布，可以观察销售额是否有周期性变动的规律；通过对客户相关的数据分析，可了解其购物喜好；通过产品品类或者 ABC 分类数据的分析，可了解门店商品的分布情况；通过价

	A	B	C	D	E	F	G	H	I	J	K	L
1	会员ID	日期	款台	商品编码	商品名称	商品分类	分类名称	品牌编	品牌名	销售数	销售金	年龄
2	353061820	2018/10/31	T42	8m2435010	桃李全麦面	109020101	主食面包	100679	桃李(无	1	6.6	20
3	354855701	2018/10/31	T26	8m2831108	黄肉蜜柚（	102010203	柚子	3622	吉风	1.8	17.96	23
4	35190695	2018/10/31	T58	8m6322782	双枪烧烤签	302120705	烧烤签	5204	双枪	1	7.9	45
5	355515369	2018/10/31	T59	8m6213032	味好美黑椒	205021029	烧烤酱	3091	味好美	1	8.9	44
6	351333727	2018/10/31	T58	8m2855326	LQ精选山楂	102030114	山楂干	19921	LQ	0.198	8.91	33
7	355515369	2018/10/31	T59	8m6317825	优普爱婴儿	301080401	清洁湿巾	113589	优普爱	1	4.99	44
8	354855701	2018/10/31	T26	8m2831879	食菌纪鲜银	101010813	其他菇菌	3622	吉风	1	11.8	23
9	35190695	2018/10/31	T58	8m2825629	笑蕾1	109010301	普通蛋糕	13493	笑蕾	0.438	8.76	45
10	35190695	2018/10/31	T58	8m6230197	乐百氏脉动	201030301	瓶装营养	3189	乐百氏	1	3.9	45
11	3597485	2018/10/31	T58	8m6232836	乔雅咖啡醇	201030401	瓶装咖啡	113889	乔雅	1	5.8	40
12	3597485	2018/10/31	T58	8m6232836	乔雅咖啡醇	201030401	瓶装咖啡	113889	乔雅	1	5.8	40
13	354855701	2018/10/31	T26	8m6162821	味全活性乳	107021003	瓶装加味	3312	味全	1	6.9	23
14	354855701	2018/10/31	T26	8m6162821	味全活性乳	107021003	瓶装加味	3312	味全	1	6.9	23
15	35190695	2018/10/31	T58	8m2825746	常生福肉包	110010101	烙制	100351	常生福	2	5	45
16	353061820	2018/10/31	T42	8m2831146	尖椒	101010604	辣椒	3622	吉风	0.048	0.48	20
17	351333727	2018/10/31	T58	8m6220584	洽洽焦糖瓜	203080103	葵花子/仁	3704	洽洽	1	7.5	33
18	354153242	2018/10/31	T36	8m2831634	不知火桔子	102020201	桔子	3622	吉风	0.822	9.85	32
19	3597485	2018/10/31	T58	8m2825730	蟹海鲜2	206050205	进口西式	100977	联营	1	14	40
20	351333727	2018/10/31	T58	8m2702890	法兰索亚梦	109020102	花色面包	13493	笑蕾	1	10	33
21	351333727	2018/10/31	T58	8m6210717	太古优级黄	205020903	袋装冰糖	100020	太古	1	7.4	33
22	353061820	2018/10/31	T42	8m2831489	奇士橙	102010202	橙子	3622	吉风	0.71	7.09	20

图 5－2　综合分析初始数据（数据来源：连锁经营大赛）

格体系了解门店商品价格区间分布，寻找主导价位，提供价格结构调整的合理性建议；通过品牌数据了解客户的喜好及门店品牌的分布情况；通过购物渠道了解线上线下商品销售的分布情况等。

按上述维度抓取后，运用组合、结构等数据分析法，可了解当前状态，找到业务的薄弱环节。如果参照以往经验，当前状态相对较好，就继续保持；如果相对较差，则着手改进优化。薄弱环节就是优化工作的切入口。

在数据分析之前，应先适度观察数据，看看表格中是否出现空格或零数值，或者重复数值，以免后续数据抓取出现麻烦，或者影响数据分析的效果。

一、查找数据表格中的空值

这部分内容在项目一的不规则数据填充中已介绍，需要注意找出空值后的处理方法，即保留，或删除，或输入相关值进行替换。务必考虑任何一种处理方法对后续数据分析的影响程度。

二、查找重复的数据

（一）高级筛选法

打开“高级筛选”对话框，在其最下端有一条勾选命令“选择不重复的记录”。单击这个复选框后，系统在查找重复数据的同时自动删除了重复数据。

（二）条件格式法

设置条件格式的命令中，有一条“突出显示单元格规则”，在其子命令中，可对数据表中的重复值进行条件格式设置。这种方法可将所有重复值通过色彩或其他格式突出显示出来，但不能删除重复值。后续可通过单击数据选项卡命令，在“数据工具”中选择“删除重复项”按钮，在随后的对话框中，进行保留唯一值或者全部删除的操作。

（三）数据透视表法

在数据透视表法中，可以通过值字段设置，把求和模式调整为计数模式来查找重复数据，当最后统计出来的值字段数据出现两次或两次以上时就找到了重复项。后续也可通过“数据工具”中“删除重复项”操作进行相应处理。

（四）条件统计函数法

可以通过 COUNTIF 函数的统计功能，对指定区域中相关数据进行计数统计，其原理类似数据透视表法，最后统计数量大于 1 的项目即为重复数据。

小贴士

在整理数据时，还可以调用相关命令，直接删除重复数据。点击“数据”—“数据工具”—“删除重复值”命令，根据需求，在随后打开的对话框中，勾选对应的重复项目，然后点击“确定”即可，如图 5－3 所示。最终结果如图 5－4 所示。

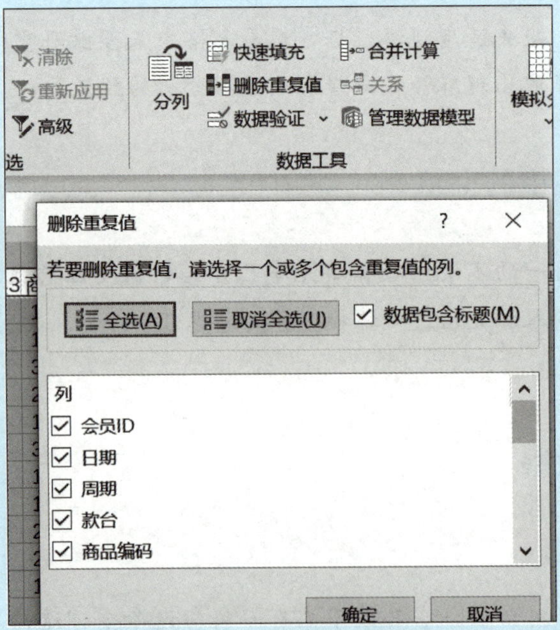

图 5－3 “删除重复值”对话框

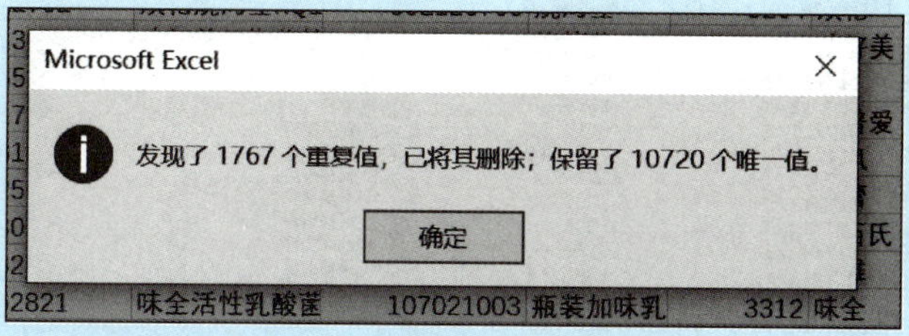

图 5-4 删除重复值的效果

在实际训练中，还可以将数据源设置为筛选状态，然后点击下拉箭头，查看所有字段名下的勾选项目，找出异常值，例如：日期内不应出现文本数据，数值字段不应出现零或文本数据，文本字段不应出现数值字段等。如果发现异常数据，就要立即筛选出来，并根据实际情况进行相应处理。

三、分析数据

对数据进行适当清洗后，就可以设置好相关分析维度，正式进入整合及分析阶段。在分析前，应仔细查看数据源，了解该维度所需要的信息能否直接调用，是否隐藏在某列数据下，或是否需要通过公式或函数补充新数据列。

充分整理数据源后，即可开始构建透视表，这时应在每个维度的引导下，从一维表格开始设置，把该维度的整体情况了解清楚，然后多角度设置二维表格，以扩展信息空间，并将各维度的信息合理关联，以实现下钻数据的效果。

构建好初始透视表后，就可以进一步加工透视表，例如：对字段名进行编辑，对文本或数字进行组合，对数值字段进行多种值显示方式的设置或值汇总方式的设置等。有些透视表还可复制成普通表格，进一步运用函数或公式整理，甚至进行第二次透视，以进一步扩展透视表的信息空间。

将透视表加工完成后，就进入分析阶段，可通过插图展示数据波动规律，并结合切片器转换；也可运用条件格式进行重要数据的标示，以快速抓取重要信息。在分析时，还应该注意强弱结合、高低结合、波动与趋势结合，以更全面地反映数据。

（一）通过时间维度分析

1. 以月为期间抓取数据

具体操作步骤如下：

第一步，选择数据源，创建数据透视表，勾选“日期”“销售金额”字段，如图 5-5 所示。

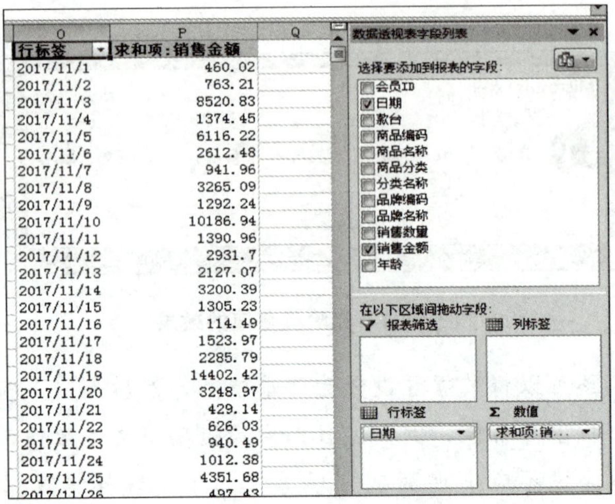

图 5-5　月度数据初始透视表创建

第二步，点击透视表第一列数据，右击鼠标，创建组，选择周期“月”，如图 5-6 所示。结果如图 5-7 所示。

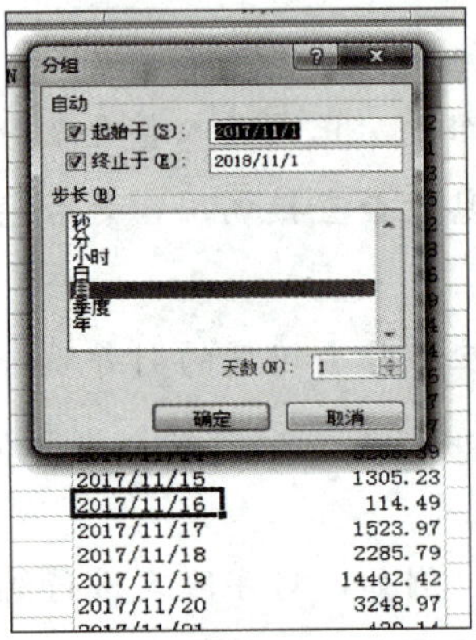

图 5-6　月度数据分组对话框

行标签	求和项:销售金额
1月	125073.53
2月	62739.35
3月	87870.94
4月	63553.63
5月	61378.08
6月	50864.19
7月	129267.37
8月	77110.78
9月	44926
10月	56288.92
11月	73854.92
12月	87966.13
总计	920893.84

图 5-7　月度数据组合透视表

第三步，在数值区域拉入第二个销售金额字段，设置其值显示方式为“总计的百分比”，展现各月数据占总额的比重，如图 5-8 和图 5-9 所示。

行标签	求和项:销售金	求和项:销售金额2
1月	125073.53	125073.53
2月	62739.35	62739.35
3月	87870.94	87870.94
4月	63553.63	63553.63
5月	61378.08	61378.08
6月	50864.19	50864.19
7月	129267.37	129267.37
8月	77110.78	77110.78
9月	44926	44926
10月	56288.92	56288.92
11月	73854.92	73854.92
12月	87966.13	87966.13
总计	920893.84	920893.84

图 5-8　月度数据值显示方式设置初始表

行标签	求和项:销售金	求和项:销售金额2
1月	125073.53	13.58%
2月	62739.35	6.81%
3月	87870.94	9.54%
4月	63553.63	6.90%
5月	61378.08	6.67%
6月	50864.19	5.52%
7月	129267.37	14.04%
8月	77110.78	8.37%
9月	44926	4.88%
10月	56288.92	6.11%
11月	73854.92	8.02%
12月	87966.13	9.55%
总计	920893.84	100.00%

图 5-9　月度数据占比

第四步，为突出显示各月数据的分布规律，插入柱形图，如图 5-10 所示。

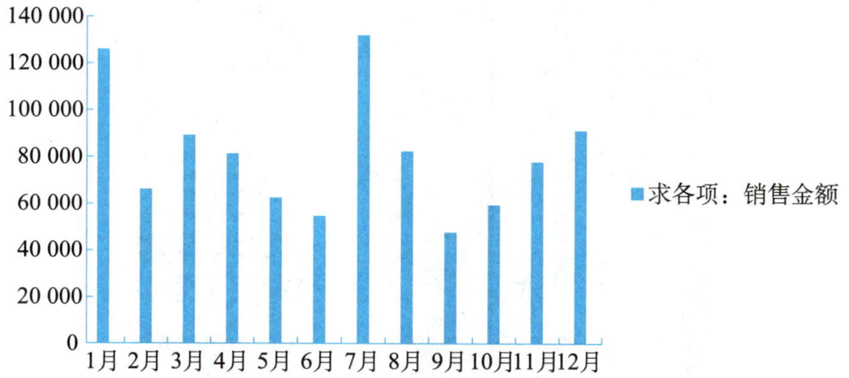

图 5-10　月度数据柱形图

通过观察图 5-10 的数据，可以清楚地发现一年内出现的两个销售高峰段，分别是 1 月和 7 月，占比分别为 13.58%和 14.04%，从 3 月至 6 月，销售数据逐月降低，6 月出现一个低谷期，然后 7 月突然急速上升，随之又急速下降后，至 9 月出现最低点，随后又呈上升趋势至 12 月。由于缺乏往年参照数据，无法进行对比，不能确认这种数据波动规律是否为常态，是否符合经营目标，是否需要进行调整。

2. 以周为期间抓取数据

在时间的数据分组设置中，没有“周”这个时间周期，因此需要对数据源进行整理，构造“周”数据。具体操作步骤如下：

第一步，在数据源“日期”列右边插入一个空白列，列标题输入“周期”，在该列第二行输入公式“=WEEKDAY(B2)”，按回车键，再双击填充柄，该列即把数据源第 2 列日期对应的周数据设置出来，如图 5-11、图 5-12 所示。结果如图 5-13 所示。

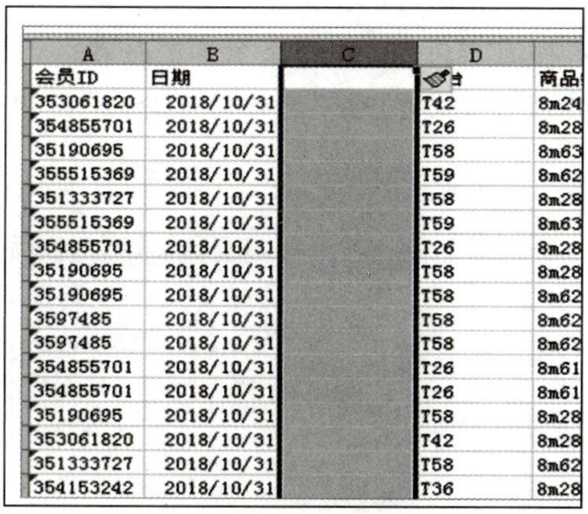

A	B	C	D	
会员ID	日期			商品
353061820	2018/10/31		T42	8m24
354855701	2018/10/31		T26	8m28
35190695	2018/10/31		T58	8m63
355515369	2018/10/31		T59	8m62
351333727	2018/10/31		T58	8m28
355515369	2018/10/31		T59	8m63
354855701	2018/10/31		T26	8m28
35190695	2018/10/31		T58	8m28
35190695	2018/10/31		T58	8m62
3597485	2018/10/31		T58	8m62
3597485	2018/10/31		T58	8m62
354855701	2018/10/31		T26	8m61
354855701	2018/10/31		T26	8m61
35190695	2018/10/31		T58	8m28
353061820	2018/10/31		T42	8m28
351333727	2018/10/31		T58	8m62
354153242	2018/10/31		T36	8m28

图 5-11　插入空白列

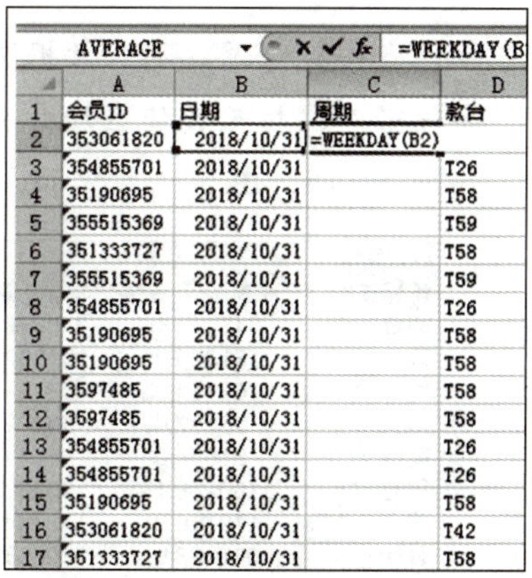

AVERAGE　=WEEKDAY(B

	A	B	C	D
1	会员ID	日期	周期	款台
2	353061820	2018/10/31	=WEEKDAY(B2)	
3	354855701	2018/10/31		T26
4	35190695	2018/10/31		T58
5	355515369	2018/10/31		T59
6	351333727	2018/10/31		T58
7	355515369	2018/10/31		T59
8	354855701	2018/10/31		T26
9	35190695	2018/10/31		T58
10	35190695	2018/10/31		T58
11	3597485	2018/10/31		T58
12	3597485	2018/10/31		T58
13	354855701	2018/10/31		T26
14	354855701	2018/10/31		T26
15	35190695	2018/10/31		T58
16	353061820	2018/10/31		T42
17	351333727	2018/10/31		T58

图 5-12　设置周期数据函数

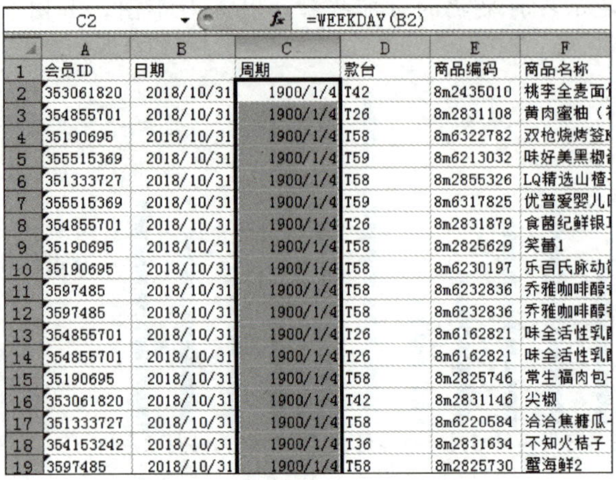

	A	B	C	D	E	F
1	会员ID	日期	周期	款台	商品编码	商品名称
2	353061820	2018/10/31	1900/1/4	T42	8m2435010	桃李全麦面
3	354855701	2018/10/31	1900/1/4	T26	8m2831108	黄肉蜜柚（
4	35190695	2018/10/31	1900/1/4	T58	8m6322782	双枪烧烤签
5	355515369	2018/10/31	1900/1/4	T59	8m6213032	味好美黑椒
6	351333727	2018/10/31	1900/1/4	T58	8m2855326	LQ精选山楂
7	355515369	2018/10/31	1900/1/4	T59	8m6317825	优普爱婴儿
8	354855701	2018/10/31	1900/1/4	T26	8m2831879	食菌纪鲜银
9	35190695	2018/10/31	1900/1/4	T58	8m2825629	笑蕾1
10	35190695	2018/10/31	1900/1/4	T58	8m6230197	乐百氏脉动
11	3597485	2018/10/31	1900/1/4	T58	8m6232836	乔雅咖啡醇
12	3597485	2018/10/31	1900/1/4	T58	8m6232836	乔雅咖啡醇
13	354855701	2018/10/31	1900/1/4	T26	8m6162821	味全活性乳
14	354855701	2018/10/31	1900/1/4	T26	8m6162821	味全活性乳
15	35190695	2018/10/31	1900/1/4	T58	8m2825746	常生福肉包
16	353061820	2018/10/31	1900/1/4	T42	8m2831146	尖椒
17	351333727	2018/10/31	1900/1/4	T58	8m6220584	洽洽焦糖瓜
18	354153242	2018/10/31	1900/1/4	T36	8m2831634	不知火桔子
19	3597485	2018/10/31	1900/1/4	T58	8m2825730	蟹海鲜2

图 5-13　周期列数据显示

第二步，由于当前周数据的显示格式不合常规，因此点击该列数据，单击鼠标右键，调出“设置单元格格式”命令，选择“日期”—“周三”选项即可（如果该列数据显示符合常规，此步骤可免），如图 5-14、图 5-15 所示。

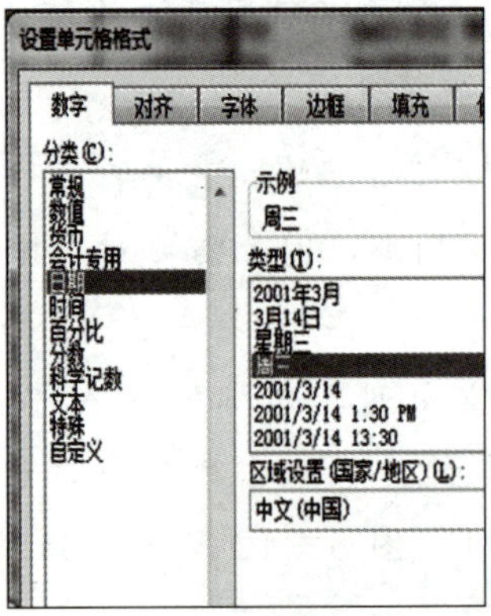

图 5-14　周期数据格式调整

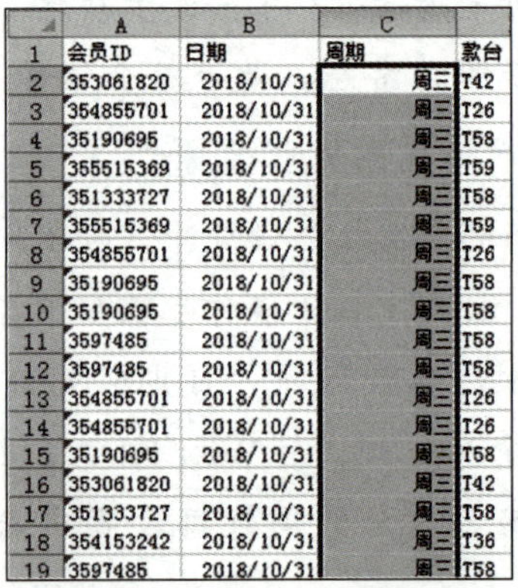

	A	B	C	D
1	会员ID	日期	周期	款台
2	353061820	2018/10/31	周三	T42
3	354855701	2018/10/31	周三	T26
4	35190695	2018/10/31	周三	T58
5	355515369	2018/10/31	周三	T59
6	351333727	2018/10/31	周三	T58
7	355515369	2018/10/31	周三	T59
8	354855701	2018/10/31	周三	T26
9	35190695	2018/10/31	周三	T58
10	35190695	2018/10/31	周三	T58
11	3597485	2018/10/31	周三	T58
12	3597485	2018/10/31	周三	T58
13	354855701	2018/10/31	周三	T26
14	354855701	2018/10/31	周三	T26
15	35190695	2018/10/31	周三	T58
16	353061820	2018/10/31	周三	T42
17	351333727	2018/10/31	周三	T58
18	354153242	2018/10/31	周三	T36
19	3597485	2018/10/31	周三	T58

图 5-15　正常显示周期数据

第三步，点击数据源，插入数据透视表，勾选“周期”“销售金额”字段。再把“销售金额”字段第二次拉入数值区域，并设置其值显示方式为“总计的百分比”，构造占比数据列，如图 5-16、图 5-17 所示。

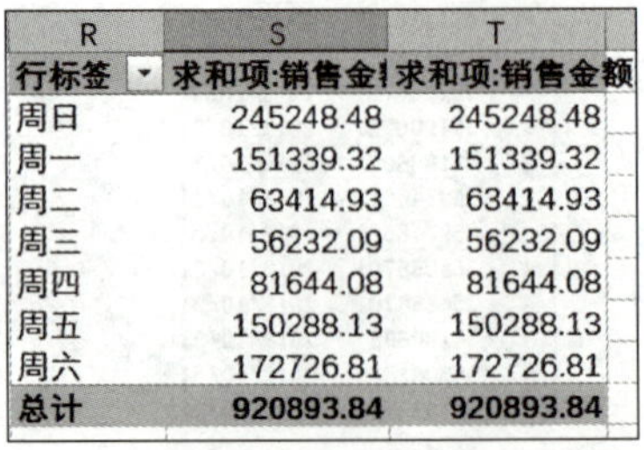

R	S	T
行标签	求和项:销售金	求和项:销售金额
周日	245248.48	245248.48
周一	151339.32	151339.32
周二	63414.93	63414.93
周三	56232.09	56232.09
周四	81644.08	81644.08
周五	150288.13	150288.13
周六	172726.81	172726.81
总计	920893.84	920893.84

图 5-16　周期数据值显示方式设置初表

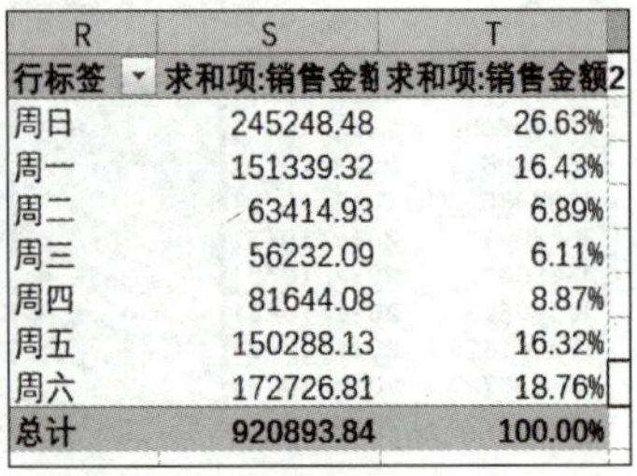

R	S	T
行标签	求和项:销售金额	求和项:销售金额2
周日	245248.48	26.63%
周一	151339.32	16.43%
周二	63414.93	6.89%
周三	56232.09	6.11%
周四	81644.08	8.87%
周五	150288.13	16.32%
周六	172726.81	18.76%
总计	920893.84	100.00%

图 5-17　周期数据占比

第四步，插入柱形图，图表显示该门店经营数据在一周内波动明显，其中周二、周三为低谷期，随后逐日上升，至周日达高峰，占总额的26.63%，周一又下降明显，如图5-18所示。

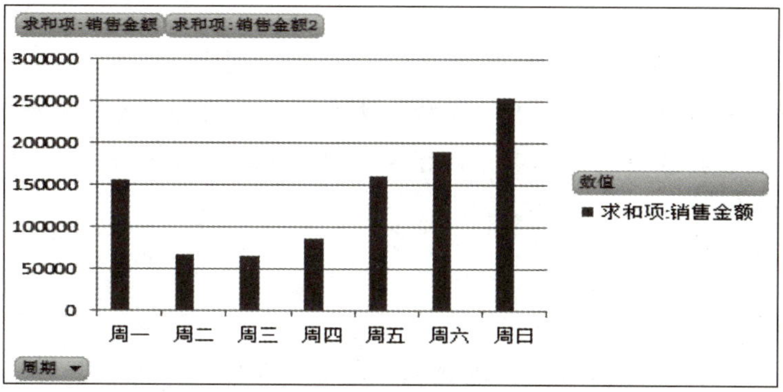

图5-18 以年为时间窗口的“周”数据分布图

这个以年为时间窗口的“周”数据分布图显示：门店销售额主要集中在周五至周一，周二至周四为平淡期，这为员工排班及货物的储备、促销提供了一定的参考依据。根据具体情况，还可构造以季度或月为时间窗口的“周”数据分布透视表，通过插入柱形图，以切片器进行相应图表转换，查看并对比数据差异，如图5-19和图5-20所示。

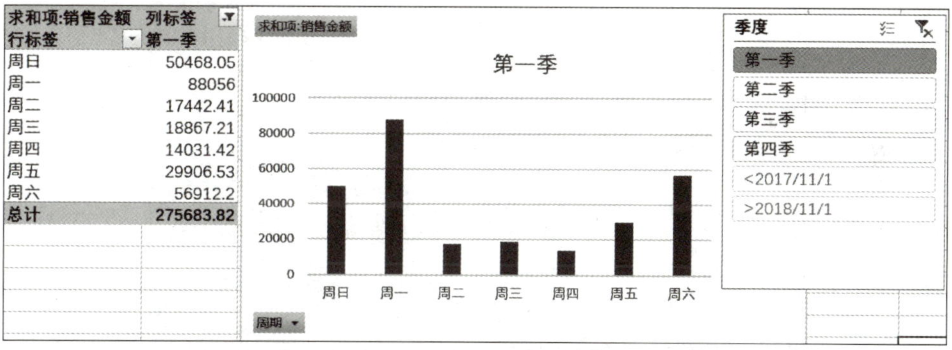

图5-19 以季度为时间窗口的“周”数据分布图

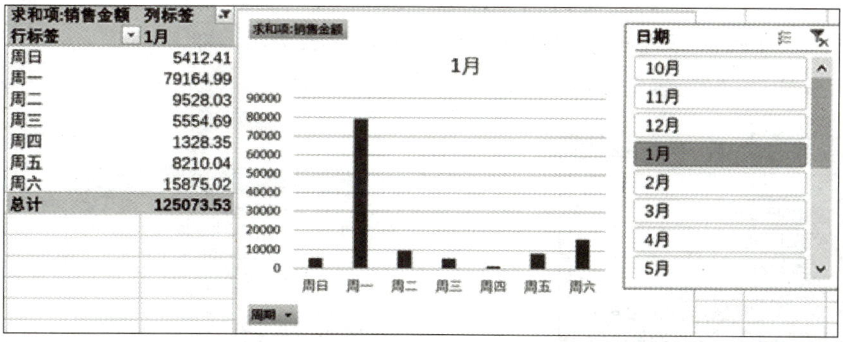

图5-20 以月为时间窗口的“周”数据分布图

在观察门店以季度或月为时间窗口的“周”数据状态后，发现它们的分布情况与以年为时间窗口的“周”数据分布差别较大，这进一步加深了分析者对周一至周日数据波动的认识，为经营方针政策的制定提供了一定的依据。

(二) 通过客户维度分析

以客户维度分析数据主要包括客户年龄、购物地点、购物对象，购物时间、购物次数及客单价等。结合数据源信息，本部分内容仅以客户年龄、客单价为例展开数据的整理及分析。

1. 客户年龄的购物偏好分析

具体操作步骤如下：

第一步，点击数据源，插入数据透视表，勾选“年龄”“销售金额”字段，如前述，“销售金额”字段入两次。设置第二列销售金额值显示方式为“总计的百分比”，并对该列数据从大至小排序。如图 5-21 所示。但当前只能看出各个年龄的消费数据状态，不能显示年龄段的特征，不具有代表性。

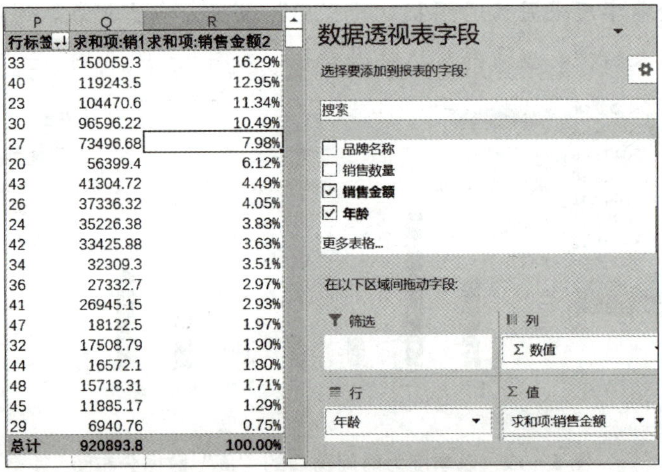

行标签	求和项:销1	求和项:销售金额2
33	150059.3	16.29%
40	119243.5	12.95%
23	104470.6	11.34%
30	96596.22	10.49%
27	73496.68	7.98%
20	56399.4	6.12%
43	41304.72	4.49%
26	37336.32	4.05%
24	35226.38	3.83%
42	33425.88	3.63%
34	32309.3	3.51%
36	27332.7	2.97%
41	26945.15	2.93%
47	18122.5	1.97%
32	17508.79	1.90%
44	16572.1	1.80%
48	15718.31	1.71%
45	11885.17	1.29%
29	6940.76	0.75%
总计	920893.8	100.00%

图 5-21　客户年龄初始透视表

第二步，对年龄数据进行分组设置，初步选定步长为 5，即 5 年作为一个年龄段，且降序排列，如图 5-22、图 5-23 所示。

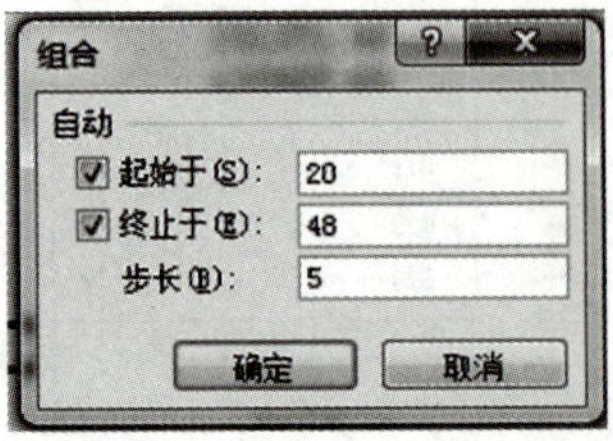

图 5-22　年龄分组对话框

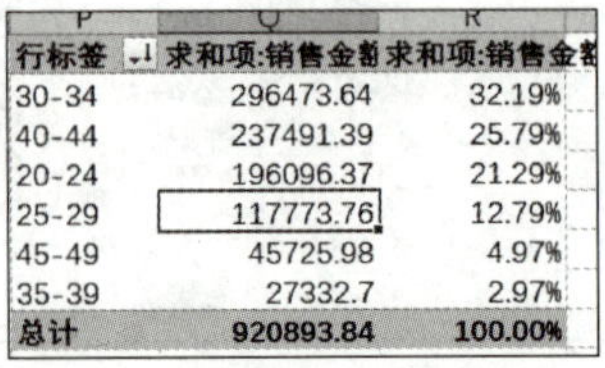

行标签	求和项:销售金额	求和项:销售金额
30-34	296473.64	32.19%
40-44	237491.39	25.79%
20-24	196096.37	21.29%
25-29	117773.76	12.79%
45-49	45725.98	4.97%
35-39	27332.7	2.97%
总计	920893.84	100.00%

图 5-23　年龄分组数据占比

第三步，再拉第三个“销售金额”字段入数值区域，设置其值显示方式为“按某一字段汇总的百分比”，对话框中基本字段为“年龄”，即显示累计百分比模式，如图 5-24 所示。

P	Q	R	S
行标签 ↓	求和项:销售金额	占比	累计占比
30-34	296473.64	32.19%	32.19%
40-44	237491.39	25.79%	57.98%
20-24	196096.37	21.29%	79.28%
25-29	117773.76	12.79%	92.07%
45-49	45725.98	4.97%	97.03%
35-39	27332.7	2.97%	100.00%
总计	920893.84	100.00%	

图 5-24　年龄分组数据三类值显示

上述数据显示：门店消费主力群体年龄段为 30～34 岁，占比达总额的 32.19%，其次为 40～44 岁，占比达总额的 25.79%，这两个年龄段的消费额累计占总体的 57.98%，不容小觑。在这之后，20～24 岁和 25～29 岁两个年龄段的累计消费额占总体的 34%左右。45～49 岁和 35～39 岁两个年龄段在本店的消费则比较少，具体原因可从其年龄特征与门店产品定位的相关性，或者数据缺失方面进行探究。由于缺乏老年人数据，因此门店的总体消费年龄显示偏年轻化，但在年轻化的特征里，主要客户又以中年为主，其次才是年轻人。

2. 客单价分析

客单价是客户数据分析的重要指标之一。客单价的计算公式为：

客单价=销售总金额/成交总笔数

由于数据源中没有成交总笔数，如果把销售金额数据的“值汇总方式”设置为“计数模式”，则只能显示顾客购置商品的交易记录数，而交易记录数不等于次数。客户在某个购物日期内无论有多少条交易记录数，都只能对应一次交易才符合要求。由此，客单价核算的关键点是如何核算每位客户的购物次数，下面导入 COUNTIFS 函数来进行该项数据的收集。

第一步，在数据源中新开设一列，字段名为“购物次数”，如图 5-25 所示，在单元格 D2 中输入公式“=1/COUNTIFS(A:A,A2,B:B,B2)”，然后按回车键，再双击填充柄，设置该列数据单元格的显示方式为“分数”，即得出相关数据。这个公式的原理为：无论当天有多少条交易记录数，每条交易记录数只构成次数的 1/N，那么，N 个 1/N 相加，就是一次。例如：某客户某天的交易记录数为 3，那么每条交易记录运行 COUNTIFS 函数后的结果都是 3，但它只是购物笔数的 1/3，因此这个函数要设成“=1/COUNTIFS(A:A,A2,B:B,B2)”，3 个 1/3，就合成一项购物次数。

第二步，插入数据透视表，如图 5-26 所示。

第三步，在透视表中插入计算字段，核算客单价，如图 5-27 所示。

结果如图 5-28 所示。

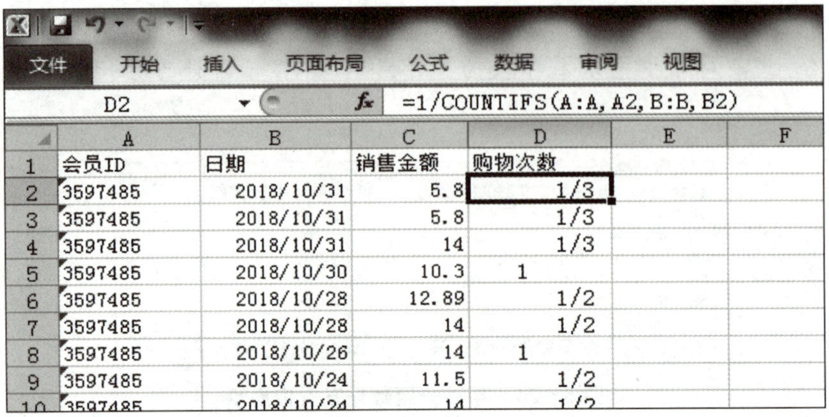

图 5-25 “购物次数”的函数设置

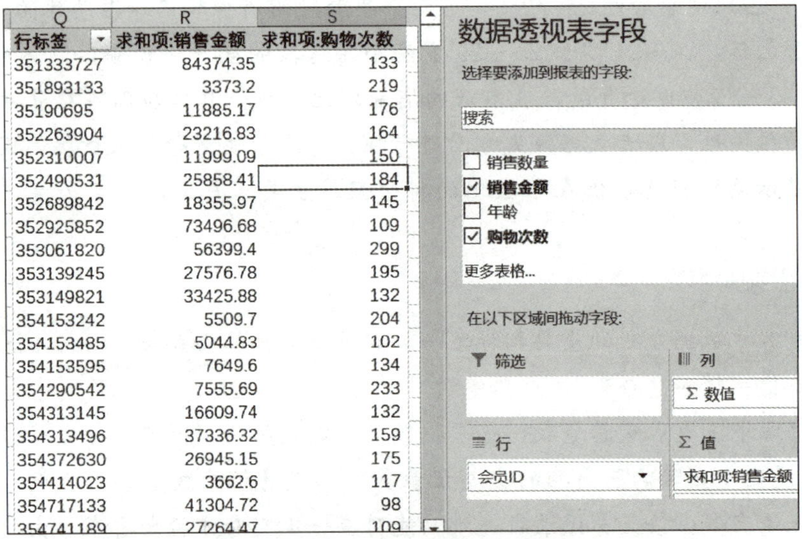

图 5-26 购物次数数据初始透视表

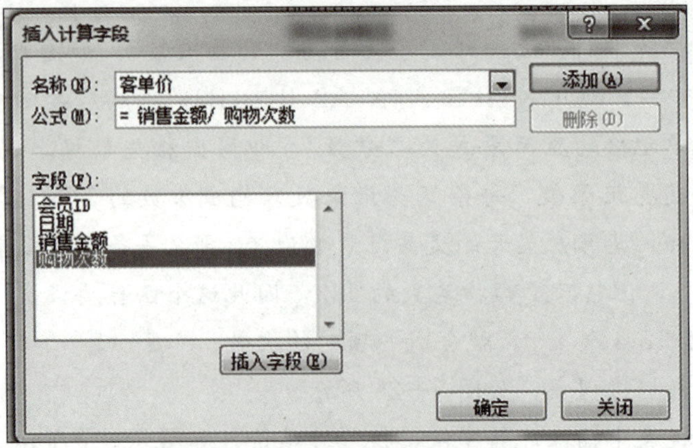

图 5-27 插入客单价的计算字段

	A	B	C	D
1	行标签	:销售金额	:购物次数	:客单价
4	354153485	5044.83	108	46.76
5	354153595	7649.6	143	53.64
6	354290542	7555.69	246	30.77
7	354313145	16609.74	145	114.86
8	354313496	37336.32	168	222.79
9	354372630	26945.15	197	136.52
0	354414023	3662.6	129	28.46
1	354717133	41304.72	107	386.16
2	354741189	27264.47	126	216.32
3	354855701	101374.4	257	395.17
4	35489376	70684.56	111	638.28
5	354936166	3096.16	150	20.70
6	35493834	18122.5	202	89.87
7	355515369	16572.1	100	165.32
8	35558903	27332.7	2	18221.80
9	35559569	15718.31	155	101.44
0	35893869	3567.56	218	16.40
1	3597485	115580.9	235	491.29
2	总计	920893.8	5107	180.33

图 5-28 客户数据综合透视表

从图 5-28 可以看出客户的平均客单价为 180.33 元，金额较高，不属于普通生鲜超市的交易情况。图 5-28 显示该门店主要有两大类购物人群，客单价差距较大，一类客单价为数百元，另一类客单价则在几十元以下。下面结合年龄分组，再进行分析，如图 5-29 所示。

行标签	求和项:销售金额	求和项:购物次数	求和项:客单价
30-34	296473.64	1804	164.34
20-24	196096.37	1088	180.19
40-44	237491.39	914	259.80
25-29	117773.76	750	156.95
45-49	45725.98	548	83.38
35-39	27332.7	2	18221.80
总计	**920893.84**	**5107**	**180.33**

图 5-29 年龄分组下的客单价情况

从图 5-29 可看出，除了 35～39 岁的客户购物次数较少外，其他年龄段的客户都是门店的常客，其中 30～34 岁的客户购物次数最多，远甚于其他组别，需用心维护，而客单价最高的为 40～44 岁的客户，为优质客户群，可重点培育。20～24 岁的客户则表现为喜欢逛也喜欢买。相比之下，45～49 岁的客户客单价偏低。由于该购物次数统计是线上和线下的合计，客户具体是逛了网店还是实体店，有待后续数据进一步证明。

（三）通过产品品类维度分析

1. 商品大类数据分析

数据源是一份数据明细表格，展示了客户单件物品的购买情况，缺乏品类信息。而品类信息有助于识别客户的购物喜好，是产品品类维度分析的重要视角。仔细审核所有字段，发现商品编码的前两位数字即为大类标志，因此可以通过文本抓取函数，整理数据。

第一步，在“商品分类”列前插入一空白列，标题为“商品大类”，输入函数“=LEFT(H2,2)”，如图 5-30 所示，按回车键，双击填充柄，即产生了商品大类的数据列，如图 5-31 所示。

F	G	H	
商品名称	商品大类	商品分类	分类
桃李全麦面包	=LEFT(H2,2)	109020101	主食
黄肉蜜柚（福建）		102010203	柚子
双枪烧烤签KQ1126		302120705	烧烤
味好美黑椒酱挤挤装230gLS		205021029	烧烤
LQ精选山楂干（散）		102030114	山楂
优普爱婴儿口手柔湿巾80片LT-346		301080401	清洁
食菌纪鲜银耳(朵)		101010813	其他
笑蕾1		109010301	普通
乐百氏脉动饮料(水蜜桃)600ml		201030301	瓶装
乔雅咖啡醇香拿铁瓶装咖啡杯340ml		201030401	瓶装
乔雅咖啡醇香拿铁瓶装咖啡杯340ml		201030401	瓶装
味全活性乳酸菌草莓瓶装435ml		107021003	瓶装
味全活性乳酸菌草莓瓶装435ml		107021003	瓶装
常生福肉包子		110010101	焙制
尖椒		101010604	辣椒
洽洽焦糖瓜子108g		203080103	葵花
不知火桔子		102020201	桔子
蟹海鲜2		206050205	进口
法兰索亚梦の飞艇面包325g		109020102	花色

图 5-30 设置商品类别函数

F	G	H
商品名称	商品大类	商品分类
桃李全麦面包	10	109020101
黄肉蜜柚（福建）	10	102010203
双枪烧烤签KQ1126	30	302120705
味好美黑椒酱挤挤装230gLS	20	205021029
LQ精选山楂干（散）	10	102030114
优普爱婴儿口手柔湿巾80片LT-346	30	301080401
食菌纪鲜银耳(朵)	10	101010813
笑蕾1	10	109010301
乐百氏脉动饮料(水蜜桃)600ml	20	201030301
乔雅咖啡醇香拿铁瓶装咖啡杯340ml	20	201030401
乔雅咖啡醇香拿铁瓶装咖啡杯340ml	20	201030401
味全活性乳酸菌草莓瓶装435ml	10	107021003
味全活性乳酸菌草莓瓶装435ml	10	107021003
常生福肉包子	11	110010101
尖椒	10	101010604
洽洽焦糖瓜子108g	20	203080103
不知火桔子	10	102020201
蟹海鲜2	20	206050205
法兰索亚梦の飞艇面包325g	10	109020102
太古优级黄冰糖350g	20	205020903

图 5-31 生成商品大类数据

第二步，插入数据透视表，勾选“商品大类”字段和 2 个“销售金额”字段，将其中一个值显示方式设置为“总计的百分比”，且按降序排列，如图 5-32 所示。

第三步，对照数据源的商品名称特征及品类管理知识，对透视表第一列数字数据进行替换，分别换成“服饰等”“杂货”“生鲜”“小百货”“自制食品”与“其他”，这样可以更直观地显示数据内涵，如图 5-33 所示。

行标签	求和项:销售金额	求和项:销售金额3
40	737636.51	80.10%
20	89752.87	9.75%
10	49974.61	5.43%
30	29186.63	3.17%
11	9672.96	1.05%
50	4670.26	0.51%
总计	920893.84	100.00%

图 5-32 商品大类数据综合展示

行标签	求和项:销售金额	求和项:销售金额2
服饰等	737636.51	80.10%
杂货	89752.87	9.75%
生鲜	49974.61	5.43%
小百货	29186.63	3.17%
自制食品	9672.96	1.05%
其他	4670.26	0.51%
总计	920893.84	100.00%

图 5-33 商品大类数据名的文本替换

第四步，在图 5-33 中，“服饰等”数据比重太大，严重影响品类信息的解析，必须继续探究其分类，在数据源商品分类列左边再插入一空白列，标题名为“商品细类”，下面输入函数“=IF(G2="40",LEFT(I2,4),0)”，按回车键，双击填充柄，得到一新数据列，即“服饰等”这个大类对应的分类项目，如图 5-34 和图 5-35 所示。

F	G	H	I	J	K
商品名称	商品大类	商品细类	商品分类	分类名称	品牌编码
安踏特价服饰	50	=IF(G2="40",LEFT(I2,4),0)		无结果	10096
安踏特价服饰	50	IF(logical_test, [value_if_true], [value_if_false])			10096
安踏特价服饰	50	0	501010101	无结果	10096
笑蕾酥皮冰糖月饼	50	0	501010101	无结果	100180
笑蕾酥皮冰糖月饼	50	0	501010101	无结果	100180
宫鼎轩肉包	50	0	501010101	无结果	100180
笑蕾虎皮蛋糕	50	0	501010101	无结果	13493
笑蕾酥皮冰糖月饼	50	0	501010101	无结果	100180
宫鼎轩肉包	50	0	501010101	无结果	100180
宫鼎轩酱香饼	50	0	501010101	无结果	100180
宫鼎轩王哥庄馒头	50	0	501010101	无结果	100180
北京稻香村绿豆饼	50	0	501010101	无结果	11622

图 5-34 商品细类数据的函数设置

F	G	H	I	J	K
商品名称	商品大类	商品细类	商品分类	分类名称	品牌编码
药品	40	4090	409040101	药品	18878
尚约手提袋15*11.5*6.5	40	4090	409020101	辅料	20252
祥匠银记K擦银布小**	40	4090	409020101	辅料	20252
祥匠银记K擦银布小**	40	4090	409020101	辅料	20252
中号购物袋	40	4090	409010101	赠品	4166
中号购物袋	40	4090	409010101	赠品	4166
中号购物袋	40	4090	409010101	赠品	4166
大号购物袋	40	4090	409010101	赠品	4166
大号购物袋	40	4090	409010101	赠品	4166
大号购物袋	40	4090	409010101	赠品	4166
大号购物袋	40	4090	409010101	赠品	4166
大号购物袋	40	4090	409010101	赠品	4166
中号购物袋	40	4090	409010101	赠品	4166
大号购物袋	40	4090	409010101	赠品	4166
中号购物袋	40	4090	409010101	赠品	4166
大号购物袋	40	4090	409010101	赠品	4166
中号购物袋	40	4090	409010101	赠品	4166

图 5-35 商品细类数据生成

第五步，点击“数据透视表工具”选项中的“刷新”命令，点击下面菜单中的“刷新”项目，即把新增加的数据列纳入透视表的字段区域，如图 5-36 所示。

第六步，在透视表中再次勾选“商品细类”这个新加入的字段，即显示出“服饰等”下面的分类数据，如图 5-37 所示。

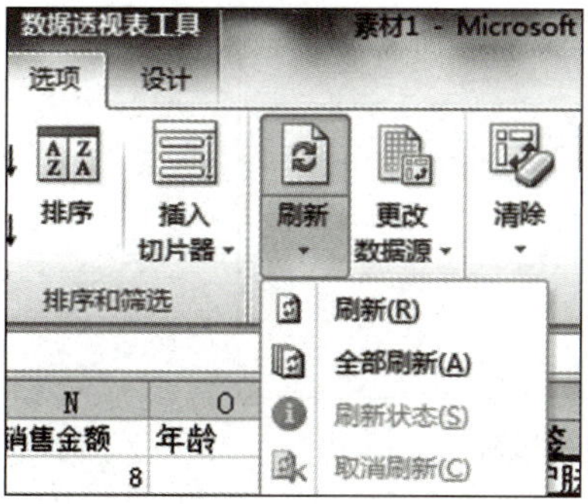

图 5-36 数据刷新位置

Q	R	S
行标签	:销售金额	占比
⊟服饰等		
4050	211538.13	21.70%
4030	197677.68	20.28%
4080	196957.64	20.20%
4070	105714.98	10.84%
4040	33482.9	3.43%
4060	16260.1	1.67%
4020	4866.5	0.50%
4010	229	0.02%
4090	93	0.01%
⊟杂货		
0	105428.13	10.81%
⊟生鲜		
0	53331.09	5.47%
⊟小百货		
0	34612.72	3.55%
⊟自制食品		
0	9896.54	1.02%
⊟其他		
0	4795.26	0.49%
总计	974883.67	100.00%

图 5-37 商品细类数据透视表

第七步，对照数据源中的商品名称，对“服饰等”数据列下的分类项目进行文字替换，再对该明细数据排序，如图 5－38 所示。

Q	R	S
行标签	:销售金额	占比
⊟服饰等		
服饰	211538.13	21.70%
护肤用品	197677.68	20.28%
首饰	196957.64	20.20%
内衣	105714.98	10.84%
电器	33482.9	3.43%
鞋	16260.1	1.67%
玩具	4866.5	0.50%
眼镜	229	0.02%
赠品	93	0.01%
⊟杂货		
0	105428.13	10.81%
⊟生鲜		
0	53331.09	5.47%
⊟小百货		
0	34612.72	3.55%
⊟自制食品		
0	9896.54	1.02%
⊟其他		
0	4795.26	0.49%
总计	974883.67	100.00%

图 5－38　商品细类数据名的文本替换

通过最后设置成功的数据透视表，可以看出该门店服饰、护肤用品、首饰的销售数据都比较好，分别占比均达 20%以上，内衣的销售占比也有 10%以上，其他分类相对较弱，这样就把整个商品大类的数据显示完整了。

需要注意的是，上述商品品类信息的处理明显是权宜之计，如果要实现在任何透视表中都可自由查看文字版的品类信息，则每次都需要进行替换，非常麻烦。由此，在数据源中专门建立一列文字版的品类数据很有必要，这列数据把杂货、生鲜、小百货、服装、首饰、内衣等类别全部合并于内，形成较全面的品类信息，具体操作如下：

在商品分类列前再插入两列空白列，字段名分别为“商品大类 2”和“商品大类 3”。在“商品大类 2”列输入函数“=IF(G2="40",LEFT(J2,4),G2)”，如图 5－39 所示，然后按回车键，并双击鼠标。如果一开始就探查出数据源中的品类信息特征，则可以直接在“商品大类”列输入函数“=IF(LEFT(J2,2)="40",LEFT(J2,4), LEFT(J2,2))”，这样就不用“商品大类”这列数据作为过渡了。

=IF(G2="40",LEFT(J2,4),G2)

F	G	H	I
	商品大类	商品大类2	商品大类3
	10	10	
建)	10	10	
Q1126	30	30	
挤挤装230gLS	20	20	
（散）	10	10	
手柔湿巾80片LT-346	30	30	

图 5－39　商品大类数据生成过程

选择一个空白表格区域，单元格地址为“S19:T32”，在其中输入两列数据，如图

5－40 所示，以它为数据源，在“商品大类 3”列输入函数“＝VLOOKUP(H2,$S$19:$T$32,2,0)”，按回车键，并双击鼠标，即生成了一列文字版的商品分类信息。需要注意的是，“商品大类 2”列的数字要转换成数值数据，VLOOKUP 函数才可运行成功。将前面的 IF 函数＊1，即生成了数值数据，即“＝IF(G2＝"40",LEFT(J2,4),G2)＊1”，也可运用其他方法转换。

20	杂货
10	生鲜
30	小百货
11	自制食品
50	其他
4010	眼镜
4020	玩具
4030	护肤用品
4040	电器
4050	服饰
4060	鞋类
4070	内衣
4080	首饰
4090	赠品

=VLOOKUP(H2,$S$19:$T$32,2,0)

G	H	I	
商品大类	商品大类	商品大类3	商品分类
10	10	生鲜	10
10	10	生鲜	10
30	30	小百货	30
20	20	杂货	20
10	10	生鲜	10
30	30	小百货	30
10	10	生鲜	10
10	10	生鲜	10
20	20	杂货	20
20	20	杂货	20
10	10	生鲜	10
11	11	自制食品	11
10	10	生鲜	10
20	20	杂货	20
10	10	生鲜	10
20	20	杂货	20
10	10	生鲜	10

图 5－40　商品大类文字信息生成示意图

小贴士

还可以运用 Excel 的“查找替换”功能，依次把“商品大类 3”列的信息“10”“20”“30”等替换成“生鲜”“杂货”“小百货”等文字，这样就不需要设置“商品大类 3”这列数据，直接在“商品大类 2”内部替换就可以了。

接下来，刷新数据源，构建透视表，分别展示门店商品大类的销售信息（如图 5－41 所示），时间与商品大类的组合信息（如图 5－42 所示），以及年龄段与商品大类的组合信息（如图 5－43 所示）。

从图 5－41 中可以看出，门店的核心产品是服饰、首饰、护肤用品这三个大类，其次为内衣、杂货、生鲜、小百货、电器这五个品类，其他项目相对较弱势。

图 5－42 用条件格式标注了一些重要数据，方便快速查阅。从图 5－42 可以看出企业核心产品在每个月的销售情况，例如：服饰是 2 月、10 月、11 月的主打商品，首饰的销售则集中在 3 月、4 月和 7 月，护肤用品则在 3 月、5 月、6 月、9 月都表现较强。而眼镜仅有在 4 月和 9

行标签	求和项:销售金额	占比
服饰	197145.49	21.41%
首饰	196957.64	21.39%
护肤用品	192268.3	20.88%
内衣	101930.88	11.07%
杂货	89752.87	9.75%
生鲜	49974.61	5.43%
小百货	29186.63	3.17%
电器	28284.9	3.07%
鞋类	15869.8	1.72%
自制食品	9672.96	1.05%
玩具	4866.5	0.53%
其他	4670.26	0.51%
眼镜	229	0.02%
赠品	84	0.01%
总计	920893.84	100.00%

图 5－41　品类总体销售数据分布

月发生了少量交易。其他商品也可参照此法查看，以发现一些经营规则，为经营方法的改善提供思路。

求和项:销列标签												
行标签	1月	2月	3月	4月	5月	6月	7月	8月	9月	10月	11月	12月
服饰	17.22%	46.88%	6.19%	15.40%	15.51%	25.87%	7.93%	27.14%	27.98%	36.09%	40.94%	15.90%
首饰	2.54%	0.79%	30.32%	42.59%	17.71%	2.65%	75.49%	5.97%	0.00%	4.50%	20.34%	8.64%
护肤用品	3.86%	18.99%	48.77%	10.76%	40.46%	38.32%	1.97%	24.80%	44.71%	22.70%	15.20%	17.92%
内衣	60.59%	1.39%	1.20%	3.96%	1.60%	2.11%	0.48%	10.44%	0.71%	11.44%	4.07%	1.38%
杂货	3.03%	10.38%	4.06%	8.91%	3.77%	9.58%	8.56%	12.02%	9.38%	8.93%	1.42%	36.85%
生鲜	4.04%	9.29%	4.44%	5.36%	4.65%	7.72%	2.55%	5.36%	8.13%	7.97%	5.84%	5.82%
小百货	6.26%	3.03%	1.55%	2.34%	2.67%	5.39%	2.42%	2.84%	2.60%	1.44%	3.66%	2.53%
电器	0.04%	5.86%	2.05%	5.19%	7.49%	1.61%	0.31%	5.82%	0.24%	4.44%	3.52%	4.49%
鞋类	0.73%	1.37%	0.00%	3.55%	5.35%	5.03%	-0.27%	4.33%	3.92%	1.18%	0.78%	0.00%
自制食品	0.92%	1.71%	0.91%	1.24%	0.77%	0.93%	0.29%	0.93%	0.65%	1.31%	1.62%	1.81%
玩具	0.05%	0.25%	0.00%	0.00%	0.00%	0.00%	0.00%	0.00%	0.13%	0.00%	1.89%	3.62%
其他	0.71%	0.03%	0.50%	0.48%	0.01%	0.79%	0.26%	0.34%	1.30%	0.00%	0.71%	1.02%
眼镜	0.00%	0.00%	0.00%	0.20%	0.00%	0.00%	0.00%	0.00%	0.22%	0.00%	0.00%	0.00%
赠品	0.01%	0.01%	0.01%	0.01%	0.00%	0.01%	0.00%	0.01%	0.01%	0.01%	0.01%	0.01%
总计	100.00%	100.00%	100.00%	100.00%	100.00%	100.00%	100.00%	100.00%	100.00%	100.00%	100.00%	100.00%

图 5-42　各品类在不同月份的销售情况

图 5-43 也运用条件格式标注了重要数据，展示了不同年龄段对相关商品的喜好程度，例如：服饰获得了大多数年龄段的关注，但 40～44 岁的客户关注更多；首饰则受 25～29 岁及 30～34 岁的客户的偏爱；20～24 岁的客户明显更偏向购买护肤用品；鞋类则略受45～49 岁的客户的关注。其他商品依此分析，可为商品的采购、供应管理提供思路。

求和项:销列标签						
行标签	20-24	25-29	30-34	35-39	40-44	45-49
服饰	17.45%	26.40%	14.08%	0.00%	33.63%	22.30%
首饰	7.92%	52.39%	40.39%	0.00%	0.00%	0.00%
护肤用品	55.24%	9.21%	21.82%	0.00%	3.50%	0.22%
内衣	2.00%	0.28%	0.57%	0.00%	35.98%	23.01%
杂货	5.73%	3.75%	5.48%	100.00%	11.65%	6.27%
生鲜	3.26%	5.07%	6.72%	0.00%	5.42%	10.52%
小百货	4.55%	0.81%	3.14%	0.00%	2.96%	6.50%
电器	1.82%	0.04%	5.56%	0.00%	2.36%	5.68%
鞋类	0.91%	1.01%	0.45%	0.00%	0.91%	20.53%
自制食品	0.89%	0.89%	1.41%	0.00%	0.74%	2.03%
玩具	0.00%	0.09%	0.00%	0.00%	2.00%	0.00%
其他	0.17%	0.04%	0.36%	0.00%	0.79%	2.95%
眼镜	0.05%	0.00%	0.00%	0.00%	0.05%	0.00%
赠品	0.01%	0.01%	0.02%	0.00%	0.00%	0.00%
总计	100.00%	100.00%	100.00%	100.00%	100.00%	100.00%

图 5-43　不同年龄段对各品类的需求状态图

2. 商品的 ABC 分类

ABC 分类法是对所售商品进行分类管理的一种方法，它是二八法则的一种延伸。在连锁经营过程中，ABC 三类商品销售额的占比通常为 50%∶40%∶10%，对应 ABC 类别下 SKU 的数量应该是 10%∶30%∶60%。也就是说，门店 50%的销售额应该由 10%的商品提供，40%的销售额应该由 30%的商品提供，剩下的 10%的销售额则应该由 60%的商品提供。在数据分析过程中，需要先把商品累计的销售额分成 5∶4∶1 三段，然后各自赋值为 A、B、C 属性，再计算 ABC 各自归属的商品数量之比，并与商品数量之比的理想值 1∶3∶6 对照，找出差距并探查原因。具体操作步骤如下：

第一步，插入数据透视表，勾选“商品分类”字段与 3 个“销售金额”字段，并将后两个销售金额数据设置为总计占比与累计占比模式，如图 5－44 所示。

第二步，在透视表右边空白数据列，按累计占比对商品进行标识，通过拖拉填充即可完成。将该列数据标题名设置成“ABC 分类”，如图 5－45 所示。

S	T	U	V
行标签	求和项:销售金额	占比	累计占比
8m2611011	128150.4	13.92%	13.92%
8m2612011	68765	7.47%	21.38%
8m2653003	49738	5.40%	26.78%
8m2653058	37020.6	4.02%	30.80%
8m2622024	36734	3.99%	34.79%
8m2611002	26329	2.86%	37.65%
8m7120843	26091	2.83%	40.49%
8m2612026	23268	2.53%	43.01%
8m2691575	17518	1.90%	44.91%
8m2612055	16704	1.81%	46.73%
8m2622026	15856	1.72%	48.45%
8m2612063	14823	1.61%	50.06%
8m6210135	14694	1.60%	51.66%
8m2625010	14212	1.54%	53.20%
8m2681025	13625.6	1.48%	54.68%
8m6212202	12638.7	1.37%	56.05%
8m2628913	7828	0.85%	56.90%
8m7120519	7400.36	0.80%	57.70%
8m2612007	6912	0.75%	58.45%
8m2612052	6878	0.75%	59.20%
8m2625015	6105	0.66%	59.86%

图 5－44　单个商品数据的三类值显示方式

行标签	求和项:销售金额	占比	累计占比	ABC分类
8m2611011	128150.4	13.92%	13.92%	A
8m2612011	68765	7.47%	21.38%	A
8m2653003	49738	5.40%	26.78%	A
8m2653058	37020.6	4.02%	30.80%	A
8m2622024	36734	3.99%	34.79%	A
8m2611002	26329	2.86%	37.65%	A
8m7120843	26091	2.83%	40.49%	A
8m2612026	23268	2.53%	43.01%	A
8m2691575	17518	1.90%	44.91%	A
8m2612055	16704	1.81%	46.73%	A
8m2622026	15856	1.72%	48.45%	A
8m2612063	14823	1.61%	50.06%	A
8m6210135	14694	1.60%	51.66%	B
8m2625010	14212	1.54%	53.20%	B
8m2681025	13625.6	1.48%	54.68%	B
8m6212202	12638.7	1.37%	56.05%	B
8m2628913	7828	0.85%	56.90%	B
8m7120519	7400.36	0.80%	57.70%	B
8m2612007	6912	0.75%	58.45%	B
8m2612052	6878	0.75%	59.20%	B
8m2625015	6105	0.66%	59.86%	B

图 5－45　商品的 ABC 属性赋值

第三步，复制图 5－45 中的所有数据，再通过选择性粘贴（选择“数值”）将其设置为普通表格，然后进行第二次透视，把“ABC 分类”字段拉入行标签，把“商品编码”字段拉两次进入值区域，并将其中一列值字段值设置为“总计的百分比”，最后生成的透视表如图 5－46 所示。

第四步，添加 ABC 销售额数据之比 5∶4∶1，再匹配行业的理想 SKU 数量数据比值 1∶3∶6，如图 5－47 所示。

F	G	H
行标签	SKU个数	SKU数量占比
A	12	0.32%
B	257	6.78%
C	3521	92.90%
总计	3790	100.00%

图 5－46　ABC 所属商品的数量及比值

F	G	H	I	J
行标	SKU个数	SKU数量占比	SKU销售额占比	理想SKU数量比
A	12	0.32%	50%	10%
B	257	6.78%	40%	30%
C	3521	92.90%	10%	60%
总计	3790	100.00%	100.00%	100.00%

图 5－47　门店 ABC 经营值与理想值比对

图 5－47 显示，门店 ABC 实际商品数量比值与理想值差距较大。门店商品堆积在 C 类的数量巨大，占 92.90%，它的理想值应为 60%。ABC 分类与品类数据关联透视表显示，之所以有这样的差距，是因为 A 类商品集结了首饰、护肤用品、服装等几类高价商品，而这些商品数量较少；而 B 类商品则集结了服装、杂货、首饰等，单价也较高，数量

较少；C类商品以生鲜、杂货为重，价低量大。由于门店单品数量多，且单价差价大，因此把商品价格较接近的商品分层，以分析各个层级内部的ABC布局比分析所有商品ABC布局更有价值，如分析各个品类下的ABC商品分布状况，如图5－48所示。

求和项: 列标															
行标	电器	服饰	护肤用品	内衣	其他	生鲜	首饰	玩具	小百货	鞋类	眼镜	杂货	赠品	自制食	总计
A	0.00%	7.61%	16.77%	9.42%	0.00%	0.00%	16.25%	0.00%	0.00%	0.00%	0.00%	0.00%	0.00%	0.00%	50.06%
B	3.03%	13.55%	3.75%	1.57%	0.47%	1.62%	5.01%	0.44%	1.44%	1.64%	0.00%	6.87%	0.00%	0.52%	39.91%
C	0.04%	0.25%	0.35%	0.08%	0.04%	3.80%	0.13%	0.09%	1.73%	0.08%	0.02%	2.88%	0.01%	0.54%	10.03%
总计	3.07%	21.41%	20.88%	11.07%	0.51%	5.43%	21.39%	0.53%	3.17%	1.72%	0.02%	9.75%	0.01%	1.05%	100.00%

图5－48　各品类ABC分布

为了使其他透视表可以自由获取ABC的分类信息，可在数据源表格最右边增加一空白列，输入标题名“ABC分类”，再输入函数“＝VLOOKUP(E2,Sheet3!$M$1:$Q$3791,5,0)”，按回车键，并双击填充柄，即得到新的ABC分类数据列，如图5－49所示。其中，VLOOKUP函数的第二个参数就是图5－45的数据复制成普通表格后的单元格区域地址。

fx =VLOOKUP(E2,Sheet3!$M$1:$Q$3791,5,0)

	K	L	M	N	O	P	Q	R
	分类名称	品牌编码	品牌名称	销售数量	销售金额	年龄	购物次数	ABC分类
0101	主食面包	100679	桃李(无资	1	6.6	20	0.333333	C
0203	柚子	3622	吉风	1.8	17.96	23	0.333333	C
0705	烧烤签	5204	双枪	1	7.9	45	0.25	C
1029	烧烤酱	3091	味好美	1	8.9	44	0.5	C
0114	山楂干	19921	LQ	0.198	8.91	33	0.25	C
0401	清洁湿巾	113589	优普爱	1	4.99	44	1	C
0813	其他菇菌类	3622	吉风	1	11.8	23	0.5	C
0301	普通蛋糕	13493	笑蕾	0.438	8.76	45	0.333333	C
0301	瓶装营养素	3189	乐百氏	1	3.9	45	0.5	C
0401	瓶装咖啡饮	113889	乔雅	1	5.8	40	0.5	C
1003	瓶装加味乳	3312	味全	1	6.9	23	1	C
0101	烙制	100351	常生福	2	5	45	1	C
0604	辣椒	3622	吉风	0.048	0.48	20	0.5	C

图5－49　设置函数抓取相关数据的ABC分类

点击数据源，插入数据透视表，勾选“年龄”“销售金额”“ABC分类”字段，即可构建新的分析视野，可查看不同年龄段的客户购置商品ABC的分布特点及比重，如图5－50所示。可以看到，30～34岁的客户既是C类商品的消费主力军，也是A类商品的消费主力军，其他年龄段的客户对ABC类商品的消费相对均衡。也可以结合时间、渠道等信息进一步查看消费者对ABC类商品的购买情况。

求和项:销售金额	列标签			
行标签	A	B	C	总计
20-24	21.10%	21.90%	19.82%	21.29%
25-29	13.70%	12.14%	10.82%	12.79%
30-34	35.52%	26.50%	38.29%	32.19%
35-39	0.00%	7.44%	0.00%	2.97%
40-44	25.49%	27.03%	22.35%	25.79%
45-49	4.18%	5.00%	8.73%	4.97%
总计	100.00%	100.00%	100.00%	100.00%

图5－50　年龄分组数据与ABC分类的组合透视

小贴士

在门店实际运营中，对于A类商品的定位可能综合多种表现因素，如销售额、销售量、毛利等，然后设定一个加权公式，进行全局排名，这个结果被称为单品贡献度，例如：单品贡献度＝单品销售额＊50%＋单品销量＊30%＋单品毛利额＊20%。按照这个公式的结果可以进行排名，并对ABC不同级别赋值。有时还会把敏感商品、紧俏商品等强行纳入A类商品进行管理。

（四）通过价格体系、品牌、渠道维度分析

1. 价格体系分析

具体操作步骤如下：

第一步，插入空白列，设置公式“＝ROUND(销售金额/销售数据,0)”，算出单价，如图5－51所示。

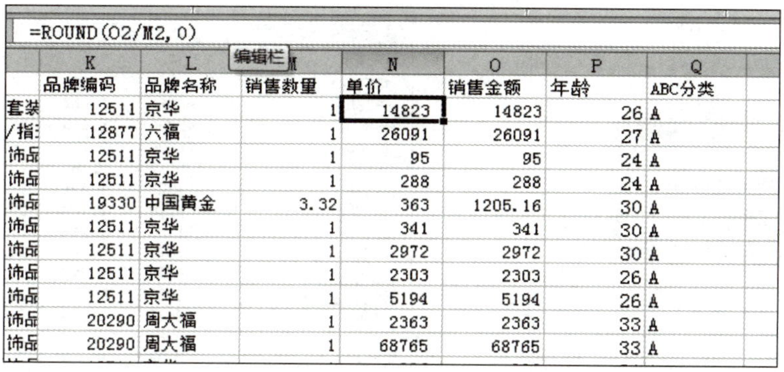

=ROUND(O2/M2, 0)　编辑栏

	K	L	M	N	O	P	Q
	品牌编码	品牌名称	销售数量	单价	销售金额	年龄	ABC分类
套装	12511	京华	1	14823	14823	26	A
/指	12877	六福	1	26091	26091	27	A
饰品	12511	京华	1	95	95	24	A
饰品	12511	京华	1	288	288	24	A
饰品	19330	中国黄金	3.32	363	1205.16	30	A
饰品	12511	京华	1	341	341	30	A
饰品	12511	京华	1	2972	2972	30	A
饰品	12511	京华	1	2303	2303	26	A
饰品	12511	京华	1	5194	5194	26	A
饰品	20290	周大福	1	2363	2363	33	A
饰品	20290	周大福	1	68765	68765	33	A

图5－51　设置函数核算商品单价

第二步，插入数据透视表，把“单价”字段拉入行标签区域，再拉入三个“销售金额”字段，分别设置为占比、累计占比模式，如图5－52和图5－53所示。

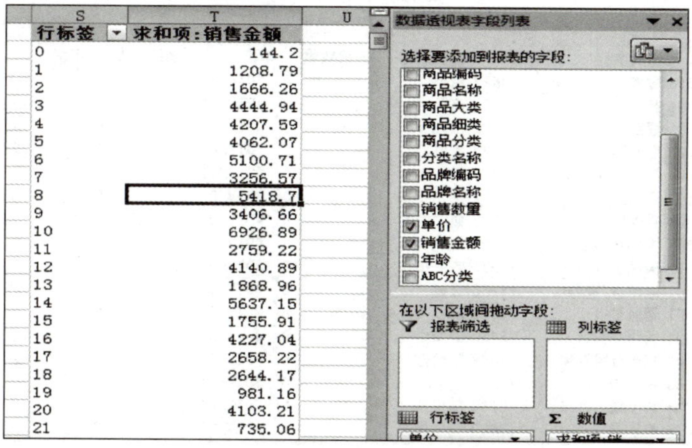

行标签	求和项:销售金额
0	144.2
1	1208.79
2	1666.26
3	4444.94
4	4207.59
5	4062.07
6	5100.71
7	3256.57
8	5418.7
9	3406.66
10	6926.89
11	2759.22
12	4140.89
13	1868.96
14	5637.15
15	1755.91
16	4227.04
17	2658.22
18	2644.17
19	981.16
20	4103.21
21	735.06

图5－52　商品单价数据透视表

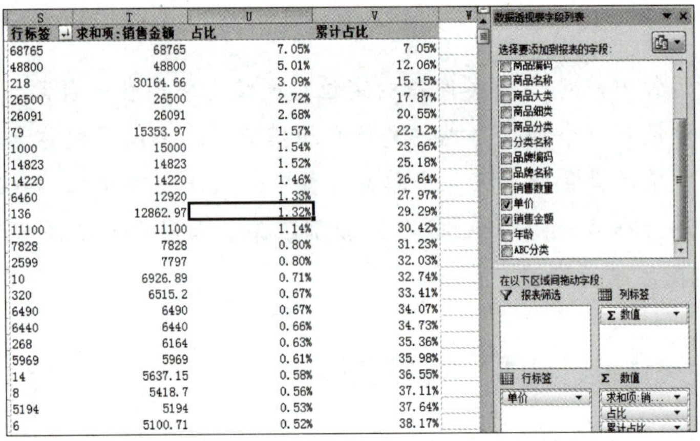

行标签	求和项:销售金额	占比	累计占比
68765	68765	7.05%	7.05%
48800	48800	5.01%	12.06%
218	30164.66	3.09%	15.15%
26500	26500	2.72%	17.87%
26091	26091	2.68%	20.55%
79	15353.97	1.57%	22.12%
1000	15000	1.54%	23.66%
14823	14823	1.52%	25.18%
14220	14220	1.46%	26.64%
6460	12920	1.33%	27.97%
136	12862.97	1.32%	29.29%
11100	11100	1.14%	30.42%
7828	7828	0.80%	31.23%
2599	7797	0.80%	32.03%
10	6926.89	0.71%	32.74%
320	6515.2	0.67%	33.41%
6490	6490	0.67%	34.07%
6440	6440	0.66%	34.73%
268	6164	0.63%	35.36%
5969	5969	0.61%	35.98%
14	5637.15	0.58%	36.55%
8	5418.7	0.56%	37.11%
5194	5194	0.53%	37.64%
6	5100.71	0.52%	38.17%

图 5-53　单价数据对应的三类值显示方式

第三步，对透视表第一列数据进行分组设置，但按回车键后显示不能进行分组设置，如图 5-54 所示。对该列数据排序，发现一条问题数据行，显示“#DIV/0!”，如图 5-55 所示。

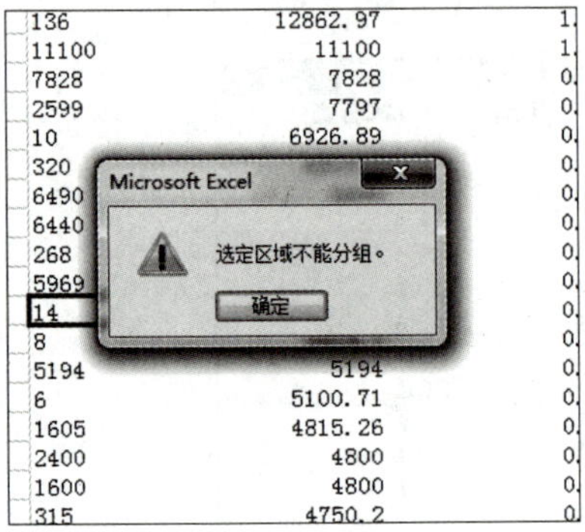

136	12862.97	1.
11100	11100	1.
7828	7828	0.
2599	7797	0.
10	6926.89	0.
320		0.
6490		0.
6440		0.
268		0.
5969		0.
14		0.
8		0.
5194	5194	0.
6	5100.71	0.
1605	4815.26	0.
2400	4800	0.
1600	4800	0.
315	4750.2	0.

图 5-54　单价分组设置受阻

行标签	求和项:销售金额	占比	累计占比
#DIV/0!	0	0.00%	0.00%
68765	68765	7.05%	7.05%
48800	48800	5.01%	12.06%
26500	26500	2.72%	14.78%
26091	26091	2.68%	17.45%
14823	14823	1.52%	18.97%
14220	14220	1.46%	20.43%
11100	11100	1.14%	21.57%
7828	7828	0.80%	22.37%
6490	6490	0.67%	23.04%
6460	12920	1.33%	24.37%
6440	6440	0.66%	25.03%
5969	5969	0.61%	25.64%
5194	5194	0.53%	26.17%

图 5-55　分组数据排查出异样值

第四步，在数据源中，对单价列数据排序，找出问题数据，全部删除，然后刷新，如图 5-56 所示。

	商品分类	分类名称	品牌编码	品牌名称	销售数量	单价	销售金额	年龄	ABC分类
2	102020318	香蕉	3622	吉风	0	#DIV/0!	0	32	C
3	102020201	桔子	3622	吉风	0	#DIV/0!	0	32	C
4	101010901	豆芽	3622	吉风	0	#DIV/0!	0	27	C
5	101010803	金针菇	3622	吉风	0	#DIV/0!	0	27	C
6	205060306	其他口味方便	3027	统一	0	#DIV/0!	0	20	C
7	205021103	瓶装酱菜	21521	惠川	0	#DIV/0!	0	33	C
8	203080301	香蕉制品	112522	姚太太	0	#DIV/0!	0	33	C
9	203011002	牛奶休闲饼干	6207	达利	0	#DIV/0!	0	32	C
10	201040102	天然水/山泉	14251	农夫山泉	0	#DIV/0!	0	32	C
11	302040701	沐浴球/搓澡	18238	云蕾	0	#DIV/0!	0	27	C
12	301110601	普通湿巾	4273	ABC	0	#DIV/0!	0	33	C
13	301110301	普通手帕纸	5460	顺清柔	0	#DIV/0!	0	33	C
14	301060104	棉柔夜用卫生	5069	护舒宝	0	#DIV/0!	0	20	C
15	301020405	护手霜	18222	大宝	0	#DIV/0!	0	20	C
16	301020405	护手霜	5160	美加净	0	#DIV/0!	0	24	C
17	301020405	护手霜	113080	花之优品	0	#DIV/0!	0	24	C

图 5-56　排序查找出全部问题数据

第五步，对透视表第一列数据进行分组，选择步长为“200”，起始于“100”，发现“100～300 元”以及“100 元以下”为两个重要的价格区域，如图 5－57 和图 5－58 所示。

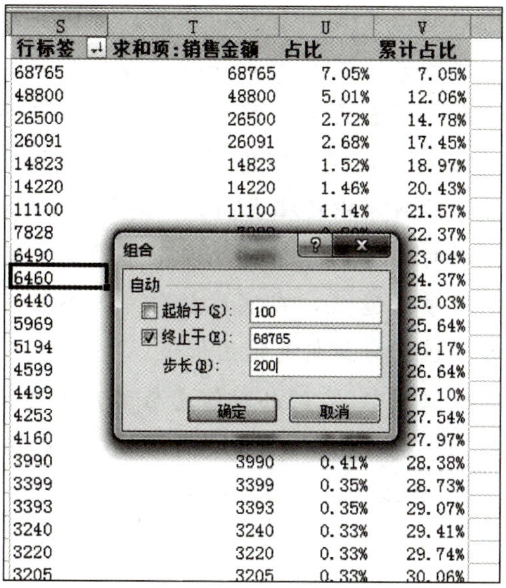

图 5－57 单价分组对话框

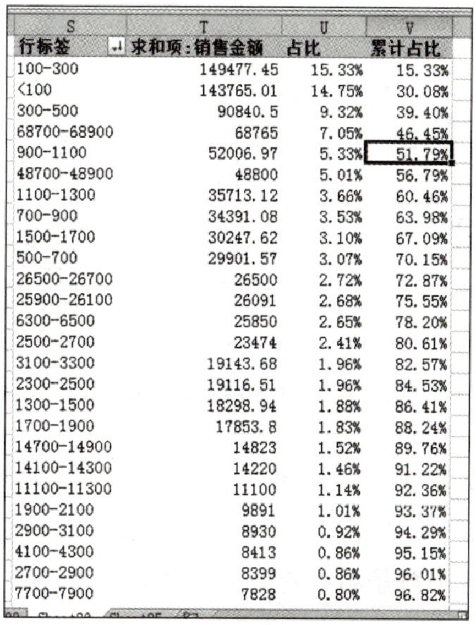

行标签	求和项:销售金额	占比	累计占比
100-300	149477.45	15.33%	15.33%
<100	143765.01	14.75%	30.08%
300-500	90840.5	9.32%	39.40%
68700-68900	68765	7.05%	46.45%
900-1100	52006.97	5.33%	51.79%
48700-48900	48800	5.01%	56.79%
1100-1300	35713.12	3.66%	60.46%
700-900	34391.08	3.53%	63.98%
1500-1700	30247.62	3.10%	67.09%
500-700	29901.57	3.07%	70.15%
26500-26700	26500	2.72%	72.87%
25900-26100	26091	2.68%	75.55%
6300-6500	25850	2.65%	78.20%
2500-2700	23474	2.41%	80.61%
3100-3300	19143.68	1.96%	82.57%
2300-2500	19116.51	1.96%	84.53%
1300-1500	18298.94	1.88%	86.41%
1700-1900	17853.8	1.83%	88.24%
14700-14900	14823	1.52%	89.76%
14100-14300	14220	1.46%	91.22%
11100-11300	11100	1.14%	92.36%
1900-2100	9891	1.01%	93.37%
2900-3100	8930	0.92%	94.29%
4100-4300	8413	0.86%	95.15%
2700-2900	8399	0.86%	96.01%
7700-7900	7828	0.80%	96.82%

图 5－58 单价分组数据的三类值显示方式

第六步，继续对“300 元以下”的价格区域进行探究，重新分组，设置起始于“0”，终止于“300”，步长为“10”，重新发现“0～20 元”价格区域的重要性，及“210～220 元”等价格区域的重要性，如图 5－59 和图 5－60 所示。

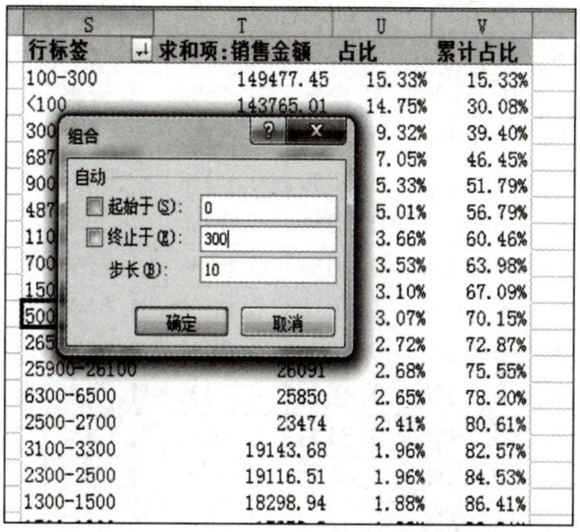

图 5－59 单价数据重新组合

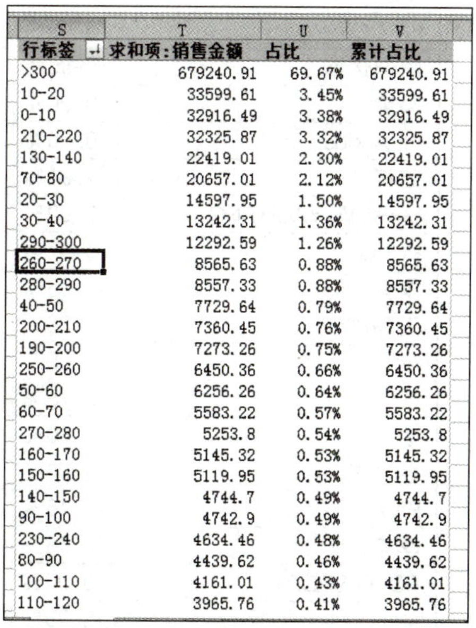

行标签	求和项:销售金额	占比	累计占比
>300	679240.91	69.67%	679240.91
10-20	33599.61	3.45%	33599.61
0-10	32916.49	3.38%	32916.49
210-220	32325.87	3.32%	32325.87
130-140	22419.01	2.30%	22419.01
70-80	20657.01	2.12%	20657.01
20-30	14597.95	1.50%	14597.95
30-40	13242.31	1.36%	13242.31
290-300	12292.59	1.26%	12292.59
260-270	8565.63	0.88%	8565.63
280-290	8557.33	0.88%	8557.33
40-50	7729.64	0.79%	7729.64
200-210	7360.45	0.76%	7360.45
190-200	7273.26	0.75%	7273.26
250-260	6450.36	0.66%	6450.36
50-60	6256.26	0.64%	6256.26
60-70	5583.22	0.57%	5583.22
270-280	5253.8	0.54%	5253.8
160-170	5145.32	0.53%	5145.32
150-160	5119.95	0.53%	5119.95
140-150	4744.7	0.49%	4744.7
90-100	4742.9	0.49%	4742.9
230-240	4634.46	0.48%	4634.46
80-90	4439.62	0.46%	4439.62
100-110	4161.01	0.43%	4161.01
110-120	3965.76	0.41%	3965.76

图 5－60 单价重新分组后的数据情况

行标签	占比	累计占比
自采品牌	14.86%	14.86%
周大福	8.60%	23.46%
罗莱	5.40%	28.86%
京华	5.05%	33.91%
雅芳婷	4.02%	37.93%
BBFER	3.99%	41.92%
DHC	3.41%	45.32%
六福	2.95%	48.27%
周生生	2.56%	50.83%
吉凤	2.09%	52.92%
比华利保罗	1.99%	54.91%
欧舒丹	1.96%	56.87%
雅培	1.92%	58.80%
ORINASU	1.83%	60.63%
福临门	1.60%	62.22%
MALABATA	1.54%	63.77%
Dude	1.48%	65.25%
长生	1.39%	66.63%
阿迪丽娜	1.00%	67.63%
无品牌	1.00%	68.63%
海尔	0.87%	69.50%

图 5-61　前 20 品牌排名

2. 品牌分析

具体操作步骤如下：

插入数据透视表，选择“品牌名称”字段和 3 个“销售金额”字段，分别设置为占比与累计占比模式，发现自采品牌的销售额占总额的 14.86%，遥遥领先于其他品牌。除自采品牌外，前 9 个品牌的销售额占据了门店近一半的业绩，品牌集中度相当高，如图 5-61 所示。

上面对品牌的分析建立在全部商品的基础上，只有参考意义，在实际操作中，结合不同品类数据进行分析更有使用价值。

将服装类前 20 的品牌信息与客户年龄段联合创建透视表，如图 5-62 所示。可以看出，40～44 岁的客户对强势品牌的认可度较高，35.92%的 TOP20 商品由其下单。从单个项目来看，有些品牌仅对个别年龄段产生吸引力，而阿迪达斯等品牌的受众面相对较大。

行标签	20-24	25-29	30-34	40-44	45-49	总计
BBFER	0.00%	0.00%	0.00%	18.63%	0.00%	18.63%
比华利保罗	0.00%	0.00%	4.84%	0.00%	4.44%	9.29%
ORINASU	0.00%	0.00%	8.55%	0.00%	0.00%	8.55%
MALABATA	0.00%	7.21%	0.00%	0.00%	0.00%	7.21%
Dude	0.00%	0.00%	0.00%	6.91%	0.00%	6.91%
LA DONWA	0.00%	3.97%	0.00%	0.00%	0.00%	3.97%
阿迪达斯	0.36%	0.47%	0.38%	2.08%	0.00%	3.28%
邦宝	0.00%	3.10%	0.00%	0.00%	0.00%	3.10%
FILA kids	0.00%	0.00%	0.00%	2.96%	0.00%	2.96%
简抒	2.91%	0.00%	0.00%	0.00%	0.00%	2.91%
MARINA. YACHTING	0.00%	0.00%	2.76%	0.00%	0.00%	2.76%
POLO	0.47%	0.00%	0.27%	1.17%	0.45%	2.37%
衣香丽影	2.33%	0.00%	0.00%	0.00%	0.00%	2.33%
无品牌	1.36%	0.00%	0.68%	0.00%	0.00%	2.04%
Advocate. life	1.95%	0.00%	0.00%	0.00%	0.00%	1.95%
B2	1.77%	0.00%	0.00%	0.00%	0.00%	1.77%
耐克	0.00%	0.00%	0.45%	1.20%	0.00%	1.64%
碧淑黛芙	1.51%	0.00%	0.00%	0.00%	0.00%	1.51%
FILA	0.15%	0.00%	0.00%	1.10%	0.00%	1.24%
李宁	0.18%	0.00%	0.14%	0.81%	0.00%	1.13%
POLO SPORT	0.00%	0.00%	0.00%	1.06%	0.00%	1.06%
	12.98%	14.75%	18.07%	35.92%	4.90%	86.61%

图 5-62　服装品牌数据与客户年龄段的关联透视表

将护肤类所有品牌信息与客户年龄段联合创建透视表，如图 5－63 所示。可以看出，20～24 岁的客户对自采品牌的偏爱度较高，达 40.50%，对其他品牌的消费热情也很高；而对服饰兴趣深厚的 40～44 岁的客户则对护肤商品不太感兴趣。30～34 岁的客户对服饰与护肤商品都具有一定的热忱。除自采品牌外，DHC 与自然堂的受众面较大，部分品牌也同样只吸引特定人群。

求和项:销售金额	列标签					
行标签	20-24	25-29	30-34	40-44	45-49	总计
自采品牌	40.50%	0.00%	25.45%	1.11%	0.00%	67.06%
DHC	6.69%	5.61%	0.03%	1.36%	0.00%	13.69%
欧舒丹	4.07%	0.00%	5.32%	0.00%	0.00%	9.38%
SKII	2.17%	0.00%	1.44%	0.00%	0.00%	3.61%
高丝	1.94%	0.00%	0.00%	0.00%	0.00%	1.94%
CK	0.62%	0.00%	0.00%	0.00%	0.00%	0.62%
自然堂	0.21%	0.00%	0.08%	0.00%	0.05%	0.34%
美宝莲	0.10%	0.00%	0.15%	0.00%	0.00%	0.25%
韩束	0.04%	0.00%	0.00%	0.00%	0.00%	0.04%
佰草集	0.00%	0.00%	0.76%	0.00%	0.00%	0.76%
CEO	0.00%	0.00%	0.00%	0.01%	0.00%	0.01%
欧莱雅	0.00%	0.00%	0.00%	1.83%	0.00%	1.83%
LQ	0.00%	0.03%	0.42%	0.01%	0.00%	0.46%
总计	56.34%	5.64%	33.64%	4.32%	0.05%	100.00%

图 5－63 护肤品牌数据与客户年龄段的关联透视表

3. 渠道分析

渠道数据分析是探究客户从哪买的问题，即商品从哪出货。渠道数据在原始数据并没有直接显示，也需要进行设置处理。由于“款台”数据列包括渠道信息，在其左边插入空白列，输入标题“渠道”，输入函数“＝LEFT(E2,1)”，即抓取线上网商与线下的分类信息，分别如图 5－64 和图 5－65 所示。插入数据透视表，如图 5－66 所示，即显示线下与线上销售额的比重。

D2 =LEFT(E2,1)

	A	B	C	D	E	F	G
1	会员ID	日期	周期	渠道	款台	商品编码	商品名称
2	353061820	2018/10/31	周三	=LEFT(E2,1)		8m2435010	桃李全麦面包
3	354855701	2018/10/31	周三		T26	8m2831108	黄肉蜜柚（福建
4	35190695	2018/10/31	周三		T58	8m6322782	双枪烧烤签KQ1
5	355515369	2018/10/31	周三		T59	8m6213032	味好美黑椒酱挤
6	351333727	2018/10/31	周三		T58	8m2855326	LQ精选山楂干
7	355515369	2018/10/31	周三		T59	8m6317825	优普爱婴儿口手
8	354855701	2018/10/31	周三		T26	8m2831879	食菌纪鲜银耳(头
9	35190695	2018/10/31	周三		T58	8m2825629	笑蕾1
10	35190695	2018/10/31	周三		T58	8m6230197	乐百氏脉动饮料
11	3597485	2018/10/31	周三		T58	8m6232836	乔雅咖啡醇香拿
12	3597485	2018/10/31	周三		T58	8m6232836	乔雅咖啡醇香拿
13	354855701	2018/10/31	周三		T26	8m6162821	味全活性乳酸菌
14	354855701	2018/10/31	周三		T26	8m6162821	味全活性乳酸菌

图 5－64 设置函数抓取渠道信息

	A	B	C	D	E	F	G
199	353149821	2018/10/24	周三	T	T48	8m6224579	王氏黑麦片800(
200	353149821	2018/10/24	周三	T	T48	8m6224299	王氏黑麦枸杞燕
201	352925852	2018/10/24	周三	T	T23	8m2869991	舒泰坊特色鸡蛋
202	352925852	2018/10/24	周三	T	T23	8m2869991	舒泰坊特色鸡蛋
203	352925852	2018/10/24	周三	T	T23	8m2869991	舒泰坊特色鸡蛋
204	354153242	2018/10/24	周三	网	网商	8m6210403	户户蒜蓉辣酱2(
205	3597485	2018/10/24	周三	T	T48	8m2825730	蟹海鲜2
206	352925852	2018/10/24	周三	T	T23	8m2825730	蟹海鲜2
207	353149821	2018/10/24	周三	T	T48	8m2422913	北田蒟蒻糙米卷
208	353149821	2018/10/24	周三	T	T48	8m6232308	豆本豆原味豆奶
209	353149821	2018/10/24	周三	T	T48	8m2822202	精选翅中
210	354153242	2018/10/24	周三	网	网商	8m6210448	孔府花生酱310(
211	353149821	2018/10/24	周三	T	T48	8m6225029	永和多维高钙豆
212	353149821	2018/10/24	周三	T	T48	8m6222157	永和无添加蔗糖
213	354153242	2018/10/24	周三	网	网商	8m6210490	欣和精品立式豆
214	353149821	2018/10/24	周三	T	T48	8m6221202	不二家棒棒糖果

图 5-65　渠道信息列数据生成

行标签	求和项:销售金额	占比
T	468584.76	50.88%
网	452309.08	49.12%
总计	920893.84	100.00%

图 5-66　渠道信息占比情况

下面结合品类与渠道，探究不同品类的出货情况。通过渠道销售数据的占比情况，可以看出，该门店线上、线下销售额旗鼓相当（其中 T 为线下，网为线上），如图 5-67 所示，这种经营状况可以结合企业经营目标及经营环境共同分析。

占比 行标签	列标签 电器	服饰	护肤用品	内衣	其他	生鲜	首饰	玩具	小百货	鞋类	眼镜	杂货	赠品	自制食品	总计
T	77.82%	31.90%	88.45%	5.75%	100.00%	98.30%	28.80%	100.00%	78.58%	33.62%	54.15%	60.43%	100.00%	99.91%	50.88%
网	22.18%	68.10%	11.55%	94.25%	0.00%	1.70%	71.20%	0.00%	21.42%	66.38%	45.85%	39.57%	0.00%	0.09%	49.12%
总计	100.00%	100.00%	100.00%	100.00%	100.00%	100.00%	100.00%	100.00%	100.00%	100.00%	100.00%	100.00%	100.00%	100.00%	100.00%

图 5-67　各品类与渠道组合信息表

将渠道与品类关联的透视表信息制作成柱形图（如图 5-68 所示）后发现，核心品类服饰、内衣及首饰的出货口为网购，杂货的网购状态也不错，其他品类则以线下为主，这为不同渠道的购物场景布置及促销的选择提供了一定的参考依据。

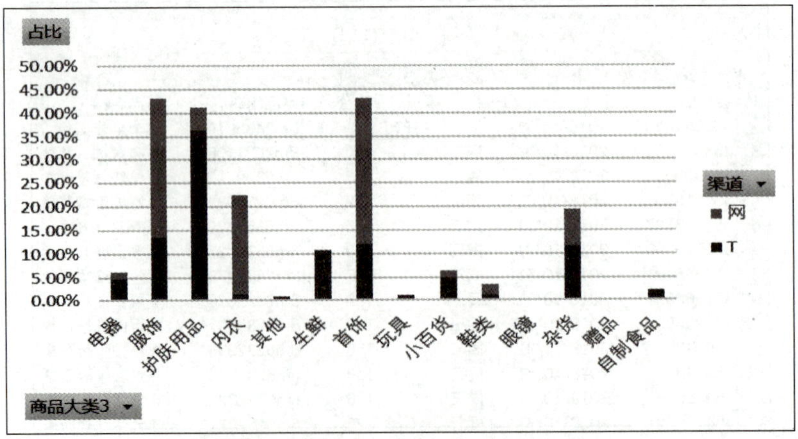

图 5-68　各品类与渠道组合透视图

结合客户年龄进行分析，可以探究企业不同客户对线上线下交易的偏好。图 5－69 为各年龄段在不同渠道下的偏好透视表信息，插入柱形图（如图 5－70 所示）后可以发现，网购的客户主要为 25～29 岁和 40～44 岁的客户，线下店则是以 20～24 岁和 30～34 岁的客户为主。总体而言，各个年龄段有明显的渠道偏好。

占比	列标签						
行标签	20-24	25-29	30-34	35-39	40-44	45-49	总计
T	73.42%	21.91%	61.44%	46.24%	36.89%	35.87%	50.88%
网	26.58%	78.09%	38.56%	53.76%	63.11%	64.13%	49.12%
总计	100.00%	100.00%	100.00%	100.00%	100.00%	100.00%	100.00%

图 5－69　渠道、年龄信息组合透视表

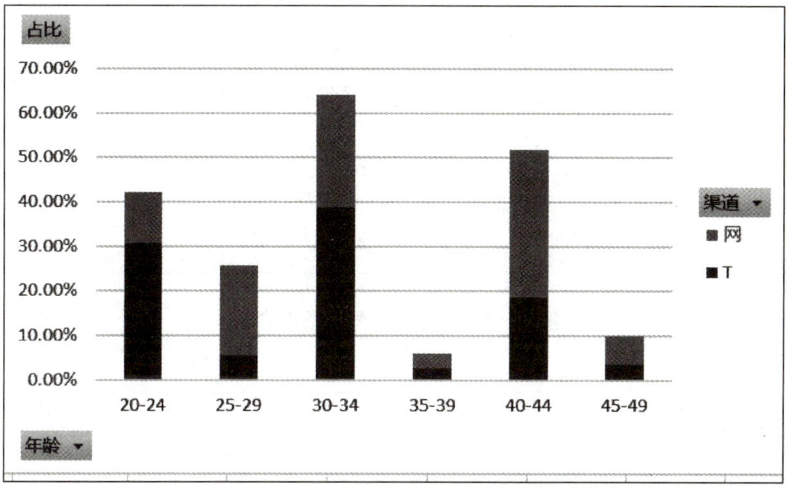

图 5－70　渠道、年龄信息组合透视图

结合渠道与时间，可以探究不同客户在不同时间段对线上线下交易的偏好。

图 5－71 显示的是 12 个月的渠道购置透视表信息，插入折线图（如图 5－72 所示）后可以发现，网购数据与实体购物数据出现明显的波动情况，其中 1 月和 7 月为网购高峰段，其他月份则大多以实体店购物为主。

占比	列标签												
行标签	1月	2月	3月	4月	5月	6月	7月	8月	9月	10月	11月	12月	总计
T	26.19%	58.26%	66.17%	55.47%	79.18%	66.89%	12.48%	56.67%	52.84%	47.33%	58.34%	79.52%	50.88%
网	73.81%	41.74%	33.83%	44.53%	20.82%	33.11%	87.52%	43.33%	47.16%	52.67%	41.66%	20.48%	49.12%
总计	100.00%	100.00%	100.00%	100.00%	100.00%	100.00%	100.00%	100.00%	100.00%	100.00%	100.00%	100.00%	100.00%

图 5－71　渠道与各月组合透视表

图 5－73 是渠道信息在一周七天时间内的透视表信息，插入柱形图（如图 5－74 所示）后可以发现，客户喜欢在周一、周二进行网购，周末则偏好实体店购物。

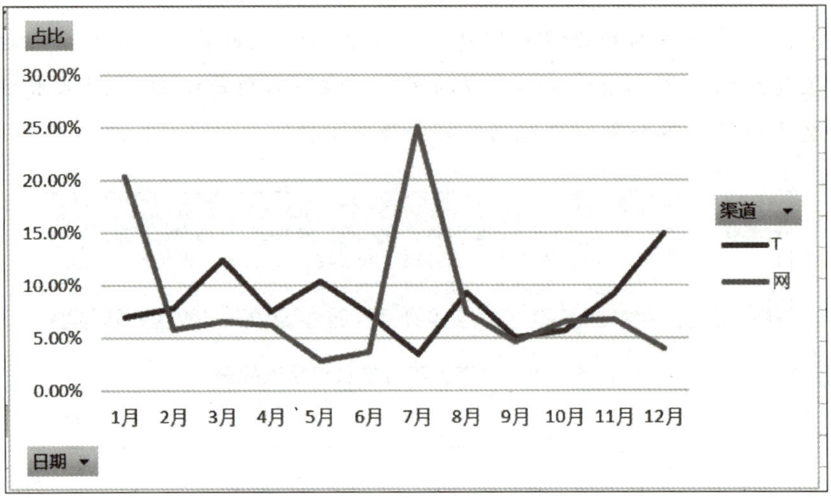

图 5-72　渠道与各月组合透视图

求和项:销售金额	列标签							
行标签	1	2	3	4	5	6	7	总计
T	14.42%	8.52%	8.06%	7.11%	10.17%	19.46%	32.26%	100.00%
网	39.28%	24.64%	5.67%	5.06%	7.51%	13.07%	4.77%	100.00%

图 5-73　渠道与周数据组合表

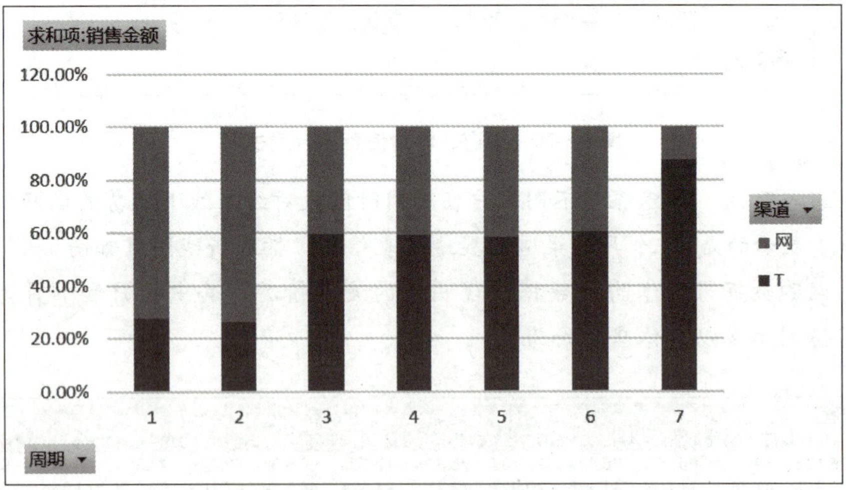

图 5-74　渠道与周数据的堆积透视图

结合渠道与品牌信息，可以分析不同品牌在线上线下的出货情况。图 5-75 是渠道与品牌的透视表信息，插入柱形图（如图 5-76 所示）后可以发现，门店排名前二十的品牌销售整体以网购为主，只有部分品牌依托实体店销售。

行标签	T	网
自采品牌	95.07%	4.93%
周大福	10.14%	89.86%
罗莱	0.00%	100.00%
京华	51.98%	48.02%
雅芳婷	2.34%	97.66%
BBFER	18.48%	81.52%
DHC	57.59%	42.41%
六福	3.98%	96.02%
周生生	29.17%	70.83%
吉风	96.85%	3.15%
比华利保罗	15.17%	84.83%
欧舒丹	100.00%	0.00%
雅培	30.44%	69.56%
ORINASU	40.94%	59.06%
福临门	0.00%	100.00%
MALABATA	0.00%	100.00%
Dude	2.25%	97.75%
长生	100.00%	0.00%
阿迪丽娜	11.04%	88.96%
无品牌	27.68%	72.32%
海尔	100.00%	0.00%

图 5－75　渠道、品牌信息组合透视表

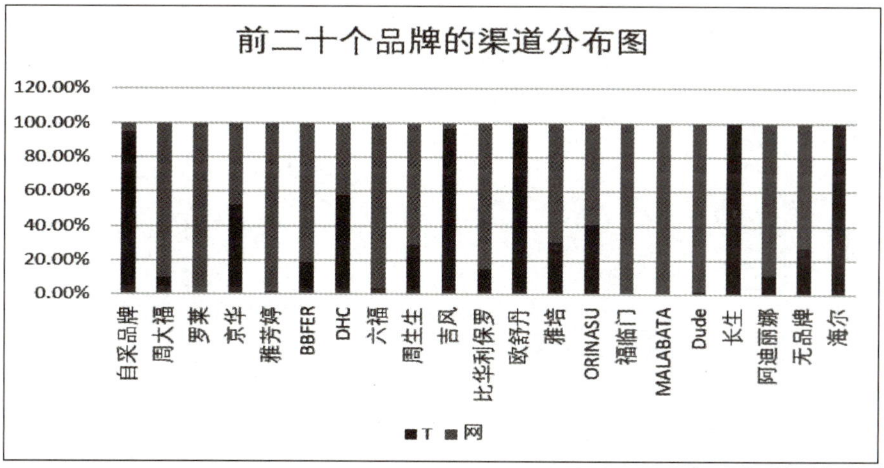

图 5－76　渠道、品牌组合信息透视图

通过前面的维度分析，数据源中包含的信息逐渐展示出来，可以看到不同的客户喜欢买什么，喜欢在哪买，喜欢什么时候买等。同时，发现了一些问题，例如：网购销售额与实体销售额较接近，但前者主要集中在 1 月与 7 月两个时段，其他时间的销售就比较暗淡；门店总品类较多，但强势品类就三个；某几个品牌集中度太高，而其他品牌的受众面较窄；部分年龄组数据缺乏，因此不能完整分析客户组的整体信息；商品价格带很宽，其中高价区的销售额不及中低价区，导致门店商品档次定位不清晰；等等。门店可结合这些信息来预测目标与实际情况的差距，以不断调整经营策略。

思考

（1）分别筛选出服饰数据与护肤数据，对它们进行 ABC 商品分析，并做出相应评价。

（2）参照教材内容，把服饰品牌与年龄组合的表格、护肤品牌与年龄组合的表格制作出来。然后插入切片器，查看其他品类下相关品牌与年龄组合的信息，并做出相应评价。

二维码 5

项目五　教学用数据表格

参考文献

[1] 黄成明．数据化管理：洞悉零售及电子商务运营［M］．北京：电子工业出版社，2014.

[2] 刘亚男，谢文芳，李志宏．Excel 商务数据处理与分析（微课版）［M］．北京：人民邮电出版社，2019.

[3] 高福军．Excel 在物流企业的应用［M］．北京：清华大学出版社，2017.

[4] 韩小良．从原始数据到分析报告：Excel 数据透视表高效达人养成记［M］．北京：中国铁道出版社，2017.

[5] 赛贝尔资讯．Excel 函数与公式应用技巧［M］．北京：清华大学出版社，2018.

[6] 赛贝尔资讯．Excel 高效办公应用技巧［M］．北京：清华大学出版社，2018.

[7] 赛贝尔资讯．Excel 数据透视表与图表应用技巧［M］．北京：清华大学出版社，2018.

[8] 周庆麟，胡子平．Excel 数据分析思维、技术与实践［M］．北京：北京大学出版社，2019.

[9] 左现刚，李彤．Excel 2013 数据透视表完全掌控［M］．北京：电子工业出版社，2015.

[10] 高宏．绝了！Excel 可以这样用：数据分析经典案例实战图表书［M］．北京：清华大学出版社，2016.

图书在版编目（CIP）数据

运营数据分析 / 彭美华主编. --北京：中国人民大学出版社，2022.3
新编 21 世纪高等职业教育精品教材. 市场营销系列
ISBN 978-7-300-30322-2

Ⅰ.①运… Ⅱ.①彭… Ⅲ.①运营管理-数据处理-高等职业教育-教材 Ⅳ.①F502 - 39

中国版本图书馆 CIP 数据核字（2022）第 023675 号

新编 21 世纪高等职业教育精品教材 · 市场营销系列
运营数据分析
主　编　彭美华
Yunying Shuju Fenxi

出版发行	中国人民大学出版社		
社　　址	北京中关村大街 31 号	邮政编码	100080
电　　话	010 - 62511242（总编室）		010 - 62511770（质管部）
	010 - 82501766（邮购部）		010 - 62514148（门市部）
	010 - 62515195（发行公司）		010 - 62515275（盗版举报）
网　　址	http://www. crup. com. cn		
经　　销	新华书店		
印　　刷	唐山玺诚印务有限公司		
规　　格	185 mm×260 mm　16 开本	版　　次	2022 年 3 月第 1 版
印　　张	11. 5 插页 1	印　　次	2024 年 1 月第 2 次印刷
字　　数	238 000	定　　价	32. 00 元

版权所有　侵权必究　　印装差错　负责调换

信息反馈表

尊敬的老师:

您好！为了更好地为您的教学、科研服务，我们希望通过这张反馈表来获取您更多的建议和意见，以进一步完善我们的工作。

请您填好下表后以电子邮件、信件或传真的形式反馈给我们，十分感谢！

一、您使用的我社教材情况

您使用的我社教材名称			
您所讲授的课程		学生人数	
您希望获得哪些相关教学资源			
您对本书有哪些建议			

二、您目前使用的教材及计划编写的教材

您目前使用的教材	书名	作者	出版社
您计划编写的教材	书名	预计交稿时间	本校开课学生数量

三、请留下您的联系方式，以便我们为您赠送样书（限1本）

您的通信地址			
您的姓名		联系电话	
电子邮箱（必填）			

我们的联系方式:

地　址：苏州工业园区仁爱路158号中国人民大学苏州校区修远楼

电　话：0512-68839320　　传　真：0512-68839316

网　址：www.crup.com.cn　　邮　编：215123